視覚文化は何を伝えるか

近代日本と東アジアにおける表象資料

マグダレナ・コウオジェイ 編

春風社

視覚文化は何を伝えるか
近代日本と東アジアにおける表象資料

東洋英和女学院大学社会科学研究叢書 12

目次

序論　マグダレナ・コウオジェイ
歴史資料としての視覚文化　5

第1部　表象　27

第1章　増野恵子
日本の植民地通貨イメージ試論
——近代朝鮮貨幣の図像分析を中心に　29

第2章　盧ユニア
1910年日英博覧会における帝国の朝鮮表象
——統監府日英博覧会写真帖から　55

第3章　足立元
近代漫画と「新しい女」
——イメージのズレと歪みを探る　73

第2部　メディア　95

第4章　マグダレナ・コウオジェイ
美術展覧会絵葉書から見た近代女性画家
——表象資料の読み方を探る　97

第5章　鈴木一史
戦争が宿命になるとき
——戦時下の教育紙芝居作品から　123

第6章　河田明久
「御府」の絵画
——アジア太平洋戦争「作戦記録画」の一側面　157

第3部　資料の転生　191

第7章　ヤン・ユー

歴史資料としての満洲地図
──近代長春の都市空間の形成と発展　193

第8章　鈴木恵可

歴史資料としての彫刻
──日本統治期台湾における銅像建設とその遺産　219

第9章　白政晶子

写真が形成する個人と地域の記憶
──五十嵐写真館の写真と活動　245

第10章　熊谷博子

『作兵衛さんと日本を掘る』ドキュメンタリー映画が出来るまで──ある炭坑夫が描いた炭坑画を探る　277

執筆者紹介　295

序論　歴史資料としての視覚文化

マグダレナ・コウオジェイ

1　はじめに

　小学生の時に使っていたポーランドの歴史教科書に、多くの絵画と地図が載っていたことは、今も記憶に残っている。王様の肖像画や歴史画、不安定な国境を鮮やかな色で描いた地図が私の想像力を鍛えた。「こんなに立派な人が我国の主権者だった！」、「こんなに領土が広かった！」。むしろ教科書の文章より、それら視覚イメージのおかげで過去が生き生きしているように感じられて、歴史の勉強が楽しかった[1]。しかし後になって振り返ると、教科書に掲載された歴史画は、描かれた時点の視座から過去を見直し美化しているのではないかという疑問が浮かぶ。ピンク色で描かれた地図上の「領土の広がり」とは、実際にそこに住んでいた人々にとって、どのような暴力が内在していたのか、という疑問も生じる。

　もちろん歴史教科書が、多くの絵画や地図などを載せることで歴史の勉強を面白く感じさせることは妥当である。ただし、学術的な視点から見れば、それらの図版は、「単純に過去を見せるもの」ではなく、ある時代に、ある場所に、ある目的を持って、ある観衆に向けて、ある表現方法を使って「作られたもの」である。そして、そのような「視覚的なもの」は、絵画や版画などであれば、美術史学の研究対象であり、広告や写真などであれば、視覚文化論の研究対象である[2]。それらの研究分野の研究者は、文字資料と歴史学の参考文献を引用しな

がら、各自の研究対象である美術と視覚文化の意味と社会的役割を明らかにしていくのである。

さて、視覚文化を通して過去をどのように語ることができるのか。本書では、近代の日本・東アジアの美術と視覚文化を専門に扱っている美術史学ならびに視覚文化論の研究者に問いかけ、「表象資料」(visual sources)を手掛かりに過去を語る際、どのような問題に焦点を当てるのか、それぞれの研究分野の知識と方法論を生かして論じてもらった[3]。本書の章立ては、資料ごと、あるいはそれぞれのメディアごとに分かれている。

20世紀前半の日本と東アジアにおける視覚文化の領域は、絵画・彫刻・写真・漫画・紙幣・絵葉書・地図・紙芝居・映像など、多様なメディアを含む大衆文化でもあった。絵画は展覧会を通して人気を博し、彫刻は公園に設置され多くの人々の眼に触れた。地図は観光客の必需品となり、写真や漫画は雑誌など出版物を通して広く流通し、絵葉書は市井の人々によって熱心に蒐集される時代だった。各章の執筆担当者は、この時代における各メディアの特徴を語ったうえで、具体的な事例を紹介し、歴史資料として分析を行う。加えて最終章では、熊谷博子が、映画作品『作兵衛さんと日本を掘る』の中で、炭鉱夫の山本作兵衛(1892–1984)が大量に残した水彩画をテーマにして日本の歴史をどのように伝えたのか、映像ジャーナリストおよび監督の立場から語る。

この序論では、先行研究の成果を踏まえて、歴史資料としての視覚文化について論じていく[4]。第2節では、歴史学と美術史学・視覚文化論における方法論の変化と共通点、求められている資料の読解分析力について述べる。第3節では、視覚文化を歴史資料として扱った代表的な学術書を2点紹介しながら、解釈分析の前提となる諸概念を提示する。第4節では、本書の章立てを説明し、第5節では、まとめに移る。

2　方法論の変化と分析力

　美術の定義と制度は、美術史家の佐藤道信が指摘したように、明治時代に近代国家の要求に応じて設立されたものである[5]。美術史学は、絵画・彫刻・工芸など分野ごとに時代の代表作を羅列的に語ることによって、近代国家の文明度を示すことに貢献していた。そのために、美術史学の方法論は、主に様式と図像学を含めた作品論と作家論が中心だった。日本政府が初めて作成した日本美術の通史は、1900年のパリ万国博覧会のためにフランス語で出版されたことから、海外の読者を強く意識していたことがわかる[6]。

　歴史学も、近代国家と深い縁があった。歴史研究者サラ・マーサ（Sarah Maza）が指摘した通り、19世紀に歴史学を学問分野として設立するために、客観性と学術性と「真実のもとをなす資料」が重要視され、実証主義が普及した。一方で、国民が共有しやすく、かつ愛国心にあふれ、政治的なエリートの視点を反映した歴史も同時に求められた[7]。1950年代以降、歴史学における客観性をめぐって議論が起こり、まったく偏見のない歴史の可能性が疑問視され、研究者の立場が問われるようになった[8]。『歴史とは何か』を執筆したエドワード・ハレット・カー（Edward Hallett Carr）は、歴史研究者が多くの事実から自身が注目したい事実を選ぶという過程に焦点を当てることで、その選択に内在する解釈を問題視した[9]。そもそもアーカイブに資料として伝わってきたものは、すでに「選ばれた・限られた」もののみであると、他の研究者からも指摘されている[10]。

　1980年代以降、歴史学において、ポストモダニズムの影響を受けて方法論をめぐり新たな議論があった。マーサ曰く、ポストモダニズム論の視点からすれば、歴史研究者が過去を知るために使っている資料とは、過去についての「情報や事実を提供するもの」ではなく、過去の「世界観や価値観を表現しているもの」のみである[11]。言い換えれば、資料を事実の痕

跡として捉えるべきでなく、テクストのようなもの・表現・言説として捉えるべきであるため、実際の過去を知ることは不可能だという考え方である[12]。この視点は、資料のメディア性をより明らかにし、資料の分析を豊かにした一方、歴史研究者にとって受け入れがたい面があった。もし「実際の過去を知るのは不可能だ」という考え方が正しいのであれば、過去に起きた不公平・暴力・虐殺の実態も、実証できないことになる。そのようなポストモダン的な思想は、そもそもの歴史学の存在意義を害し、さらにあらゆる歴史修正主義者に応用され、過去の虐殺の否定につながるため、多くの歴史研究者が反対の声をあげた[13]。マーサによると、現在は、完全な客観性を信じる歴史研究者は少数で、極端なポストモダニズム論を維持する歴史研究者も少ない。歴史研究者は、自分たちの主観的な立場と過去の客観的な痕跡の存在を認め、「自らの研究を制限しその研究に影響を与える」資料と自らの立場との関係性を理解し、「限定された客観性（qualified objectivity）」を追究しているという[14]。

　さらに、ここ数十年間、フェミニズム論やポストコロニアリズム論などの影響によって、階級・ジェンダー・エスニシティなどの視点が歴史学にも美術史学にも導入された。政治家や権力者だけでなく、女性やその他のマイノリティ・社会的な地位が低い人々にも注目するようになり、歴史学の研究対象が拡大した[15]。それに伴い、従来主に頼っていた公の記録や日記などという文字資料以外にも、物質文化（material culture）やオーラルヒストリーのような、新しい資料と方法論を採用するようになった[16]。これは、公の記録に残りにくい人々の跡を辿るには必然的なものだったといえる[17]。

　美術史学においても、社会を積極的に意識したソーシャル・アート・ヒストリーが誕生し、近代国家のためにできた美術史学の代表作の羅列である「カノン（canon）」が問われるようになり、著名な男性芸術家だけでなく、女性やその他のマイノリティのアーティストの研究がされるようになった[18]。加

えて、1990年代には従来の美術史学の研究対象から外れた、あるいはその周辺にあったものを研究する視覚文化論という新しい研究分野があらわれた[19]。日本と東アジアを専門にしている美術史研究者の一部は、女性像や「朝鮮」という日本の植民地像を研究し、ジェンダー論とポストコロニアリズム論に合わせて視覚文化論のアプローチをとった[20]。このような研究は、絵画作品だけでなく、写真・絵葉書・イラストなども観察し、支配者と被支配者の権力関係における眼差しを分析し、自己と他者のイメージ形成に内在するイデオロギー的な意味合いを明らかにした。さらに、明治天皇のイメージ研究も、視覚文化論を代表するものである[21]。

視覚文化論の発展については、ジェームズ・エルキンス(James Elkins)によると、アメリカでは、美術史・文学・映画学から、イギリスやアジアでは、カルチュラルスタディーズから発展したとされる[22]。一時期、視覚文化論とその他の研究分野との違いについて議論が行われたが、共通点が極めて多い。視覚文化論は、美術史学・カルチュラルスタディーズ・メディアスタディーズなどと類似した方法論を持ちながら、学際的アプローチをとり、絵画・広告・漫画・写真・紙幣・テレビなど、視覚に訴えるものを幅広く扱い、「見る」という行為を研究対象にしている[23]。その中には、表象／非物質化されたイメージ(disembodied image)の研究も含まれており、「見ること」がどのようにアイデンティティ・社会関係・権力関係などを形成するか、「見ること」が社会からどのような影響を受けるかを論及している[24]。現在の美術史学・視覚文化論を概観すれば、美術・視覚文化は、社会の一部でありながら、その社会をただ反映した「受動的なもの」であるのではなく、その社会を形成していく「能動的なもの」、つまり「エージェンシー／行為主体性」(agency)を持っているものとして捉えられている[25]。従って、研究者が作品あるいはイメージを分析する際は、制作者、作品・イメージ、見る人をそれぞれ個別に観察した上で、それらの複雑な関係を検討し、可能な解釈と意味合いを論じている。

近年のアーカイブのデジタル化を背景に、表象資料に基づく歴史研究は、新しい動きを見せている。1997年、「日本史に関する各種画像史料及び画像史料情報を収集・整理して系統的に蓄積するとともに、電子計算機等による画像情報処理方法を生かして解析・研究」することを目的に、東京大学史料編纂所に所属する画像史料解析センターが設立された[26]。デジタル化は、資料へのアクセスと検索を容易にするだけでなく、大量のデータの処理などの方法論を研究する「デジタル・ヒューマニティーズ／デジタル人文学／人文情報学」という新しい専門分野の誕生を促した。

　以上の議論と方法論の展開の結果、美術史学・視覚文化論の研究者も、歴史学の研究者も、作品・視覚文化・資料に対する多様な視点から問いをたてる分析力を重要視している。歴史研究者で脚本家でもあるアレックス・フォン・タンゼルマン（Alex von Tunzelmann）が述べたように、歴史学を教える時は、年号や君主の名前などを暗記させるのではなく、批判的思考／クリティカル・シンキングの能力を培う方法を教えるべきである。すなわち、多くの情報の中から重要なものを選ぶ、資料の信頼性を判断する、資料の時代背景を踏まえて分析する、情報を理解してまとめるなどの方法である[27]。このような能力は、情報リテラシーやメディア・リテラシー、あるいはビジュアル・リテラシーと類似している。表象資料も、文字資料も、そのまま「情報」を読み取るのではなく、作った人の意図・言葉のニュアンス・記号として意味やその時代における受容などを調べ、さまざまな知識と分析能力を鍛える必要がある[28]。資料探索と等しく、資料分析は、研究者が培うべき基礎的な能力である。

3　解釈分析の前提となる諸概念

　資料分析については、先行研究と視覚文化を歴史資料として扱った、次に紹介する学術的著書の2点から、多くのヒント

を得ることができる。

　まずは、歴史研究者のテッサ・モーリス‐スズキ著『過去は死なない——メディア・記憶・歴史』を紹介したい[29]。同書は、小説・写真・漫画・映画を通してどのように過去を語ることができるのか、歴史学におけるメディアの役割について論じている。モーリス‐スズキによると、ある歴史的な出来事とそれを収めた写真を分析する際、その写真が「真実」なのか、それとも「捏造」なのか、バイナリで捉える人が多いようだ。だが、その写真が実際に出来事と同じ時間、同じ場所で撮られたとしても、「真実」を写しているとは限らない。つまり、写真がものごとを「見せる」メディアである以上、あくまでも出来事の一瞬と一部しか見せていないし、その見せ方の中にも写真家の主体性が働いている。だからこそ、写真を歴史資料として分析する際に、モーリス‐スズキは、次のような問いを立てることを勧めている。誰がいつ何のためにその写真を撮ったのか、その色彩や構図などがどうなっているのか、撮る前と後の状況がどうだったのか、同じ出来事を写している他の写真と比べてどう違うのか、その写真にどんな見出しがついているのか、どこで掲載されたのか、見る人にどのような印象を与えるのか、なぜその印象を与えるのか、などなど。このように数多くの問いをたて続けることによって、研究者が歴史に対して真摯な態度を示し、写真をより正確に解釈できる。このようなアプローチを、「歴史への真摯さ（historical truthfulness）」と名付けている[30]。写真を表現として捉え、写真家の視点・見る人の立場など、できるだけ多くの要素を考えに取り入れていることこそ重要である[31]。それらの要素の中には、表象資料から読み取れるものもあり、他の資料との比較や参考文献の閲読を通じて初めて得る識見もある。

　さらに、モーリス‐スズキは、歴史の二つの側面について指摘している。それは、過去の出来事の因果関係などを説明し理解する「解釈としての歴史」と、過去の出来事をもとに自分のアイデンティティを再認識する「一体化・アイデンティ

フィケーションとしての歴史」である[32]。歴史学が学術的分野でありながらも、人々のアイデンティティとつながっているため、感情的要素が含まれる。感情的な側面は、写真やその他の表象資料を分析する際に、特に考慮すべきである。写真を見る人の立場によって、感情的なインパクトが変わるうえに、歴史を語る人の立場とその歴史との距離によっても、感情的な態度が異なることがある。その差に敏感であることは必須である。

モーリス‐スズキが提示した「歴史への真摯さ」という問い続ける態度は、「限定された客観性」と同様に、研究者と資料の関係性を強く意識している。研究者は、資料に対してどのような態度を示すべきか、倫理的な視点からいくつかの注意を払うべきである。歴史研究者スザンナ・リップスコム（Suzannah Lipscomb）が指摘した通り、過去をロマンチックに描きたい、美化したい、自分の考えや固定観念を過去の人に投影したい、どうしても研究結果を出したいなどなど、さまざまな欲望を抑えなければいけない[33]。問い続けることは、それらの欲望に気づくチャンスを与えることに通ず。

次に、美術史学・視覚文化論の研究者ジェニファー・ワイゼンフェルドの『関東大震災の想像力——災害と復興の視覚文化論』を紹介したい[34]。この著書は、1923年の震災とその後の復興をテーマにした数多くの報道写真・映画・絵葉書・地図・スケッチ・絵画・木版画・風刺画などの表象資料をもとに、震災のイメージが、誰によってどの目的で作り出されたのか、どのように震災の記憶を伝えてきたのかを検証している。ワイゼンフェルドによると、関東大震災はマスメディアの報道を通して、関東という限られた地域の「ローカルな悲劇」ではなく、すべての国民の連帯を求める「国民的出来事」として意識されるようになった。さらに、感情移入や同感を呼び起こすような絵画から、未曾有の破壊風景を面白がって覗かせる写真まで、震災のイメージとその意図が多様だったという。

ここで重要なのは、ワイゼンフェルドが、イメージの行為

主体性を中心に論点を展開しているところである。そのアプローチは、美術史学・視覚文化論の研究者W. J. T. ミッチェル（W. J. T. Mitchell）の「イメージが見る人に対してさまざまな働きかけをしている」という論に基づいている[35]。また、美術史研究における大きな変化、すなわち作家中心主義論から作品・イメージと社会中心論への移行を示している。ワイゼンフェルドは、ある出来事をわかりやすく見せている、英雄化している、正当化している、消去している、などのイメージのさまざまな働きかけとインパクトを提示することによって、その行為主体性を明らかにしている[36]。イメージが人々の感情を動かす力を考慮に入れるところは、モーリス・スズキと共通している。さらに、イメージは「単に事実を記録するだけでなく、これらの事実に対する当時の人々の見方に影響を及ぼした」という歴史研究者バークの指摘に沿った分析の仕方だといえる[37]。

それぞれのイメージ／表象資料の視覚的効果の分析を正しく行うためには、イメージを作った社会と、その場所と時代の一般的な表現の仕方（pictorial conventions）に関する知識が必要になる。一般的な表現の仕方とは、ある場所・ある時代に一般的だと思われていた描き方と画題、共有された絵の暗黙の解釈方法を示している。例えば、ワイゼンフェルドによると、風刺画の中でナマズという魚を地震の比喩として描くことで、地震が近代化の物質主義に対して「天譴・天罰」だという認識を表していた[38]。歴史研究者がその時代と場所から離れれば離れるほど、このような一般的な表現の仕方についての判断が難しくなってくるが、一般的な表現の仕方は、イメージ作者の眼差しやその時代の世界観を表しているので、歴史考察の上で重要な証拠になると、バークは指摘している[39]。美術史学は、一般的な表現の仕方を明らかにする研究分野なので、参考にできる。

さらに、ワイゼンフェルドは「間絵画性」（interpictoriality）概念を利用しながら、関東大震災のイメージについて論点を進

めている[40]。間絵画性とは、イメージ同士の関連性のことである。イメージはその他のイメージと相互の関係性を持ち、他のイメージを引用していることが多いため、意味を理解するにはその他のイメージに頼ることになる。すなわち、あるイメージ(写真、広告、絵画など)を分析する際、その一枚だけを見るのではなく、できるだけ多くの類似したイメージを見つけて、それらの関連性を踏まえた上で、意味を解読していく[41]。ワイゼンフェルドは、震災後には、多くの画家たちが東京を訪ねスケッチを重ねて、焼け野原や廃虚を描いたと述べている。それらの絵は、観光客や巡礼者向けに江戸時代に作られた木版画「名所絵」の系譜を意識し、「崩壊のスペクタクルと、廃虚状態の崇高さと両方の理由から選ばれ」た場所を記念し、「新名所絵」として公開されたという[42]。間絵画性のアプローチは、イメージを中心としながら、同時代の見る人の知識／認識を可能な限り再現し想定している方法である。

　ワイゼンフェルドが大量の表象資料を集めて分析した結果、視覚化されていなかったものについても論じることができた。震災後に起きた朝鮮人虐殺事件が2か月間も報道されず、その虐殺を記録しようとしていた映像が検閲されたという不可視化は、社会における不平等と植民地臣民の従属を意味したと結論づけている[43]。この点は、文字資料とアーカイブ全体にも共通している問題点である。つまり、文字と表象資料の中で記録されていない人々や出来事があり、その不在の理由が歴史の重要な側面をなしているのである。加えて、文字と表象資料に記録はされたが、その資料が戦争や火災など意図的ないし恣意的な損失のために現存しないこともある[44]。このような事情を考慮しながら、現存する資料がどのように研究者の研究範囲を制限しているか、研究者に自覚が求められている。

　『関東大震災の想像力』は、イメージ・表象の研究でありながら、メディアの研究でもある。同書の中で扱った報道写真・絵葉書・地図・スケッチ・絵画・木版画・風刺画のそれぞれのイ

メージのみならず、メディアをも適切な先行研究を参照しながら考察されている。ワイゼンフェルドによると、「地図とは、社会的・政治的利害に形態を与えるための視覚的提案」であって、客観的に見えても実際はその場所を創造することで知と権力を自然なもののように見せているという[45]。さらに、写真が震災の生々しい様子を身近に感じさせていると同時に、その出来事との距離を意味しているという[46]。表象資料を解釈する際は、このようなメディアの特徴に対する知識と理解が研究の土台をなすべきである。

　他の視覚文化論の研究者と同様、ワイゼンフェルドも、人間の感覚同士は連携しているので、視覚文化を見る時には、聴覚も触感も使うことがあると主張している[47]。さらに、広告・紙芝居・漫画など、多くの表象資料は、文字と絵が共存している。絵画や写真には、題名や見出しをつける習慣があり、彫刻の土台には、文字が書かれている。言うまでもないが、分析の際に文字と絵も合わせて観察し、その意味を考えなければならない。ワイゼンフェルドは、廃墟のイメージと同時代のアーティストや評論家による言葉を分析し、近代国家のイデオロギーについて言及している。「文明開化」の象徴だった近代建築物が、地震という大自然の力によって廃墟となり、その廃墟のイメージが、近代化に対する疑問と不安を表すものだったと指摘している[48]。この指摘は、イメージがイデオロギーを形成し、ある価値観を自然なものにしようとする重要な場である、という視覚文化論の根本的な考察である[49]。

　表象資料を含む歴史資料を解釈する際、その資料自体についての知識と理解が求められている。資料研究をして、初めて適切な解釈の仕方が明らかになり、その資料のもとに語ることができる歴史も明白になる[50]。バークは、文字資料研究を「原典批判」(source criticism)と名付けており、資料の特徴と弱点を認識することの重要性を述べている[51]。モーリス・スズキが提示した「歴史への真摯さ」は、その資料研究の過程だともいえる。そして、美術史学と視覚文化論は、ワイゼンフェル

ドの研究のように、特定の時代と場所においての視覚文化の具体的な事例・メディア・一般的な表現の仕方などを明確化することで、その資料研究に貢献していると考えられる。

4　本書の章立て

　本書の章立ては、主な方法論を手がかりに、①表象、②メディア、③資料の転生という三つのグループに分けて並べた。
　第1部のテーマである「表象」とは、女性像や朝鮮像など、イメージ研究を意味する方法論である。表象研究では、重要なテーマの一つが他者のイメージであるため、ジェンダー論やエスニシティ論と重なるところが多い。「あるイメージが、ある時代ある場所における政治的社会的状況の中で、どのような人に見られることを想定していたのか」という眼差し、あるいは「多くの人々にどのように理解されていたのか」というイメージの支配的な意味(dominant meaning)を探るアプローチである。そこでは、明示(指示)的な意味と内包(暗示)的な意味、イメージとイデオロギーとの関係も考察する[52]。
　第1章では、増野恵子が、日本が統治した朝鮮・韓国における貨幣のイメージとその変化について論じている。日本の幣制の支配が併合以前からすでに始まり、貨幣が「イメージの抗争」の場になっていたと指摘している。間絵画性と図像学のアプローチを活かし、1914年と1915年に新しく発行された紙幣に描かれた寿老人と大黒天のイメージの意味合いを分析した結果、支配者側か被支配者側か見る人の立場によって複数の異なる解釈を可能にする図柄になっていることがわかった。同時にそのデザインを通して、両方の国が中華文化圏の伝統を持っている点が強調されたことが、同化政策下の力関係における緊張感と、隣人国を統治するという植民地支配の一つの形を表していると推察できる。
　第2章では、盧ユニアが1910年日英博覧会の際にできた統監府日英博覧会写真帖を手掛かりに、大日本帝国の朝鮮表象

が、植民地支配を正当化するという目的で西洋の眼差しに向けて作られたと論じている。さらに、博覧会での展示と写真帖は、写真という「真実性と記録性が高い」と思われがちなメディア[53]を利用し、写真の並べ方と見出しを活かして、日本が「文明国」と「良き支配者」であるかのような自画像作りにつながったと指摘している。特に、統治前後の写真比較という表現の利用は、文化帝国主義・社会ダーウィン主義のイデオロギーを共有するイギリスのオーディエンスを前提にしていたことがわかる。写真帖を通して、一つの国の文化と歴史を表現することは、19世紀における一般的な表現の仕方だったといえよう[54]。

　第3章では、足立元が明治時代と大正初期における日本人女性のイメージについて論じている。「新しい女」と呼ばれていた平塚らいてうと尾竹紅吉を対象にした漫画・風刺画を考察し、女性の参政権運動が一部の女性の中で盛んになっていたことを背景に、それらの風刺画は、男性と思われる漫画家が「新しい女」を「男性的なもの」として描くことで、女性の解放運動に対する当時の社会的不安と批判を表していると指摘している。風刺画の分析では、文字と絵を相互的に捉えて、全体の皮肉な意味合いと現在の視点から見れば差別的な表現から、当時の女性たちの挑戦の勢いを読み取っている。この章は、研究対象のみならず研究者自身のアイデンティティや感情にも意識を向けた論文である。

　第2部の「メディア」では、視覚文化の物質性とその媒体としての役割を分析する。この方法論は、表象／非物質化されたイメージではなく、具体化されたイメージすなわち物質的に存在するもの（embodied artifact）という側面に着目している。ここでは、制作、消費、販売、展示、流通、受容を研究対象にし、制作者と消費者の複雑な関係、メディアがイメージとそのメッセージ性に与えた影響、見る人などを考察する。

　第4章では、筆者マグダレナ・コウオジェイが大正と昭和初期に流行した美術展覧会絵葉書を対象に、女性画家が描いた

入選画の絵葉書を選び出し、歴史にほとんど名を残さなかった女性画家を語るための資料として考察した。美術展覧会絵葉書というメディアは、作品を宣伝する、絵葉書を売るという生産者側の欲望と、絵葉書を楽しんで蒐集する消費者側の欲望の交差にあったことを明らかにした。そして、絵葉書自体の欲望についても述べている。すなわち、絵葉書には、画家への道に導いて、女性を含む新しい世代の画家たちの進出を刺激する行為主体性があったと推測した。最後に、筆者が、忘れられた女性画家を掘り起こしたいという、研究者としての自己の強固な願いが存在していることにも気づいた。

第5章では、鈴木一史が、日本教育紙芝居協会が作った教育紙芝居という、戦時中の国策を画題にした紙芝居について論じている。『貯金爺さん』(1938年)、『軍神の母』(1941年)、『爪文字』(1943年)という3作品を事例に取り上げ、絵と文字を分析しながら、当時の雑誌や作品上の書き込みから紙芝居をめぐる言説を紹介し、その制作と実演をめぐる環境を考察している。教育紙芝居というメディアには、協会関係者・陸軍省・画家・作家・演じる人・見る人々など、さまざまな立場の人々が、それぞれの目的を持って関わっていたことを明らかにしている。そして、紙芝居の行為主体性が、国民に模範像を示し戦争を宿命に感じさせることにあったとはいえ、見る人々にも行為主体性があったため、一人一人の個人の受け止め方が多様だったと主張している。

第6章では、河田明久が、日本人画家によって描かれた「作戦記録画」という公式の戦争画について論じている。戦争が洋画家たちに大規模の歴史画を描く機会をもたらし、日中戦争から太平洋戦争への展開につれて、作戦記録画の中に、日本が「正義がある戦争」をしているという明白な「戦争理念」が見られるようになると指摘している。戦況悪化に伴い、「玉砕」という「殉教」の場面を描いた藤田嗣治の絵の前に賽銭箱が置かれて祈る人がいたという。作戦記録画は当時、絵画の域を超えて、軍人の遺影と同様の存在にもなったのだ。遺影

などと一緒に聖遺物を保管する宮中の「御府」におさまる予定だったことも、メディアとしての特殊な性格を示唆している。芸術・プロパガンダ・聖遺物・戦利品へと、状況の変化に伴いその意味合いが変わっていく作戦記録画は、第3部ともつながる。

　第3部では、歴史資料にも歴史がある、すなわち時間の経過とともに資料自体の使い方と位置付けが変わっていくということに着眼した章がある。このアプローチは、「資料の転生」と名付けたが、文化人類学者アルジュン・アパデュライ（Arjun Appadurai）が編集した『The Social Life of Things』と文学者フィリップ・フィッシャー（Philip Fisher）の『Making and Effacing Art』という2冊の論点に由来する[55]。フィッシャーが指摘した通り、モノには、複数の「人生」がある。ある剣は、「人殺しの人生」の後に、ある宗教が大事にする「聖なる宝物」として生まれ変わり、その次に美術館に宿る「芸術作品」として生まれ変わることがある[56]。そのような「転生」は、歴史資料にも見られる。例えば、支配者の権力を表す「地図」が、研究者が歴史を語るために使う「資料」として転生することがある。ある意味では、多くの歴史資料が歴史の証拠として作られたのではなく、それ以外の用途を持ち、転生をして、置かれる文脈の変化によって、初めて資料になるとも解釈できる。

　第7章では、ヤン・ユーが、1932年以前に中国側が作った満洲の「長春」の地図と、満洲国が建国された1932年以降に日本側が作った「新京」（長春の改名）の地図を比較することで、「近代的なユートピア」と見なされてきた満洲の都市空間を再解釈している。支配者側が作った地図には、日本人の街が詳細に描かれているのに対して、中国人の街が省略され軽視されているとヤンは指摘している。地図の用途によって、場所の描き方が変わるため、地図を額面通りに読むことができないと明らかにしている。可視化されたものと可視化されなかったものの意味や地図製作をめぐる検閲と政治的意図、空間を理想化する可能性などについて、地図というメディアを歴史

資料に「転生」した場合に、重要な注意点をいくつか示している。

　第8章では、鈴木恵可が、日本統治下の台湾に建設された彫刻・銅像について論じている。公園という植民地の公共空間に登場したのは、主に支配者側の日本人男性の銅像だった。つまり、日本人女性と台湾人の男女はほとんど可視化されなかったと指摘している。帝国の終焉を待たず、銅像は戦時中の金属類回収令のためほぼ回収された。1945年以降に再発見され、台座が転用された過程を辿っている。そして、2000年以降に、再制作・再建・展示された事例を紹介し、植民地時代に制作された銅像が、その時代の歴史資料としてだけでなく、統治時代に対する台湾人の戦後の処理の仕方と記憶をめぐる研究のための資料としても利用できると示している。

　第9章では、白政晶子が、五十嵐写真館が小田原地域で果たした重要な役割と地域貢献について論じている。小田原市に寄贈された写真資料をもとに、営業写真を撮る傍ら、戦時中から戦後に五十嵐登が取り組んでいた家族写真と戦没者の遺影製作と、五十嵐史郎が小田原市のイベントやお祭りなどを記録した写真群を中心に分析している。その分析の過程の中で「歴史への真摯さ」という研究者の態度を示し、記録写真にみられる表現性、写真の使い手によって同じ写真でもコンテクストが変化していくことなどを丁寧に紐解いている。また、市の生活や文化を記録したスライドシリーズでは、写真が共同体の記憶を伝えていく力だけでなく、共同体のアイデンティティ自体を形成する役割を持つことを示している。

　第10章では、映像ジャーナリストの熊谷博子が7年をかけて作ったドキュメンタリー映画『作兵衛さんと日本を掘る』(2018年)についての講演会記録を収めた。山本作兵衛が筑豊炭田で炭坑夫として働いた経験を晩年に描いた水彩の記録画は、本作の「主人公」であり、理想化された労働者の姿を尊敬と愛情を持って表現したものである。この表象資料を撮影し、山本作兵衛の遺族や元女坑夫のカヤノさんのインタビュー

に合わせて音楽とナレーションをつけることを通して、戦後、原発に変わる前まで炭鉱に頼っていた近代日本の歴史を多様な視点から浮き彫りにしている。そして、講演会の質疑応答からは、熊谷の制作に対する真剣な態度、過去の人々の経験を理解することの難しさと努力、資料の保存と公開をめぐる問題点がうかがえる。

5 おわりに

　本書に所収された各論文は、あくまでもいくつかの事例に過ぎないが、近代日本と東アジアの歴史と視覚文化について、考えさせられる点をいくつか提供してくれる。

　まずは、近代の日本の歴史を考えると、西洋との対立が注目されがちだが、本書は、日本と朝鮮・韓国との関係をテーマにする章から始まる。日本の近代歴史を、朝鮮と不平等条約を結んだ1876年から語るのであれば、日本が帝国を作っていく過程こそ日本の「近代」史である。

　さらに、近代史は、一国で理解できるものではなく、万国博覧会などを通してグローバル化が進む中、日本－イギリス－朝鮮・韓国という複数の場所を関連付けて、各国独自の状況と国境を越えて流通する視覚文化の意味が初めて明らかになると第2章が教えてくれる。この点は、第7章と8章にも共通する。満洲と台湾についての各章は、支配者側の日本人と被支配者側の中国人と台湾人、それぞれの視点を考察しながら、階級とジェンダーの側面も踏まえて分析を進めている。近代日本の歴史を理解するためには、「日本人」と日本語の資料だけでなく、その他の民族／エスニシティの人々と他言語で書かれた資料を考慮しなければならない。

　近代において、女性は法律と経済の面で社会的地位が低い一方、絵画・広告・写真など、あらゆる視覚文化において大量に表象された存在だった。第3章と第4章は、風刺画の対象になった女性たちと、展覧会に入選した作品を描いた女性たち、

すなわち被写体あるいは主体としての女性という、歴史における両方の側面を語っている。

　第5章と6章は、人々の感覚に強くアピールする紙芝居と戦争画をテーマに掲げ、戦時中の銃後の人々の欲望と感情の変化を浮き彫りにすることで、いわゆる「一般の人々」の戦争協力について考察する。この二つの章は、第3章と4章と合わせて、感情の歴史とも呼ぶことができる。

　第9章と10章は、歴史を書く人々の多様性を示している。職業に基づく差別を受けた山本作兵衛という炭坑夫と、首都に対して「周辺的な存在」であった小田原で写真館を運営していた五十嵐登と史郎が、それぞれの職場／職業と地域の記憶を伝えるために多大な努力によって、大量に表象資料を残した。彼らの水彩画と写真を用いて、映像ジャーナリストがドキュメンタリー映画を作り、小田原市が「小田原よいとこ」映像とデジタルのデータベースを作った。このように歴史とは、研究者が独占する分野ではなく、民間と政府、場合によっては共同の立場から、さまざまな人に語り続けられるものである。そして、歴史学の枠組みが国家であっても、最終的には歴史を書く際、その根幹には個人とローカルなコミュニティがあることを明示している[57]。

　歴史学と美術史学・視覚文化論は、別の研究分野でありながら実際には方法論における共通点が多い。イメージであろうと文字であろうと、過去から伝わってきた「資料」を参考にしながら、過去の人々の生活、社会、価値観などが、さまざまな語り口から語られている。絵画・写真・地図・絵葉書・漫画などは、近代社会の重要な一部を成した。美術史学と視覚文化論は、資料のメディア性に敏感であり、資料自体が持つ力と視覚的インパクトを強く認識している。表象資料は、歴史教科書に載っている図版と同様に、過去についての情報を直接的に提供しているものではなく、読者・見る人の想像力を鍛えて、多くの問いを投げかけている。その問いかけに耳を向けることこそが、資料批判と資料研究につながっている。序

論では、その方法についていくつかの注意点を取り上げてみたが、バークが指摘した通り、多様なイメージと多様な研究が存在するため、あらゆる資料に当てはまる資料批判／研究の方法は存在しない[58]。研究者は、自分の立場を考慮し、柔軟性を持って、模索し資料に向き合い続けるだろう。

注

1 歴史教科書の中に美術作品の図版を載せることについて、次の書籍を参照。Barber, Sarah. "Fine Art: the creative image." Barber, Sarah & Corinna M. Peniston-Bird, eds. *History Beyond Text: A Student's Guide to Approaching Alternative Sources*, Routledge, 2010, 17.
2 視覚文化論(visual culture / visual studies)は、ヴィジュアル・カルチャー、ビジュアル文化論、視覚表象論、表象メディア論と呼ぶこともある。本稿の中では統一のために視覚文化論という単語を使うが、同じ意味である。
3 表象資料は、視覚資料・視覚史料・ビジュアル資料・画像資料・画像史料と呼ぶこともある。
4 先行研究としては、次の書籍を参照。Morris-Suzuki, Tessa. *The Past Within Us: Media, Memory, History*. Verso, 2005. テッサ・モーリス - スズキ著、田代泰子訳『過去は死なない――メディア・記憶・歴史』岩波書店、2014年。Burke, Peter. *Eyewitnessing: The Use of Images as Historical Evidence*. Reaktion Books, 2019. ピーター・バーク著、諸川春樹訳『時代の目撃者――資料としての視覚イメージを利用した歴史研究』中央公論美術出版、2007年。Barber, Sarah & Corinna M. Peniston-Bird, eds. *History Beyond Text: A Student's Guide to Approaching Alternative Sources*, Routledge, 2010.
5 佐藤道信『「日本美術」誕生――近代日本の「ことば」と戦略』講談社、1996年。
6 西洋においても、美術史学を学術分野として設立する際には、ナショナリズムが果たした役割が大きい。Mansfield, Elizabeth, ed. *Making Art History: A Changing Discipline and Its Institutions*. Routledge, 2007, 3.
7 Maza, Sarah. *Thinking About History*. University of Chicago Press, 2017, 121–123.
8 Maza, *Thinking About History*, 208.
9 Carr, Helen & Suzannah Lipscomb. "Prologue: Ways in." Carr, Helen & Suzannah Lipscomb, eds. *What Is History, Now?* Weidenfeld & Nicolson, 2021, 10–11. Carr, E. H. *What is History?* Penguin Random House, 2018. E. H. カー著、近藤和彦訳『歴史とは何か』岩波書店、2022年。
10 Carr & Lipscomb, "Prologue: Ways in," 13.
11 Maza, *Thinking About History*, 213.
12 言語論的転回と呼ぶアプローチでもある。Maza, *Thinking About History*, 211.

13 Maza, *Thinking About History*, 222.
14 Maza, *Thinking About History*, 8, 223–224.
15 政治家や権力者ではなく、一般の人々を研究対象にしている「下からの歴史」（history from below）は、日本語では民衆史、人の歴史、常民の歴史など、さまざまな捉え方がある。Carr, Helen & Suzannah Lipscomb, eds. *What Is History, Now?* Weidenfeld & Nicolson, 2021, 179.
16 Maza, *Thinking About History*, 102–107, 153–155.
17 文字資料に頼ってきた歴史学にとっては、文字資料に登場しない人々の歴史をどう調べるのかということが、大きな課題をなしている。Lipscomb, Suzannah. "How can we recover the lost lives of women?" Carr, Helen & Suzannah Lipscomb, eds. *What Is History, Now?* Weidenfeld & Nicolson, 2021, 179.
18 北原恵「美術史を書き直す実践」北九州市立男女共同参画センター"ムーブ"編集『ジェンダー白書3――女性とメディア』明石書店、2005年、140–153頁。本書籍の第4章「美術展覧会絵葉書から見た近代女性画家――表象資料の読み方を探る」を参照。
19 Herbert, James D. "Visual Culture/Visual Studies." Nelson, Robert S. & Richard Shiff, eds. *Critical Terms for Art History*. Second Edition. University of Chicago Press, 2003, 452–453.
20 Mostow, Joshua S. & Norman Bryson & Maribeth Graybill, eds. *Gender and Power in the Japanese Visual Field*. University of Hawaii Press, 2003. 北原恵編『アジアの女性身体はいかに描かれたか――視覚表象と戦争の記憶』青弓社、2013年。福岡アジア美術館・岐阜県美術館・北海道立近代美術館・神奈川県立近代美術館篇『日韓近代美術家のまなざし――〈朝鮮〉で描く』2015年。Ikeda, Shinobu. "Imperial Desire and Female Subjectivity: Umehara Ryūzaburō's Kunyan Series." *Ars Orientalis* 47, 2017, 240–265. 児島薫『女性が映す日本――合わせ鏡の中の自画像』ブリュッケ、2019年。
21 塩谷純・増野恵子・恵美千鶴子『近代皇室イメージの創出：明治・大正時代』天皇の美術史、第6巻、吉川弘文館、2017年。
22 Elkins, *Visual Studies*, 10.
23 定義については、以下の参考文献を参照。Herbert, "Visual Culture/Visual Studies," 452–456. Sturken, Marita & Lisa Cartwright. *Practices of Looking: An Introduction to Visual Culture*, Third Edition, Oxford University Press, 2018, 1–7. Elkins, James. *Visual Studies: A Skeptical Introduction*. Routledge, 2003, 2–5. ジョン・A・ウォーカー＆サラ・チャップリン共著、岸文和・井面信行・前川修・青山勝・佐藤守弘共訳『ヴィジュアル・カルチャー入門――美術史を超えるための方法論』晃洋書房、2001年、33–35頁。きょうと視覚文化振興財団「視覚文化」https://kyoto-shikakubunka.com/summary03.html.
24 Mitchell, W.J.T. *What Do Pictures Want? The Lives and Loves of Images*. University of Chicago Press, 2005, 343.
25 Agency／エージェンシーは、行動能力を意味する。人間と非人間、そして生命があるものと生命がないものに対しても、使われている概念だ。文化人類学では、「行為主体性」と訳すことがあり、社会科学のアクターネットワーク理論では、「作用」と訳すことがある。ワイゼンン

フェルドの『関東大震災の想像力』の中には、行為主体性として訳されていて、「エージェンシー」というルビがふっているため、本稿も行為主体性の訳語を使うことにした。Weisenfeld, Gennifer. *Imaging Disaster: Tokyo and the Visual Culture of Japan's Great Earthquake of 1923*. University of California Press, 2012, 6. ワイゼンフェルド・ジェニファー著、篠儀直子訳『関東大震災の想像力——災害と復興の視覚文化論』青土社、2014 年、21 頁。

26 東京大学史料編纂所『画像史料解析センターの成果と課題——東京大学史料編纂所附属画像史料解析センター開設 10 周年記念報告書』2007 年、1 頁。

27 Von Tunzelmann, Alex. "Why history deserves to be at the movies." Carr, Helen & Suzannah Lipscomb, eds. *What Is History, Now?* Weidenfeld & Nicolson, 2021, 43.

28 Frankopan, Peter. "Why global history matters." Carr, Helen & Suzannah Lipscomb, eds. *What Is History, Now?* Weidenfeld & Nicolson, 2021, 22.

29 Morris-Suzuki, *The Past Within Us*. モーリス・スズキ『過去は死なない』。

30 モーリス・スズキ『過去は死なない』148–150 頁。バークは、視覚文化を歴史資料として分析する際の注意点を「十戒」の中でまとめたが、その内容がモーリス・スズキが提示した問いと重なる部分が多い。特に、3 番目・4 番目・5 番目・6 番目・8 番目の項目を参照。Burke, *Eyewitnessing*, 8–9. この「十戒」は、「Preface to the Second Edition」の中にあるため、初版をもとにした日本語訳の中には含まれていない。

31 それらを大きくわけると、芸術作品／イメージを作った人・芸術作品／イメージそのもの・そのオーディエンスという 3 つの考慮すべき様子になる。Barber, "Fine Art: the creative image," 17.

32 モーリス・スズキ『過去は死なない』29–32 頁。マーサも、それと近いことを指摘している。Maza, *Thinking About History*, 4, 6.

33 Lipscomb, "How can we recover the lost lives of women?" 186.

34 Weisenfeld, *Imaging Disaster*. ワイゼンンフェルド『関東大震災の想像力』。

35 Mitchell, *What Do Pictures Want?*

36 Weisenfeld, *Imaging Disaster*, 1–2.

37 Burke, Eyewitnessing, 177. バーク『時代の目撃者』193 頁。バークが提示した「十戒」の中には、9 番目の項目が行為主体性に当たる。Burke, *Eyewitnessing*, 9.

38 Weisenfeld, *Imaging Disaster*, 178.「鯰絵」は、初めて 1855 年の安政江戸地震をきっかけに作られたそうだ。Weisenfeld, *Imaging Disaster*, 23.

39 Burke, *Eyewitnessing*, 175, 230–231. バークが提示した「十戒」の 1 番目と 2 番目の項目も参照。Burke, *Eyewitnessing*, 8.

40 間絵画性は、間テクスト性・インターテクスチュアリティと意味が近い。「絵画」という単語を使っているが、絵画だけでなく、あらゆる「絵」のことにも当てはまる。バークの「十戒」の中には、1 番目・2 番目・7 番目の項目が、一般的な表現の仕方と間絵画性に当たる。Burke, *Eyewitnessing*, 8–9.

41 バークも、一枚の絵を頼るのではなく、できるだけ多くのイメージを集めて見ることをすすめている。Burke, *Eyewitnessing*, 231.

42 Weisenfeld, *Imaging Disaster*, 137. ワイゼンンフェルド『関東大震災の想像力』168 頁。「焼け跡見物」が流行し、2 週間だけで 200 万人余の人々が観光目的で東京を訪ねたという。Weisenfeld, Imaging Disaster, 72.

43 Weisenfeld, *Imaging Disaster*, 68. バークも、描かれなかったもの・表象から削除されたものがあったと指摘している。Burke, *Eyewitnessing*, 214.

44 アーカイブスについては、次の書籍を参照。Lipscomb, "How can we recover the lost lives of women?" 180. Maza, *Thinking About History*, 149–150.

45 ワイゼンンフェルド『関東大震災の想像力』23–24 頁。Weisenfeld, *Imaging Disaster*, 8. バークによると、昔の地図は過去のまなざしや世界観を証明するものである。Burke, Eyewitnessing, 37.

46 Weisenfeld, *Imaging Disaster*, 5–6.

47 Sturken & Cartwright, *Practices of Looking*, 5. Mitchell, *What Do Pictures Want?* 343.

48 Weisenfeld, *Imaging Disaster*, 143–145.

49 Sturken & Cartwright, *Practices of Looking*, 37–38.

50 Barber, "Fine Art: the creative image," 18. Burke, *Eyewitnessing*, 33, 227–228 を参照。例えば、西洋が描いた他者のイメージは、他者の実態を示す資料として使うのが難しくて、西洋が持った他者のイメージ・他者へのまなざし・他者に対する差別を証明する資料として使えるそうだ。Burke, *Eyewitnessing*, 169.

51 Burke, *Eyewitnessing*, 18.

52 Sturken & Cartwright, *Practices of Looking*, 29–32, 78, 103–105. ただし、表象研究では、立場や事前知識などによってイメージを見る人の主体性を認め、それぞれの人々が異なる解釈をすることを否定しない。

53 Sturken & Cartwright, *Practices of Looking*, 24–25.

54 「国民のアルバム」については、モーリス‐スズキ『過去は死なない』127–134 頁を参照。

55 Appadurai, Arjun, ed. *The Social Life of Things: Commodities in Cultural Perspective*. Cambridge University Press, 1986. Fischer, Philip. *Making and Effacing Art: Modern American Art in a Culture of Museums*. Harvard University Press, 1991.

56 Fischer, *Making and Effacing* Art, 3–5.

57 歴史研究における国家と地方については、Maza, *Thinking About History*, 49 を参照。

58 Burke, *Eyewitnessing*, 9.

第1部
表象

第1章

日本の植民地通貨イメージ試論
――近代朝鮮貨幣の図像分析を中心に

増野恵子

1　はじめに

　本章では、近代日本の植民地通貨のうち、朝鮮で発行された貨幣を取り上げ、そこに表されたイメージを検証・分析する。
　視覚文化研究あるいは社会学、経済学の領域において、近代の貨幣イメージが学術的な研究対象とされるのは比較的近年のことといえる。ホブズボウムとレンジャーによる『創られた伝統』(1983)[1]、そしてアンダーソン『想像の共同体』(1983)[2]によって、19世紀に出現する国民国家が、創出された"伝統"や言語、出版、資本主義を通じて形成されたことが明らかにされたが、これらの研究のなかでは貨幣についてはほとんど言及されていない。その後、1995年にビリッグによって「ありふれたナショナリズム（banal nationalism）」という概念が提示された[3]。この語はビリッグの著書のタイトルでもあるが、戦争など危機的な状況で振られる国旗（'Waved Flags'）に象徴される"熱い"ナショナリズムではなく、日々の生活のなかで繰り返し目にする国家のシンボル（例えばガソリンスタ

ンドの店頭に置かれたり公務員の制服に縫い付けられている「振られない旗('Unwaved Flags')」)[4]によって喚起される、静かだが影響力の強いナショナリズムのことを意味している。しかしビリッグの著書のなかでも、貨幣の名称の重要性に関しては触れられるものの、デザインそのものについての言及は見られない[5]。

その後、1994年に大英博物館で重要な展覧会「美と貨幣——紙幣に見られる女性イメージ」展("Beauty and the Banknote")がV. ヒューウィットの企画によって開催され、図録が刊行されているが[6]、貨幣のイメージ研究が大きく進展したのは1998年のことである。M. ポイントンの"'Money and nationalism"(1998)[7]は、現代のヨーロッパ各国の紙幣に描かれた肖像画を例に、紙幣に表されたイメージが国民国家形成に不可欠なナショナル・アイデンティティの構築に重要な役割を果たしていることを指摘した。またE. ジルベールは、"'Ornamenting the façade of hell': iconographies of 19th-century Canadian paper money"において19世紀カナダの銀行券と政府紙幣を取り上げ、紙幣イメージの象徴的な機能の重要性を強調している[8]。そしてE. ヘレイナーは、"National Currencies and National Identities"のなかで、貨幣とナショナル・アイデンティティの関係が従来の研究で無視され続けてきたことを鋭く指摘し、イメージ分析のための視点と方法論を提示した[9]。

これらの研究は、いずれも貨幣に表された肖像や寓意像、歴史や象徴は、それらを日常的に使用する領域の人々に対して共通の国家イメージを刷り込み、国民国家の一員としてのアイデンティティ形成に大きく寄与していることを指摘している。そしてこれ以後、貨幣は国旗や切手、銅像などと同様に、国家が発するメッセージを伝達するシンボルであるという認識が広く共有され、貨幣イメージの研究は、社会学や視覚文化研究、あるいは地理学の分野で大きく展開していくことになる[10]。

これまで述べてきたのは英語圏での研究史であるが、日本

の貨幣イメージ研究史についても触れておきたい。日本近代の貨幣研究は、1881年発行の政府紙幣に登場する神功皇后肖像にほぼ集中しているといってよい。この肖像は明治政府の御雇い外国人エドアルド・キヨッソーネによって描かれたが、柏木博[11]や牧原憲夫[12]はその西洋的な容貌や表現に近代化を目指す日本の姿を重ね合わせ、トレーデは、近代以前の神功皇后イメージと対比しつつ、この神話中の女帝に見られる多面的なキャラクターをジェンダーの視点も加えて考察している[13]。一方筆者は、1998年の論考で、「新貨条例」（1871）に基づいて新たに発行された硬貨のモチーフがすべて天皇の象徴であることを示し[14]、明治政府が目指した天皇絶対主義国家の姿が貨幣イメージに示されていることを指摘した。また近年は旧国立銀行券の図像を取り上げ、政府が紙幣上で国史の再編と視覚化を試みた可能性を論じている[15]。なお紙幣全般に関しては、植村峻による詳細な通史『紙幣肖像の近現代史』[16]が近年刊行されており、紙幣に描かれた肖像の採用経緯や意味についても詳述されている。

　これらの研究から、日本も、明治初年に統一的な幣制と金融システムを欧米から導入する際、ナショナル・シンボルやイメージを貨幣に用いることを学び、国民国家形成の一助としようとしたことが明らかにされている。

　本章ではこれらの研究を踏まえ、近代の国民国家が作り出した植民地通貨には、どのようなイメージが描き出されているかについて考察する。19世紀の国民国家は同時に帝国主義国家でもあった。本国の貨幣に国家や国民を示すイメージが表されているのだとすれば、植民地で流通する貨幣には、支配者や被支配者はどのような形で描き出されているのか。ケーススタディとして1900～1910年代に朝鮮で発行された貨幣図像を取り上げ、そこに表されたイメージを分析する。

　日本の植民地通貨のデザインやイメージ自体を取り上げた先行研究は、日本語ないし英語では管見の範囲では見当たらなかった[17]。ハングルによる論考としては、キム・ヒジュンと

リュウ・ソクジンによる「銀行券の絵柄と植民地支配戦略の変化：旧韓末期及び日本統治期(1890–1945)を中心に」(2019)[18]が挙げられる。これは植民地時代の紙幣図像の変遷を取り上げた考察で、本章で論じる内容とも極めて近いが、主に韓国で発表された歴史学や政治学の論に基づいており、またイメージ自体の分析が十分に行われているとは必ずしも言い難い。

そこで本章では、まず近代の日朝関係と、日本による朝鮮の幣制支配の実態を確認し、それを踏まえて硬貨を含む近代朝鮮貨幣の図像の変化について分析を行い、その意味を考察する。

2 近代の日朝関係——朝鮮開国（1876）から韓国併合（1910）まで

まず、日本による朝鮮の植民地化の過程を確認する[19]。

日本では近世末期以来国学に根ざした征韓思想が拡がっており、明治政府もまた成立当初から朝鮮半島への侵出の意欲を強く持っていた。1873年には、攘夷思想の強かった朝鮮に対する征韓論で政府内が二分され、朝鮮への使節派遣を支持した西郷隆盛、板垣退助、副島種臣らが下野する「明治六年の政変」が起きている。そして1875年、日本の軍艦が無許可で朝鮮国内の沿岸に接近したことによって起きた江華島事件を契機として、政府は軍事的圧力を背景に、翌1876年に朝鮮との間で日朝修好条規[20]および同付録[21]と「朝鮮国議定諸港ニ於テ日本国人民貿易規則」[22]を締結する。これによって日朝間に国交が成立するが、この条約は日本人居留地を設置するとともに釜山ほか2か所の港を開港して日本領事を駐在させ、居留地を治外法権とするものであった。また貿易規則では輸出入品の関税を無課税としており、これらは明らかな不平等条約であった[23]。

政治と経済の両面で朝鮮への関与が深まるにつれ、日本と宗主国を任ずる清とは、朝鮮の権益を巡って対立していく。1894年、東学教徒を中心とした農民反乱が一大勢力となって

全州を占拠したため(甲午農民戦争)、日清両国は朝鮮に軍を派兵する。しかし反乱の収束後も日本は撤兵せず、同年7月、朝鮮に対して一方的に内省改革案[24]を提示し、期限までに明確な回答がないことをもって王宮を武力によって占拠し、清軍に奇襲攻撃を仕掛けた。これが日清戦争の端緒となるが、日本はこの戦争に勝利し、1895年4月に日清講和条約(下関条約)を締結し、朝鮮は「独立自主ノ国」となる[25]。清と朝鮮の宗属関係が無効となったことにより、これ以後日本は朝鮮への内政干渉をさらに強めていく。

　一方、朝鮮宮廷内では清に代わってロシアの影響力が強まっていた。これに危機感を抱いた日本公使三浦梧楼は、同年10月閔妃(皇帝、高宗の妃)を暗殺するという暴挙によって宮廷内の親露派を排除し、日本の圧力のもと新たに親日的な改革派内閣を成立させる。しかしこの事件が明るみに出ると、全国的な反政府・抗日運動が巻き起こり、翌96年2月、ロシアの助力を得た親露派はクーデターによって再び政権を掌握する。高宗は一時ロシア公使館に保護を求めて退避し(「露館播遷」)、日本の影響力は低下した。

　南下政策を取るロシアと、韓国[26]での権益を守りたい日本との緊張が高まっていくなかで、日本は1904年2月8日にロシア艦隊に先制攻撃を加え、韓国の保護を口実に、2月10日ロシアに宣戦布告する。そして2月23日、高宗や韓国政府要人に対し武力による脅迫や買収といった手段を用いて日韓議定書を強制的に調印させた。

　日韓議定書[27]は、「東洋ノ平和ヲ確立スル為」、韓国に対し日本の「忠告」を受け入れること、そして韓国の皇室と領土を保全するための必要な措置と、日本が必要な土地の随時収容を認めることを求めるものだった。この規約以後、日本は強権的なやり方で第一次日韓協約(1904年8月)[28]、第二次日韓協約(「乙巳条約」、1905年11月)[29]、第三次日韓協約(「丁未七条約」、1907年7月)[30]を次々と締結し、韓国の財務や外交権、立法権、行政権といった主権を段階的に奪っていった。

そしてついに1910年8月22日に「日韓併合ニ関スル条約」[31]が締結される。これは、韓国の皇帝は日本の天皇に韓国の統治権をすべて「完全且永久」に与えるという内容であった。それまでの協約で韓国の植民地化は事実上終わっていたといえるが、1910年の条約をもって正式に日本は韓国を併合し、自国の植民地とした。

　このように、日本は明治初期から朝鮮半島への侵出を図り、軍事衝突や内乱の度に自国に有利な条約を締結し、内政干渉の度合いを深めていった。そして当初は清と、その後はロシアと朝鮮の権益を争って二度の戦争を戦い、それらに勝利して韓国を植民地としていったのである。

3　朝鮮における日本の幣制支配

　次に、これら政治・経済・軍事あらゆる面で段階的に進められた植民地化のなかで、特に幣制の支配に注目したい。近代的な銀行制度や貨幣制度が未整備だった19世紀末の朝鮮において、日本は外交条約によって貿易取引内での日本通貨の流通を認めさせた。しかし経済活動が徐々に活発化し、日本の経済的な優位が進んでいくと、日本は朝鮮を自国の通貨制度のなかに組み入れようと画策する。

　1876年の日朝修好条規および付録の締結によって、朝鮮は日本と自由貿易を行うことになるが、釜山と仁川、元山の三か所の開港場において、日本紙幣と補助貨幣の流通が認められた[32]。当時の朝鮮は本位貨幣を持たず、中国銭、朝鮮で鋳造された常平通宝（葉銭）、銀のほか木綿製の布貨が並行して流通しているという複雑な状況だったため[33]、日本の商人は貿易の際に日本通貨を用いることとした。しかし開港場限定で使用されていたはずの日本通貨は、在来貨幣の信頼性が低かったこともあり、その後なし崩し的に朝鮮国内でも流通していったとされる[34]。

　日清戦争が勃発した直後の1894年8月、日本の圧力の下、開

化派新政権によって「新式貨幣発行章程」[35]が発布されている。この章程は、五両銀貨、一両銀貨、二銭五分白銅貨、五分赤銅貨、一分黄銅貨の五種を貨幣と定め、五両銀貨を本位貨、一両銀貨を補助貨とするものであった。

これは本来、混乱する朝鮮の貨幣制度を立て直す目的で作られた法律だったが、本位貨幣の五両銀貨はわずかな量しか発行されず、また価値の低い白銅貨は、特許料さえ払えば私鋳が許されたこともあって、公私双方で濫発された。その上この法は貨幣の偽造や変造に対する罰則規定を欠いていたため、偽造銅貨が大量に出回り[36]、かえって激しいインフレを招くことになった。

この章程で重要なのは、第七条に次のような規定が設けられていたことである。それは、多額の新貨が鋳造されるまでは、当面の間外国貨幣を混用することができ、また本国貨幣と同質同量同価のものはその通用を許す、というものであった[37]。当時この条件に合致していたのは、日本で流通していた「円銀」と呼ばれる一円銀貨のみであった。またこの規定に照らせば、銀貨と兌換可能な日本の一円紙幣も通用が許されることになる。

つまりこの規定は、乱れた幣制の改善にはつながらず、むしろ朝鮮国内で日本通貨の流通が公認される根拠になったのである。その結果、朝鮮内で流通している邦貨は、わずか数年で貨幣の総流通量の約三分の一を占める300万から350万円に達したとされる[38]。

しかし、それからわずか三年も経たない1897年3月、日本は金本位制に移行し、それにともなって一円銀貨の鋳造は中止され、旧貨幣も回収されはじめる。韓国内の円銀および一円紙幣が失われてしまうと、先の「新式貨幣発行章程」で定められていた日本通貨流通の根拠そのものも失われてしまう。これを憂慮した第一銀行頭取の渋沢栄一は、回収された銀貨に刻印を施し、便宜的に韓国内で流通させるという方法を政府に提案し[39]、日韓両政府の了承を得てこの案が採用され、経済

の停滞をひとまず回避することができた。渋沢は、1878年に第一銀行釜山支店を開業した後、1880年に元山支店、1883年には仁川支店を開設し、1884年から課されるようになった海関税の取り扱いを自行発行の一覧払手形で一手に引き受けていた。それだけでなく、朝鮮産の金の輸入や朝鮮政府への貸付も行っており、日朝間の経済交流の窓口のような役割を果たしていた。彼はこのような立場から、日韓両政府に直接提言を行うことができたのである。

　一方、清に代わって韓国の政治に対し強い影響力を持つようになったロシアは、1897年11月にアレキセーエフを韓廷財政顧問とし、日本への対抗措置を取る。1898年2月、韓国政府は刻印付円銀の通用禁止令を告示し[40]、翌3月には露韓銀行を設立して貨幣の発行計画を立てている。さらに1901年2月には新たな貨幣条例を発布し、貨幣の製造発行権は韓国政府に属するとし、金本位制に移行して、金貨三種、銀貨二種、白銅貨一種、赤銅貨一種を発行するとした[41]。これらは明らかに日本の交易を支える円銀の排除を目論んだもので、韓国政府がロシアの援護を受け、金融政策のイニシアティヴを日本から取り戻そうとした試みということができる。

　しかし、国内の反露運動や日英の巻き返し工作などによりアレキセーエフは1898年3月に解任され、同年露韓銀行は閉鎖される[42]。そして渋沢栄一の働きかけなどもあって、刻印付円銀の使用禁止は同年7月に解除されることになった[43]。

　当面の通貨不足を乗り切ることができた日本だったが、金本位制への移行で銀貨の供給が先細りになることは明白であり、次なる対策が必要であった。そこで渋沢は、韓国での紙幣発行を目指し、政府要人らと会談を重ねる。1900年6月には松方正義蔵相、青木周蔵外相、山本達雄日銀総裁らと懇談し、第一銀行による兌換券発行の可否などについて意見を求めた[44]。そこで紙幣発行についてあえて反対意見を述べるものはいなかったため、彼は続いて大蔵省に照会を行っている。だが大蔵省は、民間銀行が紙幣あるいは紙幣類似の手形を発行する

のは国立銀行条例に反し、また外国銀行の手形を強制的に流通させるのは国際的に穏当でないと反対した。渋沢はそれに対し、これはあくまで信用によって流通する証券であり強制ではないと反論し、例外的に韓国国内に限って第一銀行の一覧払い手形発行が許可された[45]。

こうした異例の措置によって、日本の銀行手形が韓国内で公式に紙幣として流通することとなった。第一銀行券は十円、五円、一円の三種の兌換券で、日本の大蔵省印刷局で印刷され、1902年5月に発行された。

次いで1904年の第一次日韓協約に基づき、同年10月、大蔵省主税局長であった目賀田種太郎が財政顧問として日本から派遣される。目賀田は、日本政府の「韓国財務ノ実権ヲ我掌中ニ収ムルヲ期ス」[46]という方針のもと、着任早々韓国の造幣局にあたる「典圜局」を閉鎖し、「韓国貨幣制度整理案」[47]を韓廷に提示している。これは、韓国の貨幣制度の基本を日本と同一にして、本位貨幣や兌換券は日本のものを用い、日本通貨の韓国内での無制限流通を認めるという極めて強引なものであった。それと並行して、従来流通してきた貨幣(主に常平通宝と白銅貨)を無効とし、新貨との交換によって処分することを掲げていた。

翌1905年1月にこの案を基礎とした「貨幣条例実施ニ関スル件」[48]が発布され、これによって韓国の貨幣制度は完全に日本に統合された。この「韓国貨幣整理」[49]によって、第一銀行券は日韓政府双方の公認のもと韓国の法貨となり、韓国政府との契約によって貨幣整理業務を請負った第一銀行は、事実上の中央銀行となったのである[50]。

その後1906年韓国に統監府が設置されると、1909年10月に新たに韓国銀行が設立され、第一銀行から中央銀行としての役割を引き継いでいる。そして1910年の韓国併合後、国名が大韓帝国から朝鮮に変わったことにより、韓国銀行も1911年に朝鮮銀行と名称を変え、日本の敗戦まで業務を続けていった。

これまで見てきたように、朝鮮の貨幣制度は、価値体系が

異なる複数の貨幣が流通する状態から、日本の内政干渉によってごく短期間のうちに統一的な貨幣制度に転換させられたといってよい。日本にとってこの貨幣制度の「改革」は、日朝貿易をより円滑に、効率的に行うことを最大の目的として行われたといえる。その間、朝鮮国内での政治勢力の対立や、ロシアの介入を背景とした紆余曲折があったが、朝鮮は貨幣制度の面においても日本に着々と侵食され、国内で日本通貨が法貨となることを許し、最終的には貨幣の発行権すら奪われることとなったのである。

4 朝鮮貨幣の図像分析 ①硬貨

では、これらの制度の変遷によって、朝鮮の貨幣イメージはどのようなものになったのであろうか。

先述したとおり、19世紀までの朝鮮社会で流通していたのは主に金属貨であった。1876年の開国以後、日朝貿易を通じて徐々に日本製紙幣も流通するようになっていくが、引き続き常平通宝（葉銭）は使われ続けていた[51]。

1880年代に朝鮮政府によって貨幣の試鋳が何度か行われており、このうち日本の造幣局の技術者が関わった一円銀貨と十文銅貨、五文銅貨が1891年に製造され、発行されている[52]。その後1894年には、前述の「新式貨幣発行章程」によって、銀貨二種、白銅貨、赤銅貨、黄銅貨各一種が新たに貨幣と定められた[53]。これらが朝鮮における近代的貨幣の嚆矢となるが、いずれも表には額面、裏には宝玉を争う二匹の三爪の龍が表されている[54]【図1】。表面に描かれたモチーフは、1888年のものは太極図紋とスモモの枝、1894年のものは朝鮮王室のスモモ紋と、スモモの枝と朝鮮の花とされる槿の枝が組み合わされて描かれているが、この図案は、日本の「新貨条例」（1871）によって発行された貨幣【図2】や貿易銀にならって作られており、それらとよく似たデザインとなっている。

朝鮮は1897年に国名を「大韓帝国」とあらため、1901年には

【図1】五両銀貨（朝鮮）（1892）日本銀行貨幣博物館

【図2】一円銀貨（日本）（1875）日本銀行貨幣博物館

新たに貨幣条例を公布し、金本位制への移行を宣言している。この時全七種の貨幣が定められたが、実際に鋳造されたのは半圓銀貨と五銭白銅貨のみで、その発行数もよくわかっていないとされる[55]。しかし興味深いのは、これらの新貨の裏面に、宝珠と剣を持った鷲が表されていることである[56]【図3】。描かれた鷲は単頭であるが、このデザインにはロシアの国章が反映していると考えられる[57]。

　1905年には、「貨幣条例実施ニ関スル件」に基づいて新たに全九種の貨幣が発行された[58]。この法律は、前述したように韓国の貨幣を日本の貨幣と同一化することを定めたものである。そしてこれらの新貨【図4】は、菊をスモモ、桐を槿、そして日輪を鳳凰に変更してはいるが、日本の「貨幣法」(1897)に基づいて発行された五十銭銀貨【図5】と全く同じデザインが採用

【図3】半圓銀貨(韓国)(1901)日本銀行貨幣博物館

【図4】二十圜金貨(韓国)(1906)日本銀行貨幣博物館

【図5】五十銭銀貨(日本)(1897)日本銀行貨幣博物館

されている[59]。

　日本の貨幣に表された龍と鳳凰、日輪、菊と桐は明治天皇を象徴するシンボルであるとされるが[60]、朝鮮の貨幣では、菊と桐は朝鮮王朝を示すシンボル(太極図・槿・スモモ)に差し替えられ、また龍や鳳凰は、東アジア共通の吉祥文様に意味が読み替えられ、そのまま用いられていると考えられる。

　これらの貨幣は、制度・デザインともにほぼ日本の影響の下で作られているといってよい。だがその中には、朝鮮で発行されたにもかかわらず、ロシアを暗示するシンボルを描いたものも存在している。朝鮮を巡って対立関係にあった日本とロシアは、現実世界だけでなく貨幣の上でも、イメージによる抗争を繰り広げていたのである。

5　朝鮮貨幣の図像分析　②紙幣——併合以前

　では、紙幣についてはどうであろうか。朝鮮で近代的な紙幣が製造・発行されるのは、先に見たとおり日本の第一銀行の一覧払手形がはじめてである。

　第一銀行券は、1902年、1904年、1908–09年と三回発行されており、金種はいずれも十円、五円、一円の三種である。その後1909年に韓国銀行が設立されると、これら三種の紙幣も引き続いて韓国銀行から発行された。そして1910年の韓国併合後は、朝鮮銀行が紙幣発行業務を引き継ぎ、百円、十円、五円、一円の四種を発行している。これらの紙幣は短期間のうちに発行主体が変わっているが、デザインも時期によって大きく変化している。

　1902年の第一銀行券の表面には、「株式会社第一銀行券」「株式会社第一銀行」の文字と額面、この紙幣が兌換券であることの日本語の説明に加え、楕円のなかにフロックコートを着た渋沢栄一の肖像が描かれる。券面を縁取る枠内には紋様化されたスモモの花が表され、裏面には、表面の説明文が英語と漢字・ハングル混用文で示されている[61]【図6】。1904年発行

の紙幣は、表面四隅の円形の中が第一銀行の徽章である星から額面を示す数字に変わったのみで、他は1902年のものとほぼ同一である[62]。これらはいずれも日本の大蔵省印刷局が製造していた[63]。

これらの第一銀行券に描かれた渋沢栄一の肖像は、紙幣デザインとしては極めて異例のものであった。日本の近代紙幣に人物肖像が採用されたのは、冒頭で述べた1881年の改造一円券の神功皇后が嚆矢である。その後1887年に、偽造防止のため、以後日本で発行する紙幣には人物肖像を用いることが閣議決定で決められるが[64]、挙げられたのは日本武尊、武内宿禰、藤原鎌足、和気清麻呂、坂上田村麻呂、菅原道真といった神話や歴史上の人物であり、存命の民間人が描かれた例は、当時から現在に至るまで存在しない。

そして何より、第一銀行券は韓国での流通のみを前提とした手形である。国家の発行するものではないとはいえ、他国の一民間人である渋沢栄一の肖像が事実上の紙幣に印刷されているのは、やはり異様であるという他はない。

第一銀行券の肖像について渋沢自身は何も語っておらず[65]、成立経緯を示す詳しい資料なども管見の範囲では見当たらない。従って現時点ではその意図を立証することはできないが、

【図6】第一銀行旧十円券（表面）（韓国）（1909）日本銀行貨幣博物館

渋沢は、第一銀行の総監となる以前は1870年から73年まで大蔵省に在籍しており、日本の神話と歴史を描いた旧国立銀行紙幣の制作に携わっている[66]。そんな経験を持った彼が、紙幣デザインの持つ意味やメッセージ性を全く意識していなかったとは考えにくい。その後、渋沢は大蔵省を辞めて1873年に第一国立銀行の総監となり、1878年に釜山に第一銀行支店を開設したのは前述した通りだが、仁川支店を開設した1883年頃、釜山支店主任に宛てた書簡で、自行の手形をゆくゆくは「バンクノート之姿」にしたいという野望を語っている[67]。これらのことから、彼は、朝鮮の経済を主導する立場に立つという意志を早くから持っていたことがわかる。

渋沢は、生涯朝鮮に3回渡航し、視察や政府要人との会談を行っているが[68]、渡航中や帰国後に、各地の講演会などで朝鮮についての見解をさまざまに披露している。彼はそのなかで、「彼の国を扶植するは取りも直さず日本国永遠の利益を保全することなるものなれば、我国自衛の上より言ふも彼の国に対する実業的扶植は欠く可からざる緊要事に属するものなり」[69]と述べ、また「仮令惰怠自棄の人民なりとするも、慾望ある限り進歩の誘導は為し得られざるにあらず。若し此の所見が誤りなしとせば大いに誘導開発を実行するは我実業家の努力すべき任務なりと確信」[70]するとしていた。渋沢は、朝鮮に対する援助は日本の利益と安全保障につながるものであり、また歴史的にも深い関わりを持つ国[71]に対して援助を行うのは実業家として当然の任務であると捉えていた。

彼のこのような朝鮮観や、朝鮮の金融制度への関与の程度を考えるなら、1902年の第一銀行券には、発行責任者であり、韓国の近代化と発展を推進する「朝鮮保護者」[72]としての渋沢栄一像が描かれたと見ることもできるだろう。

しかし、その後1908から9年にかけて新たに発行された第一銀行券のデザインには大きな変更が加えられている。表面には第一銀行の星と「株式会社第一銀行券」「大韓国金庫／株式会社第一銀行」、兌換券の日本文に加えて、額面と、これが

法に基づいて発行された紙幣であることを示す日本文、漢字・ハングル混用文が記され、楕円の中には、十円、五円、一円それぞれに韓国の昌徳宮にある「宙合楼」、景福宮の「光化門」、水原華城の「華虹門」が描き出されており、周囲にはスモモの花が配されている。裏面には、第一銀行の兌換券の説明が英文と漢字・ハングル混用文で示される[73]【図7】。

　1902年の第一銀行券との違いは、まず渋沢栄一の肖像が取り除かれていることである。そしてどの券種にも、朝鮮王朝時代の主要な王宮内にある建築物が描かれており、また透かしや券面には大きくスモモの花があしらわれている。これらの紙幣には、いずれも朝鮮王朝あるいは韓国を連想させるイメージがふんだんに用いられており、日本語以外に日本を連想させるものは、第一銀行の徽章だけとなっている。

　この変化には、この頃から韓国内で頻発していた反日闘争が影響していると推測される。先に述べたように、1895年の閔妃暗殺は、開化派政権の急進的な政策への反発と相まって大規模な「義兵抗争」を招いた[74]。この動きは翌年には収束するが、1904年の日露戦争開戦と日韓議定書の締結、そして貨幣整理によってもたらされた社会的混乱[75]により、「義兵抗争」

【図7】第一銀行改造十円券（表面）（韓国）（1909）日本銀行貨幣博物館

は再び激化していき、各地で日本への抵抗活動が激しく展開された[76]。

　1902年の第一銀行券に対しても、発行直後から排斥運動が起こっている。政府内の親露派から使用禁止が呼びかけられるだけでなく、京城や仁川の第一銀行支店では大規模な取り付け騒ぎが起き、紙幣流通量が一時激減した[77]。当時の経済誌の報道によれば、韓国の大臣のなかには、韓国で流通する紙幣に渋沢の肖像を掲げるのは本来遠慮すべきであるのに、憚ることなくそうしたのは韓国に対し何か邪心でもあるのではないか、と勘ぐる者もあったという[78]。

　これら1908–09年の紙幣の成立経緯について筆者は具体的な資料を見出せていないが、当時の社会情勢と、第一銀行券に対する排斥運動を目の当たりにして、第一銀行は新しい紙幣を、傷つけられた韓国人のナショナル・アイデンティティを慰撫するデザインへと変更したのではないかと考える。なお韓国併合が決まった1909年には韓国銀行が設立され、第一銀行の市原盛宏が総裁に就任し、第一銀行から中央銀行業務を引き継いでいるが、これらの紙幣は星をスモモの花に変え、銀行名を変更したのみで、翌10年ほぼ同一デザインのまま発行されている[79]。

6　朝鮮貨幣の図像分析　②紙幣——併合後

　1910年の併合後、韓国は朝鮮に国名を改めたため、韓国銀行も翌11年に朝鮮銀行となった。新しい紙幣は1914年と15年に発行されているが、前者は百円の高額紙幣で、図柄は1885年に発行された日本銀行兌換券百円札の「大黒天像」を修正し利用している。表面は「朝鮮銀行券」「朝鮮銀行」の文字と額面、兌換券と法貨であることを述べる日本文に、円の連なる枠内に大黒天が描かれ、上部には桐紋が表される。また後者は十円、五円、一円の三種で、表面には共通して「朝鮮銀行券」「朝鮮銀行」の文字と額面に、兌換券の日本文説明と「寿老人」および桐紋

が描かれ、またこれら全種の紙幣裏面には、英文による上記の情報と、紋様化されたスモモの花が描かれる[80]【図8】。

　これらの紙幣では、モチーフが朝鮮の建造物から人物像へと変更されている。描かれているのは大黒天と寿老人で、いずれも元々は仏教や道教に由来する人物である。このように、朝鮮銀行紙幣では、改造第一銀行券および韓国銀行券に見られた朝鮮のナショナル・アイデンティティを示す図像は、スモモの花以外はすべて消し去られてしまっている。そしてこれらの人物は、特定の国や地域を明確に示すものではなく、強いていえば中華文化圏の信仰と伝統に基づいたモチーフが、特に脈絡もなくあらわされているように見える。

　だがこれらの図像からは、実は異なった意味を読み取ることができる。大黒天は、ヒンドゥー教のマハーカーラが仏教に取り入れられ、財神となったものだが、日本に伝わった後に大国主命と同一視されるようになった[81]。大国主命は「日本書紀」に登場する神話上の人物であり、国譲りのエピソードは1873年の旧国立銀行紙幣にも描かれている。また寿老人は道教の神仙だが、この人物は韓服を身につけているように見える。明白な根拠は示されないものの、従来寿老人のモデル

【図8】朝鮮銀行十円券（表面）（朝鮮）（1915）日本銀行貨幣博物館

は韓国の政治家、金允植（1835–1922）であるといわれてきた[82]。金允植は穏健な開化派とされ、日本の朝鮮統治に一定の役割を果たしており、この紙幣発行時はまだ存命であった[83]。

　つまりこれらの紙幣には、中華文化圏の伝統に基づきながらも、実際には重層的な構造を持ったイメージが採用されていると考えられる。大黒天には仏教の財神とともに日本国の起源に関わる神が重ねられ、寿老人には道教の神仙に親日派と見なされた政治家像が投影される。これらのモチーフは、それぞれの立場によって読み取れる意味の異なるメッセージを発していたといえるだろう。日本と朝鮮の支配－被支配の関係性は、決して明確なイメージで示されることはなく、むしろそれは注意深く避けられていたと考えられるのである。

　ただし一つだけ例外がある。それは紙幣の表面に描かれた桐紋である。桐は中国において吉祥のシンボルとして用いられているが、円形のなかに紋として描かれた桐は日本の皇室の副紋であり、天皇家の象徴である[84]。それまで朝鮮の紙幣に桐紋が描かれることはなかったが、これらの朝鮮銀行紙幣から突然桐紋が出現している。その一方で、朝鮮の象徴であるスモモは紙幣の裏面に追いやられてしまっている。この桐紋は、二重の意味が込められた紙幣図像のなかで、貨幣の発行者であり、朝鮮の統治者である日本の存在を唯一明確に示しているシンボルと言い得るだろう。

　朝鮮・韓国の紙幣は、国家や貨幣制度の変化と連動して、短期間に大きくデザインが変化している。発行当初こそ、日本人実業家の肖像から朝鮮の伝統的建造物へと、描かれるモチーフは日韓の間を大きく振幅するが、最終的には中国に由来するモチーフが用いられることとなった。このような貨幣イメージの変化には、朝鮮の植民地化の過程とともに、日本の朝鮮に対する姿勢の変遷が反映しているといえるのではないか。特に植民地化が完了したのちの朝鮮銀行券には、両国に共通するイメージを用いて文化の同質性が強調されており、植民地支配の構図は一見しただけでは分かりにくい。しかしそれ

らのイメージの中には、宗主国である日本の存在が、密やかにではあるがはっきりと示されているのである。

7 おわりに

　最後に、朝鮮の貨幣と、他国の植民地貨幣のイメージとの比較によって、日本の植民地貨幣の特質を指摘したい。
　植民地紙幣については、ヒューウィットがイギリスの事例を論じており[85]、また近年W. ムワンギによって、植民地紙幣は宗主国や地域によってそれぞれデザインの傾向が大きく異なることが報告されている[86]。
　ヒューウィットによれば、イギリスの植民地では、18–19世紀にかけてはヨーロッパの伝統的な宗主国の象徴として、ブリタニアやネプチューンといった擬人像やライオン、そしてイギリスの紋章が好んで取り上げられ、また発行地を象徴する風景や動物、植物などの自然がしばしば組み合わされて描かれたが、20世紀に入ると、ブリタニアは英国君主の肖像画に置き換えられていった[87]。また植民地では、本国の紙幣に比べて「イギリスらしさ("Britishness")」がより強調されるという傾向があった[88]。一方ムワンギによれば、19–20世紀のフランスやベルギーのアフリカの植民地では現地の人々が描かれ、またアフリカ南部の紙幣には、アフリカに特徴的な景観や野生動物が多いという傾向が指摘されている[89]。
　このように西欧の植民地紙幣のデザインは、しばしば宗主国の表象だけでなく、植民地化された領土と、被植民地域の表象を含むが、これらと比較すると、朝鮮の貨幣デザインは大きく異なっているようにみえる。
　そこに見られるのは、前述したように被統治地域を象徴する図像ではなく、朝鮮が日本と共通の文化圏に属することを前提とした図像を用いて、複数の解釈を成り立たせているという手法であり、もう一点は、日本という統治主体を目立つようには示さず、貨幣の形状やデザインのフォーマット、あ

るいはシンボルで暗示するという特徴である。
　この違いを理解する鍵は、ヒューウィットの示すキーワード "a distant view[90]" にあるのではないか。西欧の植民地貨幣に見られる、統治の主体や被統治者を明確に示す傾向は、植民地と本国との間に、地理的あるいは文化的な距離があることによって生じていると考えられる。遠くにある植民地だからこそ、植民地の統治者のイメージはより強調され、また被統治者の異文化性、他者性が強調されることになる。それに対し、地理的にも近く、また長らく、ともに中華文化の大きな傘のもとにあった朝鮮に対しては、そのようなイメージを生み出す「距離」が存在しえなかった。そのため、貨幣イメージにおける他者性は、西欧の植民地ほど強調されることがなかったといえるのではないか。
　だが、いかに地理的・文化的に近いとはいえ、日本と朝鮮は異なる国である。朝鮮の貨幣イメージにおいて同質性が強調されていることは、両国の地理的・文化的距離の近さを示すと同時に、そこに日本の植民地支配の「同化」という方針が示されているといえよう。朝鮮の貨幣にあらわされた龍や鳳凰、大黒天や寿老人といったモチーフは、日本と朝鮮の貨幣制度の同一化という政策の延長線上にあり、両国の境をあえて曖昧に紛らわせるために、これらのイメージが用いられたと考えられるのである。

　本章では朝鮮の植民地貨幣を取り上げ、そのイメージについて検討を加えた。日々の生活に近すぎるため、貨幣のイメージは新貨発行時以外はあまり意識されることがない。しかし、歴史や文化の中にそれらを置いて、あらためて図像を分析すると、そこに新たな意味が浮かび上がってくる。大量に複製された日常的なイメージのなかには、歴史の痕跡が確かに刻まれているのである。

注

1 Hobsbawm, Eric & Ranger, Terence, eds. *The Invention of Tradition*. The Press of The University of Cambridge, 1983.（ホブズボウム、レンジャー編『創られた伝統』紀伊國屋書店、1992 年）
2 Anderson, Benedict. *Imagined Communities: Reflections on the Origin and Spread of Nationalism*. Verso, 1983.（アンダーソン『想像の共同体——ナショナリズムの起源と流行』リブロポート、1987 年）
3 Billig, Michael. *Banal Nationalism*. Sage Publications, 1995.
4 前掲注 3、pp. 39–43.
5 前掲注 3、pp. 41–42.
6 Hewitt, Virginia. *Beauty and the Banknote: Images of Women on Paper Money*. British Museum Press, 1994.
7 Pointon, Marcia. "Money and nationalism." Cubitt, Geoffrey, ed. *Imagining Nations*. Manchester University Press, 1998.
8 Gilbert, Emily. "'Ornamenting the façade of hell': iconographies of 19th-century Canadian paper money." *Environment and Planning D: Society and Space*, vol. 16, 1998, 57–80.
9 Helleiner, Eric. "National Currencies and National Identities." *American Behavioral Scientist*, vol. 41, no. 10, 1409–1436.
10 例えば Launer, Josh. "Money as Mass Communication: U.S. Paper Currency and the Iconography of Nationalism." *The Communication Review*, 11, 2008, 109–132. Trede, Melanie. "Banknote Design as a Battlefield of Gender Politics and National Representation in Meiji Japan." Croissant, Doris et al. *Performing Nation: Gender Politics in Literature, Theater, and the Visual Arts of China and Japan*. Brill, 2008. Penrose, Jan. "Designing the nation. Banknotes, banal nationalism and alternative conceptions of the state." *Political Geography*, 30, 2011.
11 柏木博『肖像のなかの権力——近代日本のグラフィズムを読む』平凡社、1987 年、9–35 頁。
12 牧原憲夫「文明開化論」『岩波講座 日本通史 16 近代 I』岩波書店、1994 年、249–290 頁。
13 前掲注 10、Trede およびメラニー・トレーデ「近代国家の象徴としての古代女神－紙幣における「神功皇后」の表象」『鹿島美術研究』年報第 23 号別冊、2006 年。
14 増野恵子「明治初期貨幣の図像をめぐる諸問題」『美術史』48 巻 1 号、1998 年。
15 増野恵子「近代歴史画の萌芽——国立銀行紙幣の歴史・神話イメージ」、増野恵子、安松みゆきほか編『もやもや日本近代美術——境界を揺るがす視覚イメージ』勉誠出版、2022 年。
16 植村峻『紙幣肖像の近現代史』吉川弘文館、2015 年。
17 筆者の調査不足の可能性もあり、また中国語およびハングルでの研究もほとんど探索できていないことを付記しておく。これらは今後の課題としたい。
18 김희준・류석진「은행권 도안과 식민지배 전략의 변화 : 구한말 및 일

제강섬기 시기(1890-1945)를 중심으로」『21세기정치학회보』第 29 集第 1 号、2019 年。この論文の存在についてはマグダレナ・コウォジェイ氏よりご教示を頂いた。
19 近代日韓史については、主に以下の文献を参照した。山辺健太郎『日韓併合小史』岩波書店、1966 年。海野福寿『韓国併合』岩波書店、1995 年。趙景達『近代朝鮮と日本』岩波書店、2012 年。森万祐子『韓国併合——大韓帝国の成立から崩壊まで』中央公論新社、2022 年。
20 前掲注 19、山辺 30–33 頁。
21 https://www.jacar.archives.go.jp/das/image/B13091002200（国立公文書館デジタルアーカイブ）
22 https://www.jacar.archives.go.jp/das/image/B13091002400（国立公文書館デジタルアーカイブ）
23 酒井裕美「開港期朝鮮の関税「自主」をめぐる一考察」『東洋学報』第 91 巻第 4 号、2010 年、440 頁。
24 前掲注 19、山辺 94–97 頁。
25 https://www.jacar.go.jp/jacarbl-fsjwar-j/main/18950417/pdf/18950417_01.pdf（国立公文書館アジア歴史資料センター）
26 1897 年 2 月にロシア公使館から慶雲宮に帰還した高宗は、同年 10 月皇帝に即位し、大韓帝国が成立した。この年以後の事項については大韓帝国を「韓国」と表記する。
27 前掲注 19、山辺 151–152 頁。
28 前掲注 19、山辺 163 頁。
29 前掲注 19、「山辺 180–181 頁。
30 前掲注 19、山辺 200–201 頁。
31 前掲注 19、山辺 237–238 頁。
32 前掲注 21 リンク、第七款。
33 岩橋勝「近世貨幣流通の日朝比較史試論——銭貨を中心として——」『松山大学論集』第 17 巻第 2 号、2005 年、76–80 頁。鈴木譲二『日本の朝鮮統治——「一視同仁」の建前と実相——』学術出版会、2006 年、63–65 頁。
34 高嶋雅明「朝鮮における貨幣制度改革と第一銀行券の発行（1）」『経済理論』146 号、1975 年、37–38 頁。
35 新式貨幣発行章程については以下を参照。［第一銀行編］『韓国ニ於ケル第一銀行』第一銀行、1908 年頃、34–35 頁。高嶋雅明「朝鮮における貨幣制度改革と第一銀行券の発行（2）」『経済理論』147 号、1975 年、63–66 頁。日本銀行調査局編『図録 日本の貨幣 8』東洋経済新報社、1975 年、310–311 頁。波形昭一『日本植民地金融政策史の研究』早稲田大学出版部、1985 年、94–96 頁。
36 白銅貨は政府の乱鋳や私鋳以外にも偽造が非常に多く、日本人が関わっていた例も報告されている（前掲注 35、波形、110–111 頁。前掲注 33、鈴木、65–66 頁）。
37 「第七條　新式貨幣多額鋳造之先得暫混用外国貨幣　但與本国貨幣同量同価者許通行」（前掲注 35、［第一銀行］、35 頁）。
38 前掲注 35、第一銀行、36 頁。多田井喜生『朝鮮銀行——ある円通貨圏の興亡』PHP 研究所、2002 年、32–33 頁。

39 「朝鮮国幣制私議」（前掲注 35、［第一銀行］、36–40 頁。同注 35、波形、98–99 頁）。
40 前掲注 35、［第一銀行］、44–49 頁。同注 35、波形、99 頁。
41 前掲注 35、［第一銀行］、44–47 頁。日本銀行調査局『朝鮮・琉球貨幣概要（通貨研究資料 19）』日本銀行調査局、1969 年、86–88 頁。
42 前掲注 35、波形、99 頁。
43 前掲注 35、波形、99 頁。
44 片桐庸夫「渋沢栄一と朝鮮：その対朝鮮姿勢を中心として」『慶應の政治学 国際政治：慶應義塾創立一五〇周年記念法学部論文集』慶應大学法学部、2008 年、113–117 頁。
45 前掲注 35、［第一銀行］、178 頁。前掲注 44、片桐、117 頁。
46 「対韓施設綱領決定ノ件」（1904）第三條「財政ヲ監督スルコト」https://www.digital.archives.go.jp/img.pdf/1267894（国立公文書館デジタルアーカイブ）。
47 前掲注 35、［第一銀行］、55–58 頁。
48 前掲注 35、［第一銀行］、59–60 頁。
49 「韓国貨幣整理」については以下を参照。韓国銀行編「韓国貨幣整理報告書」、1910 年（『韓国貨幣整理報告書』韓国併合史研究資料 51、龍渓書舎、2005 年）。
50 前掲注 35、日本銀行調査局、319–320 頁。同注 35、波形、191–194 頁。前掲注 33、鈴木、68–69 頁。
51 前掲注 33。
52 前掲注 49、韓国銀行、6 頁。
53 前掲注 35、［第一銀行］、34–35 頁。同注 35、日本銀行調査局、310–311 頁。
54 前掲注 35、日本銀行調査局、56 頁。
55 前掲注 35、［第一銀行］、44–47 頁。前掲注 41、日本銀行調査局、86–88 頁。
56 前掲注 41、日本銀行調査局、86–88 頁および「朝鮮・琉球貨幣図録」10 頁。
57 帝政ロシアの国章の鷲は双頭で、剣ではなく笏を持っている点が大きく異なっている。
58 前掲注 35、［第一銀行］、59–60 頁。同注 35, 日本銀行調査局、312–313 頁。
59 前掲注 35、日本銀行調査局、57 頁。
60 前掲注 14、増野、33–36 頁。
61 前掲注 35、日本銀行調査局、58–60 頁。
62 前掲注 35、日本銀行調査局、61–63 頁。
63 印刷局朝陽会『復刻 印刷局沿革録（2）明治四十年発行』印刷局朝陽会、1977 年、101 頁。
64 「兌換銀券ニ人像ヲ描出ス」（「公文類聚」第十一編、明治二十年、第二十五巻、財政門七、貨幣紙幣・国債・雑載、https://www.digital.archives.go.jp/DAS/meta/listPhoto?LANG=default&BID=F0000000000000005466&ID=M0000000000001718661&TYPE=）。
65 前掲注 44、片桐、117–118 頁。1927 年に開催された談話会の席上で、紙幣に肖像が描かれたことについて孫の渋沢敬三が栄一に水を向けているが、それに対する反応は記録されていない（渋沢青淵記念財団竜門社編『渋沢栄一伝記資料』別巻 5、渋沢青淵記念財団竜門社、1968 年、601 頁）。

66 前掲注15、増野、80–84、97頁。
67 「渋沢栄一書簡　大橋半七郎宛　明治十六年八月八日」(渋沢青淵記念財団竜門社編『渋沢栄一伝記資料』第16巻、渋沢青淵記念財団竜門社、1957年、23頁)。
68 「実業界指導並ニ社会公共事業尽力時代　第二部　社会公共事業　第二章　国際親善　第一節　外遊　第二款　韓国行」(渋沢青淵記念財団竜門社編『渋沢栄一伝記資料』第25巻、渋沢青淵記念財団竜門社、1959年、6–74頁)。
69 「韓国視察談」(1900年12月3日、於広島市明暉楼)(渋沢青淵記念財団竜門社編『渋沢栄一伝記資料』第16巻、渋沢青淵記念財団竜門社、1957年、47頁)。
70 「韓国視察談」(1900年12月8日、於大阪倶楽部)(渋沢青淵記念財団竜門社編『渋沢栄一伝記資料』第16巻、渋沢青淵記念財団竜門社、1957年、57頁)。
71 渋沢は朝鮮が日本と歴史的・地理的に極めて深い関係にあるという認識を講演会などで折にふれ述べている(例えば「演説」1898年5月15・16日、於釜山、渋沢青淵記念財団竜門社編『渋沢栄一伝記資料』第16巻,渋沢青淵記念財団竜門社、1957年、30–31頁)。
72 「韓国視察談」(1900年12月25日、於銀行倶楽部)(渋沢青淵記念財団竜門社編『渋沢栄一伝記資料』第16巻、渋沢青淵記念財団竜門社、1957年、58頁)。いうまでもないが、これはあくまで彼自身の視点から見た自己像である。
73 前掲注35、日本銀行調査局、65–67頁。
74 前掲注19、海野、106–108頁。
75 前掲注35、波形、196–201頁。
76 義兵の抵抗運動については主に以下を参照。李升熙『韓国併合と日本軍憲兵隊－韓国植民地化過程における役割』新泉社、2008年。
77 前掲注35、[第一銀行]、193–205頁。同注35、波形、115–116頁。
78 「一覧払手形問題の落着」『東京経済雑誌』1171号,1903年2月21日。
79 日本銀行調査局によれば、改造第一銀行券とのデザインの違いは、「韓国国民感情を重視した配慮による」ものであるという(前掲注35、日本銀行調査局、326頁)。
80 前掲注35、日本銀行調査局、72–79頁。
81 大黒天は、中世に中国から伝えられ、その後日本で大国主命や恵比寿と習合していったとされる。大黒天の習合については、主に以下を参照。喜田貞吉「大黒神考」『民族と歴史』3－1,1920年(大島建彦編『民衆宗教史叢書　第29巻　大黒信仰』雄山閣、1990年に再掲)。
82 前掲注41、日本銀行調査局、110頁。韓国銀行『韓國의貨幣』韓国銀行、1994年、92–93頁。
83 前掲注19諸資料および木村幹「近代朝鮮の自国認識と小国論(一)(二)――金允植に見る朝鮮ナショナリズム形成の一前提――」『愛媛法学会雑誌』第21巻第2・3号、1994・1995年。なお金允植は、最晩年の1919年、三一独立運動支援の嘆願書を首相原敬に提出している(山本隆基「金允植の初期政治思想(1)」『福岡大学法学論叢』第55巻第2号、2010年、281頁)。

84 前掲注14、増野、36頁。なお文禄・慶長の役（壬辰倭乱）で朝鮮への派兵を行った豊臣秀吉は、天皇から下賜された五七の桐紋を用いていたことで知られる。

85 Hewitt, Virginia. "'A distant view: Imagery and imagination in the paper currency of the British Empire, 180–1960." Gilbert, Emily and Helleiner, Eric. *Nation-States and Money: The Past, Present and Future of National Currencies*. Taylor & Francis, 1999, 97–116.

86 Mwangi, W. "'The Lion, the Native and the Coffee Plant: Political Imagery and the Ambiguous Art of Currency Design in Colonial Kenya." *Geopolitics*, 7:1, 2002, 31–62.

87 Op. cit., Hewitt, 99–100, 102–103, 104–105, 110–111.

88 Op. cit., Hewitt, 100.

89 Op. cit., Mwangi, 36–40.

90 Op. cit., Mwangi, 34.

第2章

1910年日英博覧会における帝国の朝鮮表象
―― 統監府日英博覧会写真帖から

盧ユニア

1　はじめに

　日英博覧会（Japan-British Exhibition）【図1】は、1910年5月14日から10月29日まで、ロンドン西部のシェパーズブッシュにて、イギリスと日本の両国が共同で開催した国際博覧会である。万国博覧会への参加を通じて近代化と国際化を図った明治政府は、1902年に日英同盟を結んで以来、それを記念する日英博覧会を開催することで、大英帝国と対等な立場に立ったことを世の中に知らしめ、この博覧会を通じて、日本はアジアの盟主として欧米列強と同様に長い伝統と高い水準の文化、そして植民地を持っている帝国

【図1】公式ポスター。出典『日英博覽會事務局事務報告』（1912）

であることを誇示した。

　日英博覧会研究の先駆けとしては、日本が英国と交わした外交文書をもとに日英博覧会の開設過程と外交的・経済的効果を分析した河村の論文が挙げられる[1]。1990年代後半になると博覧会研究が盛んになることとともに日英博覧会の研究も再開され、国雄行が、日本国内における日英博覧会に対する評価が良くなかった点について反論し、再評価した[2]。その後さまざまな側面から日英博覧会を分析する研究が行われ、それらは大きく次のように分類できる。日英の外交関係を中心に政治経済的に評価する研究、アイヌの人間展示からみる日英博覧会の帝国主義的性格を分析する研究、博覧会に出品された美術工芸や日本庭園に対する欧米の反応と評価に関する研究などである[3]。公式ガイドブックや報告書などを含む英文の一次資料をまとめた復刻版[4]や、当時のマスコミ報道を集めた本[5]が出版され、アクセスしやすくなったことも研究の深化を促したと思われる。

　しかし、これらの資料だけでは植民地展示の様子を明らかにすることができなかった[6]。肝心の資料はイギリスではなく、東京大学図書館とソウルの国立中央図書館で見つけることができた。『日英博覽會事務局事務報告』(1912)(以下、報告書)と『統監府日英博覽會寫眞帖』(1910)(以下、写真帖)がそれらであり、植民地展示の様子を把握するためには、これらに載った視覚資料の存在が大きかった。報告書には博覧会の準備経緯や閉会後の動きまで詳しく述べられているほか、植民地の展示に関しては東洋館の平面図や植民地展示に建てられた建築模型の設計図などが載っている。写真帖には朝鮮の展示セクションで実際陳列されていた資料写真と出品物の写真が全て入っている。本章では、これらの歴史資料としての写真にフォーカスを当て、日英博覧会を通じて日本が欧米列強を対象に提示した植民地朝鮮の表象を分析していきたい。また写真がどのように生産され、どのように展示され、さらにいかに普及されていったかについても探っていく。

2 日英博覧会における植民地展示

　帝国主義の時代、博覧会は植民地支配の正当性を宣伝する手段であった。日本で開催された5回の内国勧業博覧会と朝鮮半島で開催された「施政五年記念朝鮮物産共進会」(1915)、「朝鮮博覧会」(1929)、「朝鮮美術展覧会」(1922–44)などを通じて、植民地支配による朝鮮の文明化を宣伝したことについては広くしられている。しかし、これらの博覧会はいずれも地理的な条件を考えると日本人と朝鮮人を対象としたプロパガンダといえる。それでは、日本が帝国の外部、つまり欧米列強を対象にしてはどのように植民地支配のプロパガンダ作業を行ったのだろうか。日英博覧会はこの質問に答えるための重要な手がかりとなる。

　特に博覧会が開催された時期に注目する必要がある。博覧会の準備段階では日本と朝鮮の関係は保護国 - 被保護国であったが、博覧会開催期間中の8月22日に日韓併合が行われ、朝鮮が日本の完全な植民地となったからである。日英博覧会が日本帝国が植民地としての朝鮮を世界に宣伝した最初の海外博覧会であったことを想起すると、この展示を日本が朝鮮の植民地支配を正当化するために利用したであろうことが推論できる[7]。

　日英博覧会では、イギリスが第51号館に「ニュージーランド館(New Zealand Pavilion)」を、日本が第23号館に「東洋館(The Palace of the Orient)」を植民地での成果を展示する施設とした。ところで、東洋館の位置は、博覧会場の入り口を入ってからすぐにある日本政府館(第24号館)と向かい合う位置であった【図2】。政府館と並んでいるということは、「内地＝日本」と、内地の拡張としての「外地＝植民地」を意味するものとして読み取れる。日本と東洋の諸国、つまりアジアを代表する日本でありながらもアジアではない、脱アジアした帝国日本という構想がこの配置にも反映されているのである。東洋館の名称は当初、植民地館(Palace of Japanese Colonization)であっ

【図2】博覧会場案内図（British Library）の一部。第23号館が第24号館と向き合っている。赤い円の表記は筆者。
出典 *Official Guide*（1910）

たが、準備の途中で東洋館という名称に変更されたそうだ[8]。

　東洋館の展示は、台湾、南満洲鉄道、関東州、朝鮮の4つのセクションで構成されている。日本は1895年4月17日、日清戦争の後に締結された下関条約により台湾を割譲した。1905年の日露戦争の後は、アメリカの仲介のもとでポーツマス条約を結び、朝鮮半島での優位権が認められ、清国政府の承認を前提に関東州が位置する遼東半島の領土権と長春－旅順間の鉄道を委譲される。日本政府はすぐに南満洲鉄道会社を設立し、清から譲り受けた鉄道の仮設工事を開始する。日本とロシアを結ぶ鉄道が建設され、そのままヨーロッパまでつながることになるのである。このような背景の下、東洋館の展示は日本が夢見ていた大陸進出の青写真を描き、それを宣伝すると同時に、同盟国であるイギリスをはじめとする欧米列強に認められるための仕掛けとなった。朝鮮を実質的な支配下に置き、満洲まで進出し大陸への勢力拡大を念願にしていた日本にとって、東洋館の展示を構成するセクションひとつひとつ

が非常に重要で深遠な意味を持つ作業だったと考えられる。

東洋館の各セクションの入り口には各国の伝統様式で設計された門を設置し、民族衣装を着せたマネキンを立てた。『日英博覽會事務局事務報告』の写真を見ると、展示会場の天井に日の丸が描かれた布が張られていることがわかる。これはおそらく洋式の石造りの建物を隠し、東洋への異国情緒を醸し出すための工夫だったのだろう[9]。同時に日の丸がプリントされた布を天井に張ることで、日本の統治下に台湾、満洲、朝鮮が属していることを感じさせる効果も演出できるのである。

朝鮮の展示は東洋館の10分の1程度の面積のみであるが【図3】、報告書での比重は満洲や関東州に比べ、はるかに重い。むしろ、東洋館の3分の2を占める台湾とほぼ同じくらいの割合で扱われていた。英語版の公式ガイドブックには、「朝鮮と日本両国間には共通の理解問題と親密さがあり、極めて密接な関係があるため、朝鮮がここに展示されていなければ、日本の植民地支配力を劇的に表現しようとする試みは完成しなかっただろう(筆者訳)」[10]と説明されている。しかし、朝鮮はまだ植民地ではなく保護国であったため、台湾を説明する際に属国(possession)という言葉を使用したのとは異なり、被保護国(protégé)という言葉を使用しており、展示主体であった統監部の英語訳(the Residency General of Japan in Korea)も、台湾総督府の英語訳(Government of Formosa)に比べてはるかに慎重

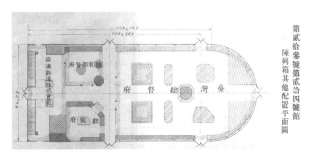

【図3】東洋館の平面図。出典『日英博覽會事務局事務報告』(1912)

な用語を選択している。

　日英博覧会の政治的目的は、日英間の関税改革、日英同盟の更新、そして日韓併合として説明される[11]。この当時、朝鮮半島が地理的な特性上、ロシアや中国、欧米列強の争奪の対象になったのは周知の事実である。日本は極東の平和を維持するために、日本が韓国を併合しなければならないと主張していた。1909年9月、安重根がハルビンで統監伊藤博文を暗殺した後、併合の動きを加速させる一方、列強の目を気にしながらも機会を狙っていた日本は、日英博覧会をイギリスの態度を見るために利用した。そのため、朝鮮はこの時まだ植民地ではないのにもかかわらず他の植民地と一緒に東洋館の展示に含まれることになった。1910年1月の陸奥博吉の演説でも、満洲や関東州への言及はないのに対し、朝鮮はかなりの割合で言及されている[12]。彼は朝鮮の場合、台湾のように日本の領土となったわけではないが、展示に含めるべき理由は非常に明白であると主張しており、実質的には植民地と同じようなニュアンスを漂わせる演説の論調から、併合に対する英国の暗黙の了解をすでに得ていたと推測される。また、博覧会に関連して展示以外にも多数の書籍や配布物が発行されたが、日本政府はこれらの印刷媒体を通じて日韓併合の正当性を主張することにも力を注いでいた[13]。

3　写真からうかがえる朝鮮展示

　それでは朝鮮展示の様子を探ってみよう。入口の写真【図4】には、伝統様式の門(oriental gateway)に「KOREA」という銘板が掲げられている入り口の様子が写っている。入り口の両脇には伝統衣裳を着た男女の人形が立っていて、門を入るとすぐ木製の陳列台に置かれていることがみえる。写真をよく見ると「Model of Korea」という文字が読めるが、報告書の説明によると20万分の1縮尺で製作された地図と家屋の模型が展示されたという。報告書には入口の写真のほか、建物の設計

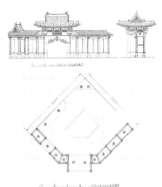

【図4】朝鮮展示の入り口(左)、朝鮮展示に建てられた建築の設計図および展示場の平面図(右)。出典『日英博覽會事務局事務報告』(1912)

図や断面図があり、展示場の面積や展示形式がわかり、雰囲気もある程度はうかがうことができる。

　当時の報道によると、日本政府が日英博覧会で朝鮮の展示を準備した目的は、「統監政治が開始されて以来、朝鮮の政治、経済、文物制度が改良・進歩したことを発表すると同時に、朝鮮の物産をヨーロッパに輸出するため」であり、「出品の範囲は、農林、産業、工芸、地図と写真などであり、展示場の面積は約25坪である。第23号館に日本の植民地である台湾と一緒に展示される予定であり、展示館の構造は朝鮮の様式で建築し、通路の両側に設置する展示台も伝統的な方式で作り、西洋人の好奇心を惹きつけ、注意を喚起する計画」[14]であった。一方、Official Catalogueに統監府の出品目録が掲載されており、陶磁器、金属具、銀器、有機、竹器、螺鈿漆器などの工芸品や道具、鎧や武器類のほか、植物や鉱物、木材などの標本、朝鮮のさまざまな姿を収めた写真が出品されたことが分かる。

　実際にどのようなものが展示されたのかを詳しく伝えている資料は、『統監府日英博覽會寫眞帖』【図5】である。写真帖の

【図5】『統監府日英博覽會寫眞帖』(韓国国立中央図書館所蔵、筆者撮影)

　表紙は木版に漆をあつく乗せた豪華な装丁であり、日本とイギリスの国旗の下に一行目には「統監府日英博覽會寫眞帖」というタイトルが、二行目には「京城村上天真謹寫」と発行所と写真家の名前が記されている。内紙は蛇腹折りで作られ、各ページには白黒の上に手作業で色をつけた写真と、金箔紙に筆で書いた写真のタイトルが貼り付けられている。タイトルはすべて日本語のみで書かれている。この写真帖が複数制作された可能性は低いと判断される。おそらく通鑑部で記録および保管用としてただ1冊だけを写真帖にまとめたのではないかと思われる。

　この写真帖は横35cm、縦27cmほどの大きさで、全50面となる。各面には、出品物を展示した陳列棚を撮影した写真7枚と、博覧会の会場に陳列されたとされる資料写真75点が貼られている。日英博覧会のOfficial Catalogueの出品リストには合計40のタイトルが掲載されているが、一面に複数の写真を入れて統監部統治前と後を比較する構成をとったレイアウトも複数枚あるため、写真帖には図録の出品件数より多くの写真が入っている【表1】。

【表1】 日英博覧会における統監府出品写真目録と写真帖の比較（筆者作成）

	公式図録の出品目録 (*Official Catalogue*, 237–238.)	『統監府日英博覽會寫眞帖』	『日韓合併記念 大日本帝國朝鮮寫眞帖』（1910）	『韓國寫眞帖』（1910）
1	Seoul			
2	Fusan	釜山港	○	○
3	Chemulpo	仁川港		
4	The Inchong Hall, Changtok Palace	昌德宮内仁政殿	○	
5	The Garden, Changtok Palace	昌德宮内秘苑宙合樓附近	○	
6	The Kyonghoi Hall, Kyonpok Palace	景福宮内慶會樓	○	
7	Korean Schools	漢城師範学校	○	○
8	Post Office	京城郵便局	○	
9	Court of Justice	京城各裁判所	○	
10	Tai Han Hospital	大韓医院	○	
11	Waterworks at Pyongyang	仁川港		
12	Lighthouses at Chemulpo	仁川港月尾島燈臺	○	
13	The Printing Bureau	印刷局	○	
14	The Model Agricultural and Industrial Farm	水原勧業模範場農場	○	○
15	The Model Horticultural Station	水原勧業模範場		
16	The Industrial Training School	工業伝習所	○	
17	Rafts on the Yalu River	鴨綠江ニ於ケル営林廠ノ筏		
18	A Korean Plantation	農家（4枚）		
19	A Mulberry Plantation			
20	Cattle Market	牛市場（大邱）	○	○
21	Construction Work of the Railway Bridge over the Imjin	臨津江鉄道架橋工事		
22	Protective Embankment and Afforestation at Paikun-tong	京城彰義門内白雲洞砂防造林		
23	Salt Pans	京畿道朱安塩田 他1枚	○	
24	Japanese engaged in Fishing	日本人ノ漁場（慶尚南道麦浦）	○	
25	A Korean Community	韓人部落（平壌附近）	○	
26	The Yalu River	鴨綠江ノ結氷	類似写真	
27	The Whahong Gate at Suwon	水原華虹門	類似写真	類似写真
28	The Iron Bridge over the Han River	漢江鉄橋	○	○
29	The Barrier of Hakwon			
30	The Taitong River	大同江畔（萬壽山附近）	○	
31	Buildings of Silla Period	慶州瞻星臺 他 4枚		
32	Imperial Tour	韓皇陛下開城滿月臺ヘ御臨幸ノ光景 他1枚	○	○
33	Family Group of a Yangpan	両班ノ家族	○	
34	Cattle employed as beasts of burden	薪賣（京城鐘路市街）	○	
35	Washing by Korean Women	韓女ノ洗濯（大同江畔練光亭附近）	類似写真	類似写真
36	The Marriage Procession of the Crown Princess	韓国皇太子妃殿下（現皇后陛下）御婚儀ノ行列	○	
37	The Street of Chongno	京城鐘路市街		
38	A Korean Market	市場（大邱）	○	
39	The Lyongnam Hall, Milyang	密陽嶺南樓 他1枚	○	
40	Kwanghaui Gate, Seoul	京城光熙門外		
		統監府所在地附近		

第2章 1910年日英博覧会における帝国の朝鮮表象

63

		釜山魚市場	○	
		平壌永斎橋		
		新舊警察官（6枚）	○	
		北韓山及其山麓		
		両班ノ外出		
		平壌牡丹臺附近	○	
		日英博覧会統監府出品物(6枚)		

　撮影者として記録されている村上天真(1867-?、本名は村上幸次郎)は、大韓帝国時代の朝鮮皇室の写真をほぼ独占的に担当した人物である。彼は日清戦争の時、『めざまし新聞』の従軍写真家として渡鮮して以来、朝鮮に定住し、正式ではないが実質的に朝鮮皇室と総督府の嘱託写真家として活動した[15]。統監府が日英博覧会の写真業務を彼に一任したようではあるが、この時代の写真帖に写真家個人の名前を全面的に載せたことは珍しい。彼は日英博覧会のためにすべての写真を新たに撮影したわけではなく、以前に撮影した写真を多数利用している。彼は朝鮮関連の写真アーカイブを構築し、朝鮮を訪れた外国人や日本人に販売しており、朝鮮皇室の行事の撮影もほぼ担当していたからこそできることであった。

　写真のテーマは多岐にわたる。京城、釜山、仁川、大邱、平壌など主要都市の風景から水原の華虹門、慶州の瞻星臺、密陽の嶺南樓など文化財や史跡の風景、王宮の様子や皇室の行事、朝鮮の風習、農業や伐採、漁獲など生産現場の様子、学校や裁判所、郵便局などの官公庁や公共施設の写真など、支配の対象としての朝鮮の全貌がまんべんなく収められている。

　統監府は1年ほど前から日本の大蔵省と協議の上、出品準備を進めた。「農商務省との協議の結果、韓国模型図、風景風俗写真、各種統計表、古代美術品と現代工芸品などを出品する」[16]ことにし、学部、度支部などに植民地支配後の行政の変化を示すための統計資料を準備するように指示した。統計資料以外の実物出品物としては、日英博覧会委員という機構をおき、米、麦、大豆などの農産物、金、銀、銅、黒鉛、石炭、雲母などの鉱物、綿、繭のような自然産物から簾、扇子、石細工、

【図6】「日英博覧会統監府出品物」。出典『統監府日英博覽會寫眞帖』1909年

竹器、敷物、刺繍、織物などの工芸品、宮内府都支部に保存されていた古代の美術、そして統監府の沿革、組織および大韓帝国の政府各部の沿革組織、施政の現況などを示す資料を集めたという[17]。『統監府日英博覽會寫眞帖』には、出品物を陳列した陳列棚を撮影した写真7枚が2面に渡って「日英博覧会出品物」というタイトルで貼られているので、どのようなものが出品されていたかがわかる【図6】。これらの写真は出品物をイギリスに送る前に記録目的で撮影したものと思われる。陳列棚の後ろに見える背景が雑然としていて、東洋館の室内装飾とは異なる様子であり、写真ごとに同じ壁が見える点などがその理由である。ともかく実際どのようなものが海を渡ってイギリス人の前で披露されていたかが分かる貴重な史料となっている。出品物はイギリスに送られる前に、通鑑部の日英博覧会の事務所で3日間公開された。新聞記事を総合すると、1909年12月16日1時から4時まで一般公開され、12月17日には学生の団体観覧があり、翌日には政府関係者が観覧したという[18]。閉会後、家屋の模型や工芸品の一部は大英博物館（British Museum）に、種子類や鉱物は王立植物院（Kew Royal Botanic Gardens）に寄贈された。特に大英博物館への寄贈品は韓国コレクションの根幹になり、その一部は現在も韓国室に展示されている。

4　その当時の人々に写真が伝わっていたこと

　『統監府日英博覽會寫眞帖』に朝鮮皇室と関わる写真は全3枚掲載されているが、そのうち2枚が純宗（1874–1926）の巡幸写真である。1907年に高宗（1857–1919）の強制退位により皇帝となった純宗は、1909年から2回にわたり全国を巡幸した。ただ、純宗の巡幸は伊藤博文の企画のもと、伊藤の同行で行われたものであり、高宗皇帝の強制退位によって全国的に起きていた反日感情を払拭し、日本の保護権を誇示する目的が隠されていたと言われている。大邱、釜山、馬山を巡る南道巡幸に対しては、釜山港に停泊中の日本艦隊を視察している写真が採用された。平壌、信州、義州、開城を巡る西道巡行に対しては開城の満月台を訪問し、喜慶殿前の石段を下りてくる写真【図7】が採択されている。廃墟となった高麗の旧宮跡を背景に純宗が伊藤博文らに囲まれている。植民地になる寸前の敗国のみすぼらしい君主の姿を写していると言われても過言ではないが、この写真はその当時さまざまな紙面に流通し、よく知られているものである。

　一般民衆の生活を収めた風習の写真は、平和的でありながら前近代的な姿を捉えている。平壌近郊で撮影された「韓人部落」というタイトルの写真【図8】は、茅葺き屋根の家を背景に水桶を頭のうえに乗せて歩く女性の姿を、「韓女ノ洗濯」【図9】は大同江のほとりに座って洗濯をする女性たちの姿を、「薪売り」は鍾路の街で薪を山ほど積んでいる牛と若い薪売り少年がお客さんと交渉する姿を収めている。いずれもまだ近代化されていない田舎の原始的な風景である。これらの素材は、絵画においては朝鮮の地方色を表す画題として頻繁に使用されるものでもある。

　写真帖の中で最も目立つのは、日本統治前後の社会制度を比較した写真群である。これらは統監府の展示目的「統監政治が開始された後の進歩を発表すること」が最も赤裸々に表れている写真である。鉄道や道路の建設、貯水池や水道施設

【図7】「韓皇陛下開城滿月臺ヘ御臨幸ノ光景」。出典『統監府日英博覽會寫眞帖』1909年

【図8】「韓人部落（平壤附近）」。出典『統監府日英博覽會寫眞帖』1909年

【図9】「韓女ノ洗濯」。出典『統監府日英博覽會寫眞帖』1909年

などの整備、近代的な郵便制度や工場、学校や病院などの設立など、統監府の成果は各種模型や地図、チャートなどの形式を借りて視覚化されていたが、最も効率的な資料はやはり写真であった。近代社会の主導的な哲学的思考となった啓蒙思想の象徴物、啓蒙思想の立場から見ると、写真は思想や感情の介入なしに機械的に客観的に事実を示し、多くの経験をすることができるようにし、経験的な知識を人間に提供する機能を持つ完璧な啓蒙の道具として認識された[19]。

1909年11月末、統監府に集められた出品物は合計249点に達したが[20]、朝鮮がまだ日本の植民地ではなく保護国という過渡期的な立場にあったため、展示構成により工夫を凝らさざるを得なかったようだ。出品物は何度か修正を重ねた。学部では教育状況の一般、官公立学校および書院の写真、学部統計表、編纂教科書と暦書を追加で提出することにした[21]。英国への輸送手続きがすべて決まった後にも警察管制の変革に対する写真資料が急いで追加された[22]。このように追加された資料はすべて統監府政治の前後を比較する性格の資料である。これは当初から掲げていた「統監政治前後変革を比較表明した各種寫眞及び各種統計表を出品すること」[23]という基準に満たない資料を修正させたものである。立派な洋式の京城各裁判所の写真の下に地方官吏の旧裁判と近代式裁判所の新裁判を並べて比較したり【図11】、新旧警察官の服装を比較したりする写真がその例である。また、学校制度の場合、成均館と漢城師範学校の外観、書堂の授業と普通学校の授業の様子を対比させた構図を取っている。【図12】

これと関連してイギリスの報告書に朝鮮の若者が日本の統治によって最も恩恵を受けている部分は教育だと記録していることをみると、この宣伝はとても効果的であったことと思われる[24]。一方、来場者に販売されていた公式ガイドブックには「朝鮮における日本の業績(Japan's Work in Korea)」というタイトルの下に「日本が朝鮮の腐敗した王室を追い出し、刑罰制度や租税制度、衛生制度などを改革した結果、人々は正義

【図10】「臨津江鐵道架橋工事」。出典『統監府日英博覽會寫眞帖』1909年。（Unicode エンコードの競合）

【図11】裁判の新旧比較および裁判所。出典『統監府日英博覽會寫眞帖』1909年

【図12】教育の新旧比較。出典『統監府日英博覽會寫眞帖』1909年

とは何かを知るようになった」と説明されている。「現在、朝鮮半島には100以上の公立学校、640マイル以上の鉄道が建設され、首都には効率的で快適な病院と医療学校、最新式の貯水池が建設されたため、朝鮮人は統監府の優れた行政に感謝している」と述べる。「日本が長い眠りから朝鮮を目覚めさせ、国と国民の生活を改善させた」[25]ということである。これは1893年、朝鮮が初めて参加したシカゴ万国博覧会で受けた「現存する最も専制君主的な国家の一つ」であり、「王の名前を間違えただけでも不敬罪で罰せられ、お世辞を言わなければ生き残れない」、「アメリカ人が全土に合計78人しか滞在しておらず、そのほとんどは宣教師」と非常に非開放的でありながら、「商業的な発展とはほど遠く、万国博覧会に参加するとは想像しにくかった」[26]という否定的な評価とは対照的である。もちろん、博覧会会場に展示された漢江と臨津江に架けられた鉄橋、威風堂々とした洋式建築の大韓医院、近代的な印刷局と郵便局、工業伝習所の写真もまた、日本が朝鮮に成し遂げた文明化について強力な証拠として機能しただろう。(以上、引用文は筆者訳。Koreaはすべて朝鮮と訳した。)

5 まとめ

19世紀初頭に発明された写真術は、19世紀後半から20世紀初頭になると、ある程度の技術的完成段階に達し、帝国主義のイデオロギーを具現化し、帝国主義が必要とする情報の集積と知識の蓄積を可能にする最高の手段として定着する。これは日英博覧会でも同様である。特に未知の世界であった朝鮮の写真は、イギリス人の注目を集めるのに十分だった。

日英博覧会に出品された写真の多くは『韓國寫眞帖』(1910)と『日韓合併記念 大日本帝國朝鮮寫眞帖』(1910)という出版物に載せられた写真と重なる。わかりやすく【表1】に、同じ写真の場合には○、似ている写真には「類似写真」と表記しておいた。これらの写真帖は現在、韓国と日本のさまざまな機関

に所蔵されていることから、大量の部数が印刷されたと思われる。日英博覧会が終わった後も、日本が創った植民地朝鮮の表象は写真として複製され広まっていった。特にこれらの写真帖は表題を日本語と英語で併記していることから欧米人までを読者として想定していたと思われる。

　日英博覧会は半年足らずの会期を終えて幕を閉じたが、博覧会を通じて帝国日本が行った対外宣伝の波は続いた。国際社会に発信された朝鮮のイメージは、この隠遁の王政国家は植民地支配を受けるに値するほど未開で腐敗していたが、日本の統治によって急速に発展し改革した、というものであった。そして、日英博覧会の閉幕を1か月余り残して日韓の併合が行われた。一方、日本が提示した植民地朝鮮の表象は、博覧会会場を訪れた来場者だけでなく、写真に剥製され写真帖という印刷物になり、複製され普及していった。そしてそれらが与えた認識の一部は今日までも機能している。

注

1　河村一夫「明治四十三年開催の日英博覧会について」『政治経済史学』第181号、1981年。
2　国雄行「1910年日英博覧会について」『神奈川県立博物館研究報告人文科学』22号、1996年。
3　英語圏では、Ayako Hotta-Listerが日英博覧会の開設過程と影響力について論じて以来、日英博覧会100周年記念事業として2010年にロンドンで開催された4回の国際シンポジウムの成果をまとめた。Ayako Hotta-Lister, *The Japan-British Exhibition of 1910: Gateway to the Island Empire of the East*, Routledge, 1999. Ayako Hotta-Lister and Ian Nish, eds. *Commerce and culture at the 1910 Japan-British exhibition: centenary perspectives*, Global Oriental, 2013.
4　松村昌家編集『日英博覧会（1910年）：公式資料と関連文献集成』ユーリカ・プレス、2011年。
5　Hirokichi Mutsu, ed. *The British Press and the Japan-British Exhibition*, Imperial Japanese Commission, 1910–11. 復刻版は、*The British Press and the Japan-British Exhibition of 1910*, Routledge, 2003.
6　本章は拙稿の一部を歴史資料としての視覚文化という本書のテーマにあわせ、再構成・加筆したものである。「1910年日英博覧会東洋館の韓国展示――日本帝国の対外宣伝に現れた植民地朝鮮の表象 1910년 일영박람회 동양관의 한국 전시 – 일본제국의 대외선전에 나타난

식민지 조선의 표상」『韓国近現代美術史学』28号、2014年。　筆者は2013年9月、日英博覧会の調査のため、ロンドンのハマースミス・アーカイブスとブリティッシュ・ライブラリーを訪問し、可能な限りの資料を全て閲覧したが、日本の植民地展示に関する資料はあまり得られなかった。

7 韓国が独立国として参加した国際博覧会は1893年のシカゴと1900年のパリの2回に過ぎない。日英博覧会東洋館の展示を通じて10年ぶりに国際博覧会に登場することになる。

8 Jung-Taek Lee, "Korean Artefacts Donated to the British Museum by Ogita Etsuzo in 1910", *Orientations*, vol. 41, no. 8, 2010, 78.

9 日英博覧会は2年前の仏英博覧会の時に使われていた施設をそのままつかっていた。

10 Japan-British Exhibition, 1910, Shepherd's Bush London, *Official Guide*, 2nd ed. revised, The Japan-British Exhibition British Commission, 1910, 46–47.

11 Ayako Hotta-Lister, 1999, 74–92.

12 Hirokichi Mutsu, "Japan at the White City, a paper read before the Royal Society of Arts, London, 1910.1.19.", Hirokichi Mutsu, ed. 2003, 198–212.

13 博覧会の会期に合わせて出版された書籍や宣伝物の目録は、Ayako Hotta-Lister, 1999, 226–228.

14 「日英博覧会内容」『皇城新聞』1909年9月1日。

15 イ・キョンミン이경민『帝国のレンズ제국의 렌즈』산책자, 2010年, 21–22頁。

16 「殖民館出品」『皇城新聞』1909年6月26日。

17 「日英博覽會出品件」『皇城新聞』1909年9月11日。

18 「漸次出品」『皇城新聞』1909年12月21日。

19 パク・ジュソク박주석『韓国写真史한국사진사』문학동네、2021年、114頁。

20 「博覽会出品件」『大韓毎日新報』1909年11月28日。

21 「出品件修正」『大韓毎日新報』1909年11月24日。

22 「警察官制度出品」『大韓毎日新報』1909年12月10日。

23 「出品準備の協議」『皇城新聞』1909年6月29日。

24 *Official Report*, 前掲書, 292.

25 *Official Guide*, 前掲書, 47. "She has awakened Korea out of her long sleep, and improved the country and the condition of her people."

26 William E. Cameron, *The World's Fair, being a Pictorial History of the Columbian Exposition: containing a complete history of the world renowned exposition at Chicago*, J.R. Jones, 1893, 591.

第3章

近代漫画と「新しい女」
――イメージのズレと歪みを探る

足立元

1　はじめに

　数え上げればキリがないのだが、例えば『ONE PIECE』（尾田栄一郎、連載1997–）のナミ、『SPY×FAMILY』（遠藤達哉、連載2019–）のヨルなど、漫画（とくに少年漫画）の中の代表的な女性キャラクターは、自由奔放で美しくて強い。漫画に描かれた彼女たちは、力持ちというだけでなく、人生を自分で切り開き、人々を勇気づける存在になっている。

　今日では、それがほとんど疑いのない定番となっていないだろうか。それはまた、実際の女性の生活とはどこか遠い存在だと感じることはないだろうか。他方、多くの少女漫画においては、もっと解像度を上げてフィクションにおける女性像のリアルを探求してもいる[1]。

　だが、戦前（アジア・太平洋戦争中まで）では、物語や絵画に描かれた女性が、力強さ自由を美徳とすることは、例外的であった。あるいは、かつてそうした主体的な女性像のイメージには、描き手による嘲笑が含まれていたように思われる。

この文章では、近代漫画に描かれた「新しい女」について考えてみたい。まずは漫画の歴史に詳しくない読者に向けて、近代漫画とは何だったのかを概説する。次に日本初の女性による女性のための文芸誌『青鞜』に象徴される100年以上前の「新しい女」とは何だったのかを述べてゆく。そして漫画に描かれた「新しい女」を分析し、漫画の限界と「新しい女」の可能性について論じたい。

　ここで取り上げる「近代漫画」とは、戦後に一般的になる、コマ割りされたストーリー漫画ではない。近代漫画とは、明治時代から戦前までの、基本的に1コマ形式で描かれた、風刺的なイラストレーションを指す[2]。

　そして、「新しい女」とは、明治末に登場する、封建的な意識から解放された自由な女性たちである。その言葉は、最初は蔑称のようにも使われた。彼女たちは、自らの人生を自ら決め、私生活のスキャンダルも逆手に取り、世間を騒がせた。

　これまで「新しい女」についての研究は、主に文学・演劇・新聞雑誌のジャーナリズムの切り口、すなわち言葉の領域から考えられてきた部分が大きい。それを近代漫画から考えるというのが、本章の特色である。

　漫画は、卑俗なサブカルチャーとして、長い間文化研究の中でも低く見られてきた。1980年代以降は、戦後の現代漫画に関する研究が盛んになって、今日では漫画研究は珍しくない。だが、近代漫画は、現代においては一般に読まれることもない。また、近代漫画は近代美術のように美術館に飾られることも少ない。そのため、それほど光が当たらなかった。

　とはいえ、たとえ近代漫画が美術館でなかなか取り上げられない卑俗なイメージにすぎなかったとしても、あらゆるイメージには歴史的資料としての価値がある。近代漫画に描かれた「新しい女」を考えてみることで、「近代漫画」と「新しい女」の両方について、新しい視点を提供できるだろう。

　結論を先回りしていうならば、「新しい女」は、近代漫画の中で、基本的にゆがめられた形として描かれてきた。だが、今

日の眼からそのような近代漫画を見るなら、もはや風刺的な意義を失って別種のものとして捉えられるだろう。

2　漫画のはじまり

ところで、漫画の歴史を語る上で、そもそも「漫画」とは何かということは、あまり一般的ではないので、ここで確認しておきたい。

『日本国語大辞典』によると「漫画」には三つの意味がある。

一つめは自由奔放な筆致で絵を描くこと。そぞろ書きともある。漫画の漫という字には、可笑しなという意味ではなく、もともと、そぞろ、すずろ、心ここにあらず、という意味があった。

二つめが英語のcaricatureの訳語である。とくに社会批評や風刺の絵で使われた。

そして三つめが、鳥のヘラサギの異名である。その鳥は、白鳥に似ているけれども嘴が大きくて不恰好である。今では想像がつかないかもしれないが、ヘラサギが「漫画」と呼ばれていた。ヘラサギは、近世には田んぼをあちこち飛び回って、魚や虫を捉えていたことで身近だった。「画」という漢字には田を区切るという意味もある。

鳥のヘラサギから考えるならば、漫画は、まさに区切られたものを飛び越えていく、現実をこえて色々なものを描いていくものだ。まさに漫画の自由を象徴するのがヘラサギだ、といえるだろう。

さて、「漫画」という言葉の意味の奥行きについて触れたので、漫画という言葉がいつ頃から使われるようになったのかについても確認しておこう[3]。今日の一般的な通念として、鳥羽僧正が描いたとされる絵巻《鳥獣人物戯画》（12–13世紀）を挙げることが、しばしばある。たしかに滑らかな描線による複雑な動きや動物たちによるユーモアは、日本の伝統文化に流れる大事な側面ではある。

だが、その絵は鳥羽僧正が描いたかどうかも定かではないし、そもそも「漫画」と呼ばれていたわけではないことに留意する必要がある。《鳥獣人物戯画》が日本の漫画の始祖であるという考え方は、1924年に漫画家であり漫画史家の細木原青起によって、それが日本の漫画の始祖であるとして提唱され、定着していった[4]。つまりそれは、100年ほどの歴史に過ぎない。

【図1】葛飾北斎『北斎漫画 初編』1814年より

実際に「漫画」という言葉を戯画として最初に大々的に用いたのは江戸時代の葛飾北斎による『北斎漫画』(1814年初編刊行、没後に15編まで刊行、【図1】) である。北斎は当時の「漫筆」という言葉を自分の画に応用して「漫画」という言葉をつくったと考えられている。『北斎漫画』出版当時の出版業社の一つ、角丸屋の広告にはこう記されている。

　　興に乗じ心にまかせてさまざまの図(かたち)を写す篇を続で全部
　　に充(みてん)こと速(すみやか)也[5]

これは浮世絵・漫画研究では頻繁に引用される名文句だ。「興に乗じ心にまかせ」るというところは、まさに漫(よろ)ずの心であり、それゆえ19世紀初頭の『北斎漫画』から「漫画」が始まったといっても過言ではない。これは元々は北斎の手控帳などからの抜粋で、簡易版のカットを集めたような絵手本だった。だが、断片であるカット自体の一つ一つに、目を見張るような動勢と愛らしいほどの生命感があって、絵手本をこえた価値をもつ。

そして、浮世絵が今日の漫画の原点となったというのは、

たしかにその間の紆余曲折を無視すればそうとも言える。しかし、『北斎漫画』をはじめとする近世の浮世絵から近代漫画の間には決定的な違いがいくつもある。そのことに注目することで、近代漫画とは何かがより明瞭になるだろう。

江戸時代の浮世絵から明治時代の近代漫画への転換において、何がどう変わったのか。先にも述べたように、近代漫画の多くは1コマ漫画で、1枚もののイラストレーションであり、その意味では、浮世絵の延長線上に近代漫画があったと理解できる。だが、浮世絵と近代漫画では多くの点で違っている。

媒体の違いとしては、簡単にいえば、浮世絵はミニコミで、近代漫画はマスコミだった。浮世絵の発行部数は数百部で、テーマは生活の風聞であったり、想像上の怪談などであったりした。だからこそ、浮世絵は今でも面白いのであるけれども、文明開花の時代にそれはそのままではいられなくなった。近代漫画は、発行部数は数千から数万単位の部数が発行され、国内外の出来事を正確に報道する新聞や雑誌を媒体にし、テーマも社会や現実が中心となる。

もっとも、近代漫画が報道によりそっていても、それは事実・現実そのものではなかった。ときに事実をユーモラスに誇張し、想像をまじえ、堅苦しさの中に楽しみを添えることが、近代漫画の役割だった。ときにその風刺画の鋭さは文章以上に鋭い社会批判の武器になっただろう。

また、浮世絵は木版で多色刷りであった。今から見ればそれは贅を尽くした職人技の極みである。それに比べるなら、近代漫画の主な媒体である新聞は、ほとんど粗末なモノクロームであった。ただし、あとで紹介するが、近代漫画そのものを中心とする漫画雑誌はカラーのオフセットで印刷したページもあり、美術として鑑賞するだけの楽しみがあるものもある。

美術といえば、近代漫画は近代美術の始まりとも密接な関係を持っていた。幕末に来日し、横浜にいたイギリス人画家チャールズ・ワーグマンは、1862年に『Japan Punch』という定期刊行物を発行した。それはイギリスで刊行されていた漫

画雑誌『The Punch』の日本版というべきもので、ワーグマンの漫画により日本の政治や社会を描いたものだった。このPunchが訛って、ポンチという言葉になる。

一方で、ワーグマンは、高橋由一など、幕末明治を生きた洋画家たちに、本格的な油彩画技法を教えたことでも知られる。つまり、ワーグマンを起点に考えるならば、日本の漫画と美術は同じルーツを持つといえる。

幕末に来日した漫画家としては、フランスのジョルジョ・ビゴーも大事である。歴史教科書の中にある挿絵の一つ、明治時代の鹿鳴館で、洋装をした男女が鏡に映った自分たちの姿を見ると猿になっている、というものを覚えているだろうか。急速に西洋化する日本人への痛烈な皮肉の力は、今も衰えていない[6]。

さて、歴史教科書の人物といえば、明治時代の啓蒙思想家・福沢諭吉がいる。『学問のすゝめ』という著作で知られるため、漫画とは最も縁遠いと思われているかもしれないが、福沢こそが近代漫画の形成に大きな貢献を果たした。1882年(明治22)に福沢が創刊した新聞『時事新報』では、外国新聞に漫画が掲載されているのを挙げて漫画の重要性を説き、漫画を積極的に掲載した。

『時事新報』1891年4月21日号に掲載された4コマ漫画は、外国新聞から抜粋したものであるが、小さく「漫画」という言葉が書かれている。ワーグマンやビゴーは自分の風刺画に「漫画」という言葉を使ったわけではないので、近代的な意味での「漫画」は、この4コマから始まったといえる[7]。

さて、福沢諭吉の義理の甥である今泉一瓢は、日本初の新聞漫画家と言われている。そしてもう1人、今泉一瓢とともに『時事新報』で働いていた北沢楽天は、日本の近代漫画家を代表する人物になってゆく。1905年9月3日の《講和紀念門》【図2】は、一見すると「戦勝」の文字の上に西洋風の神様らしき人物が描かれ、日露戦争の日本の勝利を祝う一枚絵である。だが、よく見るとその神様らしき人物が持つのは頭のない魚であり、

【図2】北澤楽天「講和記念門」『時事新報』1905年9月3日

　画面の下方に目を向けると、軍人たちが銃剣で巨大な伊藤博文の頭を小突いている。苦笑いの伊藤の又の下には庶民の影が描かれる。ポーツマスで行われた日露の講和条約が、どれほどの我慢や不満を抱えたものであるかを示して、「戦勝」の馬鹿馬鹿しさを風刺している。

　このように、近代国家のなかで風刺漫画を描くということは、戦争や植民地主義のような大きな問題にも風刺で対峙するということに他ならない。少なくともこのときの北沢楽天は、そうした対決の気風をいくらか持っていたようだ。だが、同時に漫画で生活するということは資本主義や社会の風潮の中に身を投じることでもある。北澤は、『時事新報』から独立し、1905年に『東京パック』という自分の漫画雑誌を創刊した。それは、たしかに政治や社会を風刺して時代を象徴するものだったが、一方では保守的・主流的な意識の中に飲み込まれ、ときに権力や伝統を強化する役割を果たすことにもなったように

思われる。

3　漫画におけるイメージとテクストのギャップ

　ここから、近代漫画と「新しい女」の関わりについて、述べていきたい。時期は、明治時代の終わりから大正時代の始まりまで、西暦でいうと1905年ごろから1915年ごろにかけてである。1905年に『東京パック』が創刊された。その6年後、1911年に平塚らいてう【図3】によって『青鞜』という日本で最初の、女性による女性のための文芸誌が創刊された。

　ちなみにその頃には、1910年には、有島武郎らによって西洋の新思潮をふんだんに取り入れた文芸誌『白樺』が創刊され、1912年には、大杉栄らによってアナキズムの社会運動誌『近代思想』が創刊された。つまり、それは若い文筆家たちによる雑誌文化の華やかな時代の産物だった。

　『青鞜』は、最初は単なる文芸誌として始まったのだが、やがてこの時代の「新しい女」を体現する、女性解放運動の雑誌へと変質していく。その変質の契機となったのが1912年に『青鞜』に加わった尾竹紅吉(べによし、本名一枝、【図4】)である。

　当時19歳の紅吉は、青鞜社内でさまざまな問題を引き起こした。問題といっても今ではたいしたものではない。例えば

【図3】平塚らいてう

【図4】尾竹紅吉『青鞜』1912年より

若い女性が1人でバーにいって五色の酒を飲んだというエッセーを書いただけで話題になる。平塚らいてうと恋仲になったということも話題になる。そして、らいてうら青鞜の仲間とともに吉原に行き、遊女の話を聞いたということも「事件」として取り上げられた[8]。

結局尾竹紅吉は9か月間青鞜社に属していただけで辞めてしまう。だが、その後も『青鞜』は、男性社会に対する挑発的な論争を挑む雑誌として続いていく。女性が不倫の恋愛を小説に書いたことで発禁となったり、女性が子どもを産むことを求められていいのかを問いかけたりした。

そして、平塚らいてうの後を継いで伊藤野枝が『青鞜』の編集長になった。伊藤は大杉栄と不倫関係にあったが、同じ『青鞜』の仲間の神近市子も大杉と恋愛関係にあった。やがて神近によって、大杉栄が神奈川県・葉山の日蔭茶屋で包丁で刺され入院するという事件が起きた。その事件をきっかけに1916年に『青鞜』は廃刊に至る。

その失墜があったにせよ、100年以上前の日本において『青鞜』はきわめてスキャンダラスな「新しい女」の象徴だった。それは、女性を縛りつける伝統的な束縛を打ち破ったし、今日のさまざまな文化を先駆けていたといえる。

だが、それに対する常識的な反発もまた苛烈だった。その反発は、近代漫画の中にも現れていた。

平塚らいてうは、『青鞜』を創刊する前に、すでに作家・森田草平と起こした1908年の心中未遂事件(塩原事件とも煤煙事件とも呼ばれる)によって世間に名前が知られていた。

らいてうを描いた『東京パック』の漫画がある。ちなみに、この頃の『東京パック』や『楽天パック』では、著作者という概念は薄くて、誰が描いたかわからないものが多い。「パック画伝　らいてう平塚明子女史」(『東京パック』9巻23号、1913年8月、【図5】)は、シンプルな線描でその輪郭をとらえたもので、若く聡明な印象を与えるものだ。それは、当時の本人の写真から遠く離れておらず、後で紹介する紅吉を描いた漫画の

【図5】「パック画伝　らいてう平塚明子女史」『東京パック』9巻23号、1913年8月

ような、毒々しさはない。

　しかし、漫画は絵だけでなくテクスト（文）とコンテクスト（文脈）を読む必要がある。視覚イメージとその内容は、異なる場合があることに留意する必要があるからだ。この絵に添えられた文章にはこうある。

> 新しい女のチヤムピオン、青鞜派の首領（…）凡てが男性的で、荒い顎髭さへ明らかに数へ得る程、それ程女らしからぬ特色を具えて居る。其の飛白(かすり)の着物に書生羽織を着流し、腕組みをしてドシリ　ハ　と歩く姿、輪廓の調つた、色の白い、石膏細工のやうに冷ややかな、眉をきりゝとさせて厳然と黙り込んだ顔付きを見ると、いかにも冒し難い堂々たるところがあって、誰しも一寸女といふ優しい親しみ易い感じを起し得ぬ[9]。

　らいてうを描いたこの漫画は、一見絵は何の毒気がない穏やかなものでも、文章では「新しい女」に好意的ではないことが分かるだろう。「優しい親しみ易い感じ」というのは、この時における、女性に対する男性による一般的な評価基準を体

現している。

　しばしば、一見何の毒気もない絵が、実は批判的なメッセージを持っていることがある。「新しい女」に対する同様の例として、「自覚せる新しい女」(『楽天パック』2巻6号、1913年3月、【図6】)を見てみたい。『楽天パック』は、『東京パック』の次に楽天が創刊した雑誌である。雑誌の性格は特に変わらない。

　「自覚せる新しい女」には、3人の若い女性たちが描かれている。彼女たちは皆和装で羽織をまとい、日本髪で、うち両端の2人はメガネをしている。この絵からすぐに読み取れるのは、タイトル(言葉)とイメージのギャップである。ここでは、「新しい女」が見た目には何も新しくないことを、揶揄している。メガネをした女性は読書家であることを意味しているが、猫背気味で、奔放さや自由さとは関係ない。むしろ控えめで恥ずかしがりな表情さえうかがえよう。見た目の古くて控えめな女性たちのイメージに、それと対照的な「自覚せる新しい女」というタイトルを与えて、「新しい女」が古いことを風刺した意図が読み取れる。裏返して言えば、このとき「新しい女」に

【図6】「自覚せる新しい女」(『楽天パック』2巻6号、1913年3月、図6)

対して、世間は見た目の新規さをも期待していたことが、この作品からうかがえる。

4 漫画におけるゆがめられた形を読む

さらに「新しい女」にはっきりと悪意を示した漫画を見てみよう。「新らしい女」(『東京パック』8巻20号、1912年8月、【図7】)は、画面右に「千束町に女買に出かけるとは物凄い」という言葉が添えられる。画面下には英語で "The latter day dudes stealing visits to the Sen-zokumachi quarter."(後日男たちが千束町(吉原)をこっそり訪れる)と記される。日本語のキャプションでは平塚らいてうと尾竹紅吉を女性と扱っているが、英語では彼女たちを男性と扱っている。英語のほうがより悪意を示していよう。

画面を見ると、遊郭で誘うようにしなだれる遊女と2人の「新しい女」たちを描いている。格子越しにその遊女を見つめる、真ん中のメガネの女は、顔に胡麻粒の髭を生やしている。これが平塚らいてうだ。服には「IN BLUE STOCKING」(青鞜の

【図7】「新らしい女」『東京パック』8巻20号、1912年8月

意)、「♡UISKI」(ウィスキーか)と書かれている。右のより大きな黒い着物を着た女もまた青髭をはやし、なだめるような目をしている。これは大柄で知られた尾竹紅吉だろう。

　先に挙げた平塚らいてうを描いた漫画【図5】に「荒い顎髭さへ明らかに数へ得る程」というテクストが付されていたが、その絵には顎髭はなかった。ここでは顎髭が描かれている。二つの漫画の作者は異なるだろう。だが、異なる作者が同様の事柄を別々の方法で描いていることからは、この時代の「新しい女」を描いた漫画家たち(男性たち)の共通する意識を読み取ることができる。

　この絵の背景にある茶色い縦長の窓を持つビルは、浅草の通称「十二階」と呼ばれた凌雲閣である。それは、この時代のランドマーク的な高層建築であり、怪しげな歓楽街を象徴する建物でもあった。また、画面右には「日本のノラ」と書かれた囲みもある。ノラとはイプセン「人形の家」の主人公の女性で、因習に囚われた家庭を捨てて自由を求めた人物として知られていた。「人形の家」は、1911年11月帝国劇場で上演され、ノラ役の松井須磨子の演技で評判となった。ノラ=「新しい女」という図式がこのときあった。

　もっとも、この漫画は、ほとんど直線がなく、すべての線や形を、ふるえるような手で、歪めて描いているところに、おかしみを誘う一つの卓越したスタイルを認められる。画面を縦に切り裂くガス灯がグニャグニャに傾いているように、すべては現実ではなく、誇張された戯画化された世界にすぎない。

　この漫画では、たしかに男性化された女性の身体をつうじて、女性解放運動への悪意が露骨にみえる。歴史資料としてのこの漫画の意義は、『青鞜』に対する当時の男性たちの視線のゆがみを示すところにある。だが、表現として見るならば、すべてをゆがめて描くこの漫画の中では、社会の規範が融解していく大正時代の有様を鮮烈に反映したものと見なせよう。風刺に込められた悪意は今ではもはや力や正当性を失った一方、絵そのもののゆがみのおかしさが浮き上がっている。

さて、比較的背の高いことで「大女」として知られた尾竹紅吉こと一枝だが、彼女は日本画家の家に生まれ、日本画を描いていた。実際、当時の美術団体の一つ、巽画会で鏑木清方や伊東深水に並んで表彰されるほどの新進の日本画家でもあった。受賞した《枇杷の実》（1913年、【図8】）は、大きな話題となった。ただそれは、絵が素晴らしいという理由ではなく、「新しい女」が描いた絵という理由で珍しいという理由からだった。

そしてその珍しさは、「新しい女」へのゆがんだ期待と偏見と容易につながっていく。洋画家の津田青楓は、次のように紅吉の絵を批判した。

　　近頃、新聞や雑誌で馬鹿に持て囃やす所謂新しい女の一人に尾竹紅吉と云ふがある。（中略）如何な名作かと見れば昔の絵巻物からとつて来た構図に何等の新奇も、総意もない古い古いものである。新しい女ならばコンベンショ

【図8】　尾竹紅吉《枇杷の実》1913年、現存せず（『第13回巽画会展覧会作品集』巽画会、1913年より）

ンを破壊したものを描きそうなものだ。あんなくだらない模倣的なものを出して新しい女が呆れて了ふ[10]。

　つまり、紅吉の絵は「新しい女による古い絵」ではないかと津田は批判した。たしかにそうなのだが、さて、ではどうして「新しい女」が古い絵を描いてはいけないのだろうか。吉原を調査する「新しい女」は、激しい絵や官能的な絵を描かなければならない理由があるのだろうか。今日ならば、むしろそうした偏見を押し付ける男性たちの意識のほうが問題視されるはずだ。

　当時そのようなことを公に問う者はいなかった。さらに紅吉の《枇杷の実》は、紅吉の肖像とともに漫画として描かれてしまう。「新しい女の新作」(『楽天パック』2巻8号、1913年4月、【図9】)は、彼女の日本画を風刺したものである。この漫画は、テクスト、絵画の漫画化、そして人物の漫画化の三つに分解して読み込むことができる。

　漫画に添えられたテクストは、本当に紅吉が《枇杷の実》を描いたのかと疑って茶化すような内容である。テクストには、

【図9】「新しい女の新作」『楽天パック』2巻8号、1913年4月

紅吉が総見(小さな個展)を開催したことについて「竹坡叔父さんが手伝つたのか竹坡叔父さんのを紅吉ちゃんが手伝つたのか判らぬ」と記している。紅吉の叔父・尾竹竹坡は、当時の有力な日本画家の1人でもあった。

そして絵画を漫画化したところ、すなわち日本画を漫画の線描に起こした部分は、意外なほどに正確である。人物や木の数や形や模様など、オリジナルの絵を大きく壊さず、ゆがめて茶化したりはしてはいない。この匿名の漫画家は、この程度なら自分にも描けると思ったのかもしれないが、少なくとも絵そのものに対しては敬意を払っていたと考えられる。

だが、画面左下の紅吉の漫画化された顔にいたっては、あまりにもゆがめられている。頭は球体となり、顎髭を生やし、睨みつけるような目で描かれ、そこには紅吉への悪意も受け取れよう。とはいえ、それはどう考えても実物の紅吉とはあまりにもかけ離れている。その極端なゆがみによって、むしろ紅吉への風刺じたいが薄れ、風刺そのものの馬鹿馬鹿しさに転じている。

歴史資料として、この漫画は、紅吉の置かれた立場——「新しい女」が絵を描いて発表すること、それ自体にまつわる悪意ある視線を示している。だが、価値観の変わった今日の目から見るならば、この漫画は極端に「新しい女」を貶めるような表現によって、むしろ「新しい女」がどれほど見事に男性社会へ立ち向かっていたかを逆説的に示している。

この時代の「新しい女」への偏見・逆風は、さらに続いていた。「男除保証三美人」(『東京パック』11巻12号1915年4月、【図

【図10】「男除保証三美人」『東京パック』11巻12号、1915年4月

10）)は、与謝野晶子、尾島菊子、そして尾竹紅吉の3人を、男性漫画家が容赦なく不美人に戯画化したものだ。今ではルッキズムとして、この漫画こそが批判されるべきだろう。今でも、漫画、あるいはジャーナリズムにおいて人を傷つけるような表現がないか、風刺や笑いの名を借りて単に低劣な表現になっていないか、とも考えさせられる。

5　おわりに

　ここまで、近代漫画と、その中で描かれた『青鞜』の「新しい女」について考えてきた。漫画化された「新しい女」たちは、テクストとイメージのギャップ、あるいはゆがめられた形によって、風刺の対象となって貶められてきた。ただし、中には漫画として卓越したスタイルを示す表現があったり、あまりにも誇張しすぎたことでむしろ風刺のそのものおかしみになったりしているものもある。それら過去のイメージは、歴史のなかで風刺的な力や意味を失って、いずれも今ではむしろ「新しい女」を評価する証のように見えるだろう。

　それでもやはり、文壇で活躍する女性たちを不美人の代表のように描く漫画が横行するほど、世の中に「新しい女」への嫌悪があった事実は重要だ。その残滓は100年経った今も存在する。作家が美人であることを作品の評価に併せることは、「新しい女」嫌いの裏返しにすぎない。

　さて、『青鞜』を中心とする「新しい女」たちの多くは、実はあまり漫画を含めた視覚イメージについて深い関心や理解を持っていなかった。平塚らいてうの有名な文章「原始女性は太陽であった。」では、『白樺』そのままの素朴なロダン崇拝が語られる[11]。『青鞜』には紅吉の他にも画家の卵たちを擁しながら、むしろ視覚イメージを排除する方向で簡素化していく[12]。一方、当時、閨秀画家と呼ばれた女性のプロの画家たちはそれなりの数がいたが、社会の中で女性であること、女性の芸術家であることの困難について、言葉で表明することは、

ほぼなかった。それが珍しくなくなるのは、1920年代後半以降である。

その中で、「新しい女」の画家・尾竹紅吉は特別な存在だった。彼女は、漫画に描かれる存在でもあったが、イメージの奥底を考える思想家でもあった。彼女は1913年に発表した「新しい女は瞬間である」という文章の中で、メディアや漫画によって傷つけられた「新しい女」を次のように再定義した。

> 新しい女は所謂形而上の型(タイプ)を破つて出た変り女(かわりもの)、お転婆の謂ではない。走馬灯のやうに回転するによつて目新しく世間の人から騒廻される女の謂でもない。その人格を貫くものは公理的信仰である。形態として表すものは能動の生命である。動作の上に行ふものは自由なる批判である[13]。

紅吉は、「新しい女」はお転婆ではなく、目新しいものでもなく、「公理的信仰」すなわち物事の必然として生まれるものだと述べた。さらに、「能動の生命」の形をもち、「自由な批判」の動きがあると。

残念ながら、紅吉自身はこの年に絵を辞めてしまう。それでも、紅吉のテクストは一つの予言のように読めるだろう。「新しい女」というあり方そのものは、多くの逆境を乗り越えながら、物事の必然として、今日に続いている。さらに、今日のすぐれた漫画やフィクションにおいて、一見お転婆や変わり者としての女性像は、むしろ「能動の生命」「自由な批判」をもつ存在として描かれる。

その後の近代漫画の歴史において、1920年代後半から小野佐世男がモダンガール(モガ)の姿を官能的に描いていたことは、「新しい女」像の転換を象徴するだろう[14]。《X光線にかゝつたモダンガール》(『東京パック』第18巻第2号1929年2月、【図11】)は、一見金持ちの男たちを手玉にとるモダンガールの腹黒さを風刺しているようである。1910年代に「新しい女」を風

刺した匿名の漫画家たちは、男性化によって強い女性像を描いたが、20年代後半からモガを描いた小野は、一見非道徳的な女性像を、女性性を強調するかたちで描いた。小野は、モガを風刺しつつ、むしろ倫理からも自由で、あくなき欲望そのもの生命力を讃えているようでもある。

　1930年代には女性の漫画家として、上田としこや長谷川町子がデビューした。彼女たちは近代漫画と戦後の現代漫画をつなぐ活動を行い、それぞれ、『フイチンさん』(1957年〜1962年)や『サザエさん』(1949〜1974年)などによって、まさに「能動の生命」「自由な批判」を体現する女性像を普及させたといえる。

　このような近代漫画を歴史資料として扱うことは、大衆文化から、時代の欲望を直接にすくいあげることでもある。近代漫画は、文学や美術のような他所行きの服装ではなく、部屋着のようなものだといえるかもしれない。どちらが重要と

【図11】小野佐世男《X光線にかゝつたモダンガール》(『東京パック』第18巻第2号 1929年2月11頁)

いうことではない。ただ、近代漫画への視線は、しばしば時代の典型的な考え方だけが現れている、と見なしてしまいがちである。

　しかし、漫画の表現においても、文学や美術を観るときと同じように、コンテクスト(文脈)を読む必要がある。そうすることによって、視覚イメージとその内容のズレ、さらに単体のイメージを超えて生まれる新たなコンテクストなど、より豊かな事象に出会うことにつながるだろう。

注

1 少女漫画の女性キャラや女性の描かれ方を通じて現代の文化を問う研究として、次のものがある。藤本由香里『私の居場所はどこにあるの？　少女マンガが映す心のかたち』朝日出版社、2008年。岩下朋世『キャラがリアルになるとき　2次元、2.5次元、そのさきのキャラクター論』青土社、2020年。トミヤマユキコ『女子マンガに答えがある――「らしさ」をはみ出すヒロインたち』中央公論新社、2023年。
2 近代漫画研究の主要な参考文献として、次のものがある。須山計一『漫画博物誌――日本篇』番町書房、1972年。清水勲『近代日本漫画百選』岩波書店、1997年。清水勲・湯本豪一『漫画と小説のはざまで　現代漫画の父・岡本一平』文藝春秋、1994年。
3 宮本大人「「漫画」概念の重層化過程――近世から近代における――」『美術史』154号 2003年3月。
4 細木原青起『日本漫画史』雄山閣、1924年。
5 有泉豊明『北斎漫画を読む――江戸の庶民が熱狂した笑い』里文出版、2010年、7頁。多くの文献でこの文句は引用されている。
6 清水勲『漫画が語る明治』講談社、2005年。
7 清水勲『図説漫画の歴史』河出書房新社、1999年。
8 『青鞜』についての研究は数多いが、もっとも入手しやすいものとして、次の文献を挙げる。森まゆみ『『青鞜』の冒険　女が集まって雑誌をつくるということ』集英社、2017年。尾竹紅吉／富本一枝については、次の文献を挙げる。渡邊澄子『青鞜の女・尾竹紅吉伝』不二出版、2001年。
9 「パック画伝　らいてう平塚明子女史」『東京パック』9巻23号、1913年8月、7頁。
10 津田青楓「巽会展覧会を見て」『多都美』7巻8号、1913年4月、2頁。
11 平塚らいてう「元始女性は太陽であつた。」『青鞜』1巻1号、1911年9月。
12 池上玲子「『青鞜』グラフィック」、米田佐代子・池田恵美子編『『青鞜』を学ぶ人のために』世界思想社、1999年。
13 尾竹紅吉「新しい女は瞬間である」『時事評論』1913年1月、27–28頁。
14 小野佐世男展実行委員会『小野佐世男　モガ・オン・パレード』岩波書

店、2012年。

第3章　近代漫画と「新しい女」

第2部
メディア

第4章

美術展覧会絵葉書から見た近代女性画家
―― 表象資料の読み方を探る

マグダレナ・コウオジェイ

1　はじめに

　美術展覧会絵葉書は、大正と昭和初期に人気が高まり、現在でも大量に残存している。当時は、娯楽として多くの人々が美術展覧会に出かけ、気に入った作品の図版とその基礎情報が掲載されている絵葉書を購入し楽しんでいた。複製技術の発展により、印刷の質が高い絵葉書は、新聞における応募展の報道と並び、美術の大衆化を促した。本章では、近代の女性画家の研究に対し、美術展覧会絵葉書を歴史資料としてどのように活用できるのか、その解釈方法について考えていく。

　大正と昭和初期は、女性画家は珍しい存在であったためか、当時の新聞における展覧会報道でよく取り上げられた。しかし、女性画家の人数が徐々に増えはじめ、女性のみの団体や展覧会が創設されたにもかかわらず、女性画家たちは美術史に残りにくい存在であった。その理由は、いくつか挙げられる。まず、職業画家になるためには、美術の専門教育を受けなければならない点がある。近代日本では、専門教育を受ける

ことに対し女性が親に反対されることが多く、専門教育を受ける機会が限られていた。その上、専門教育を受けたとしても、結婚や子育てなどで画業を続けることは難しかった点も関係している。さらに、女性画家は、展覧会に出品をして業績を積んだとしても、男性中心に作られた画壇および美術史では、評価されることが非常に稀で名を残すことが困難だった[1]。日本における本格的な女性アーティストの研究は、1990年代に始まり現在に至るまで続けられている。その中で、女性画家の作品と関連資料の発掘は、重要な課題である[2]。

日本のみならず、歴史学という学問においては、長い時代、強い権力を持つ男性中心の記述が主流であり、女性が登場することはほとんどなかった。女性の歴史が記録されるようになった1970年代頃に、まずは貴族や有名な女性が重要視された。次に、1980年代のフェミニズム運動の影響で、いわゆる一般人の女性の歴史に焦点が当たった際、研究者たちは、一般人や無名人に関連する記録がとても少ないことに気がついた。その少ない資料をどう活かすか、さまざまな工夫が行われてきた[3]。

美術史において、画家の遺族の手元に作品や写真・日記・スクラップブックなどが残っていれば、研究に活かすことができる。現存しない場合は、新聞や雑誌、絵葉書など、公な出版物に頼ることが多い。その中でも、美術展覧会絵葉書は、失われた作品の縮小図版あるいは手を加えられた作品のもとの姿として、研究者の間でよく知られており、参考資料として展示されることもある[4]。近年、日文研の近代日本美術展絵葉書データベースが完成し学術的関心が高まっている一方、表象／イメージの研究が中心であり、メディアとしての考察がほとんどなされてこなかった[5]。美術展覧会絵葉書についての先行研究は、向後恵里子の記事のみである[6]。

本章の目的は、美術史学・視覚文化論と歴史学の方法論を活かし、縮小図版として見なされてきた美術展覧会絵葉書の解釈方法を広げていくことにある。美術展覧会絵葉書は、資

料でもあり、アーカイブでもある。歴史学では、資料とアーカイブをめぐって議論され、資料に内在する偏見などが問われてきた。現存する資料自体が、偶然、無作為に残っているように見えていても、社会における権力が恣意的に残してきたことが多い[7]。また、アーカイブ次第で、歴史の可能性が広がることも限られることもある。不完全な資料では不完全な歴史しか書くことができず、新しい資料が見つかった場合は歴史が書き直されていく[8]。絵葉書を用いることで、どのような美術史を書くことができるのか、探っていきたい。

　本章では、具体的な絵葉書の事例として筆者が集めた絵葉書と洋画家伊藤寿美と甲斐仁代のそれぞれの遺品の絵葉書を取り上げる。筆者は、戦前日本で開かれた展覧会における女性画家の入選画を中心に探し、オンラインオークションなどで日本画と西洋画合わせて120枚を購入した（2024年4月現在）。1908年から1954年までに及ぶこのコレクションには、文部省美術展覧会・帝国美術院美術展覧会・二科美術展覧会・日本美術院美術展覧会・女流美術展覧会・郷土会の展覧会・戦ふ少年兵展の絵葉書が含まれる。伊藤寿美の絵葉書（42枚）と甲斐仁代の絵葉書（29枚）は、二人が活躍していた当時に集められたものであり、主にそれぞれが参加していた朱葉会展と一水会展などの絵葉書である。現存数が少ない絵葉書であり、資料としての価値は高い[9]。

　まず、資料として美術展覧会絵葉書を位置づけるには、近代の大衆文化とメディアの視点から考察が必要である。第2節では、美術展覧会絵葉書が登場した時代とその物質的な特徴について述べる。次に、美術展覧会絵葉書が作られた目的を明らかにし、その受容と流通についての検討が重要であることを示す。第3節では、絵葉書の生産、第4節では、消費を探る。美術展覧会絵葉書は、行方不明の作品の縮小図版として貴重な資料であると同時に、その時代に広く大衆に好まれた絵を示す資料だと指摘もできる。それを受けて、第5節では、表象とジェンダーの視点から筆者の絵葉書コレクションをもと

に分析を行う。視覚文化論の視点からアプローチすれば、美術展覧会絵葉書は、社会を反映する受け身的なものではなく、自ら「欲望を持ち」、社会に影響を与えているものとして見なすべきだ。第6節では、美術展覧会絵葉書の社会的影響力について論じる。第7節では、まとめに移る。

2　美術展覧会絵葉書の登場

　1873年に日本で絵葉書が初めて導入された。初めは官製絵葉書だったが、1900年以降は、逓信省が私製絵葉書の発行を許可した。日露戦争をきっかけに絵葉書のブームが起き、1930年代まで続いた。1907年以降、絵葉書のデザインは、片面が絵で片面が手書きのメッセージと住所の記載に固定された。有名な出版社や多くの画家が絵葉書のデザインに関わり、雑誌にも付録として絵葉書を付ける習慣ができ、絵葉書の展覧会が開催されるなど、大人気を博した。また、印刷の技術が進化し、大量かつ安価に色鮮やかな印刷ができるようになったことで、大多数の家庭に電話がない時代に、コミュニケーションの道具かつ蒐集アイテムとして、社会に広く普及することとなった。その時代の目撃者である織田一麿によると、絵葉書は活動写真と並び、民衆美術として浮世絵の後続者だった[10]。戦争や大震災といった最新の出来事や新しい建物などを記録するものであると同時に、視覚的プロパガンダでもあり、かつ近代の大衆文化そのものだった[11]。

　美術展覧会絵葉書は、1907年に設立された文部省美術展覧会をきっかけに、国内に登場したと推察する。『絵画絵葉書類品附属品美術印刷製品仕入大観』によると、美術工芸会と石川商店が連携して文展の最初の頃から毎年出版していた[12]。ただし、日文研のデータベースでは、第1回から第3回の絵葉書で確認できるものは非常に少ない。筆者のコレクションでは、1908年に作られた榊原蕉園・椎塚蕉華・歌川若菜【図1】という女性画家たちの作品の絵葉書三枚が最も古い。いずれも

『日本新聞』の新年付録として作られ、小川一真印行のコロタイプである。コロタイプ印刷は、色は白黒だが、構図はとても明確で分かりやすい【図2】。文展の絵葉書は原色版（三色版）も印刷され【図3】、同じ作品でもコロタイプと原色版の両方が存在することもある[13]。さらに、写真紙焼き絵葉書も作られていた【図4】。向後恵里子によると、写真スタジオによる「写真絵葉書」は、帝展絵葉書の特徴であったが、同時代の朱葉会の絵葉書も写真紙焼きである【図5】[14]。

　美術展覧会絵葉書は、美術作品の図版を載せた絵葉書の一種類であり、その他には、博物館の所蔵品や一定のテーマに沿って集めた作品の美術絵葉書もある[15]。美術展覧会絵葉書の特徴は、掲載されている作品が展覧会向けに作られた点にある。帝展や二科展の場合は、競争が激しい審査を経た入選画である【図1–4】。絵葉書は、作品の縮小図版であり、その雛形である。作品全体の写真が絵葉書の図版になっていると思われがちであるが、第12回の文展の島成園《日ざかり》のように、一部だけを載せた絵葉書もある【図6–7】[16]。展覧会の入選画は、基本的にはサイズが大きいため、原画と絵葉書の印象が異なる一方で、絵葉書からは作品の構図と色彩について多くのヒントを得ることができる。

　美術展覧会絵葉書のデザインは、時代と出版社によってやや異なる。作品を大きく載せてその下か画面の脇の空白に作品の情報を書くパターンや【図5】、作品を中央に配置し周りを囲う白い枠に作品の情報を載せるパターンがある【図3】。掲載の情報には、画家の名前・作品の題名・展覧会の名前と回数・特選が含まれる。展覧会の際に出版されたことを前提に考えると、展覧会の名前と回数をもとに絵葉書の年代を特定することができる。絵画の主な複製の形としては、絵葉書の他に、図録や美術雑誌、『朝日グラフ』などの一般週間・月刊雑誌に掲載された図版が挙げられる。

　美術展覧会絵葉書が流行したのは、「猫も杓子も」美術展覧会を観に行く明治末・大正時代である[17]。絵葉書の使い方を説

【図1】歌川若菜《良人の室》第2回文部省美術展覧会出品、1908年、小川一真印刷、日本新聞新年付録

【図2】柿内青葉《舞踏室の一隅》第3回帝国美術院展覧会出品、1921年

【図3】有馬さとえ《窓ぎわの自画像》第3回帝国美術院展覧会出品、1921年、美術工芸会

【図4】村岡小丘《老圃収穫》第11回帝国美術院展覧会出品、1930年、K.S. Art

【図5】伊藤聖香《雪の日》第24回朱葉会出品、1942年、高林スタジオ

【図6】島成園《日ざかり》第12回文部省美術展覧会、1918年、美術工芸会

【図7】島成園《日ざかり》第12回文部省美術展覧会出品、1918年

明する『絵葉書の栞』には、多くの絵葉書用文の中、「展覧会見物に誘ふ」という例文もあり、秋の上野について述べられている[18]。文展や帝展のような大規模の展覧会は応募展だったため、搬入した作品は審査を経て、入選したもののみが展示された。例えば、1921年、帝国美術院第3回美術展覧会の第一部（日本画）では、搬入された3114点の作品の中から151点が審査によって入選、展示された。これは全体の4.8%にあたる。第二部（西洋画）では、1496点の作品が搬入され、5.7%にあたる86点が審査によって入選、展示された[19]。このような厳しい競争があったため、入選した画家たちは新聞で大きく取り上げられ、世間で話題を呼んだ。同年、38日間にわたる東京会場での展示期間中には、250,713人の入場者を記録した[20]。向後恵里子によると、文展・帝展の「絵葉書は、人気を呼び、開催期間である秋の風物詩となった」という[21]。

　大正昭和初期は、男性に比べて画壇で活躍している女性画家は非常に少なかったが、職業婦人の増加とともに、次第に女性画家の活躍も目覚ましくなっていった。1918年に、「朱葉会」のような女性のみの美術団体ができ、1920年からは月刊誌『婦人世界』主催の「女流日本画展覧会」（1924年から「女流美術展覧会」に改名）が開催され、大規模の応募展では、女性画家の入選者の人数も徐々に増加していった[22]。例えば、1921年の第3回帝展では、女性画家の入選画を確認できたのは7点（日本画6点と西洋画1点、全作品の2.3%）だが、1931年の第12回帝展では、27点（日本画20点と西洋画7点、全作品の3.9%）まで増える[23]。日本画のお稽古は、上流階級の女性の教養として推奨された他方、『職業婦人を志す人のために』の中では、「美術家」が知能的職業として紹介された[24]。ただし、職業画家を目指す女性は、社会に浸透する良妻賢母の価値観のため家族からの理解と経済的支援を得ないことが多かった[25]。1930年代には、女性画家の人数が比較的少ない割に、新聞で大きく取り上げられたり、美術雑誌では「古今閨秀画家」についての特集が企画されたりと、新しい社会現象として注目を浴びて

【図8】横屋陸子《戯れ》第11回女流美術展覧会出品、1930年

いた[26]。官展・二科展だけでなく、朱葉会展【図5】と女流美術展覧会の絵葉書【図8】も作られ、女性画家の入選画は多くの人々の眼に触れたと思われる。

3 生産

　絵葉書出版業界にとって、美術展覧会絵葉書は秋の行事として収益が見込まれる主要な出版活動だった。審査結果発表から展覧会初日まで期間が短かったため、業者が急いで作品の撮影を行い、印刷に取り組んだ。主な出版社は、画報社、審美書院、美術工芸会のような、美術の図録など美術出版を専門としている会社であった。石川商店という絵葉書出版を専門としている会社も、文展の頃より美術工芸会と提携して、絵葉書を発行、販売していた[27]。第7回の文展に入選した島成園の《祭りのよそほひ》の絵葉書のように、複数の出版社が発行したため、同じ作品の絵葉書が数種類存在するものもある。向後恵里子の研究によると、「美術工芸会は、第一回帝展から絵葉書発行の権利を持ち（省略）のちには芸艸堂や工芸社が徐々にシェアを広げ」た[28]。また、高林スタジオのような写真専門業者は、写真絵葉書を作っていた。

帝展と二科会の場合は、出版業者が展覧会主催者から許可を得て、絵葉書を出版していた[29]。その際、全出品画の中から出版社がどのような基準で作品を選んだのか、何％を絵葉書にしたのか、発行枚数はどれぐらいだったのか、それが時代によってどう変化したのかなど、現時点では不明、あるいは部分的にしか明らかになっていない。1925年に、石川商店は、二科と院展の絵葉書を百数十種ずつ、帝展の絵葉書を数百種発行していると宣伝していた[30]。また、1926年の栗本本店の「第十三回二科美術展覧会絵葉書発行目録」によれば、384点の絵画から80枚の絵葉書が発行されたので、およそ20％となる[31]。その80枚のうち、4枚は女性画家による作品で、出品歴の長い埴原久和代と並び、二度目の入選だった岡松了子・深澤紅子・甲斐仁代の作品が選ばれている。大家だけでなく新人の作品も若干ながら含まれていることから、「売れそうな絵」が狙われていたことが推察できる。筆者が第3回帝展の絵葉書をオンラインオークションで調べたところ、日本画の58種（33％）と西洋画の85種（63％）が現在でも購入可能であった（2023年6月現在）[32]。同年の第8回二科展では、167点の出品画のうち、42点（25％）の作品の絵葉書が現在でもオンラインオークションで購入可能であった（2024年4月現在）。これだけの数が現存することから、官展と二科展の絵葉書は大量に印刷され、枚数が他の団体より一桁か二桁以上多かったと推測できる。

　1927年に水彩画家・後藤工志が雑誌『みづゑ』に投稿した文章に、絵葉書の著作権問題をめぐって画家たちの不満と葛藤が述べられている。

　　これ迄、帝展の絵葉書、特に原色版として其最も多数を発行している某社は、審査員級の人々、若しくは絵葉書の売行きの良い作家には金品を以て若干の謝礼を呈し、それ以外の作家には軽少なる物品を以て、僅かに謝意を表して来た。近時官設展覧会の絵葉書の売行きは素晴らしいもので、（省略）或る絵葉書小売商人の談によると、

一つの新しい絵葉書が出来ると、出版元はそれを全国の目ぼしい小売店に廻送する。だから仮令美術館の販売所で売れ行きの悪い作家のものでも、出版元が損をするやうな事は毛頭ない。ましてや売行きのよい絵葉書によって発行所の儲ける高は非常なるものであるそうだ。(省略)更に又伝ふる所に従へば、或る出品者は却って作者から発行所に金員を送って、絵葉書を調整して貰ふそうである。実質は二の次ぎとして、宣伝第一の現在の社会状態では、筆者が自家広告用の武器として、かかる手段を選ばうとするのも、一面無理からぬ次第であらう。[33]

　この原稿からは、後藤が絵葉書で儲ける出版社に対して、画家たちに印税のようなものを払うべきだと訴えるために、帝展作品の複製許可を与えないで反抗することまで考えていたことがうかがえる。ただし、他の画家たちが自分のアイデアに同意するか自信がなかったように見受けられる。すなわち、画家たちにとっては絵葉書が宣伝と広報の材料として重要だったことが垣間見える。
　実は、画家たちが自分の出品画の絵葉書を出版社あるいは写真スタジオに作らせることがあった。いつからこの習慣ができたのか不明だが、1942年の『全国美術展覧会出品案内』によると、以下の状況だった。

　入選作は記念の為め又は知人等に知らせの為めブロマイドを作ることが行はれて居る。これは現在二十枚参円で村井写真館その他専門にそれを受合って居る処があるし原色絵葉書は多く秋の展覧会に作られ、五百枚二十五円から卅円位の相場である。その方は、神田美土代町の美術工芸会とか、その外矢張毎年専門にやるところがあって、会場で注文を受付けるやうになって居るし、又画集を作って居る会などもある。それ等は皆各人の任意で、作り度くない者は注文する必要がない。然し自己の記録として

保存するにはブロマイドは便利であるし、原色絵葉書は多少職業的宣伝の資にもなる。[34]

ブロマイドとは、ブロマイド紙に印画された有名な俳優・女優の写真のことで、大正と昭和初期には大人気を博していた[35]。その関係から「入選作のブロマイド」とは、写真紙焼き絵葉書のことであると推測できる。

　伊藤寿美資料（42枚）の中には、本人が朱葉会展に入選した作品の絵葉書が14枚含まれている【図5】。いずれも写真紙焼きの絵葉書だが、1942年の第24回朱葉会の入選画を除き、裏は白になっている（つまり「郵便はがき」「Postcard」などの記がない）。厳密にいえば、絵葉書でなく同様サイズの写真であり、ペンで「郵便はがき」を記入すれば絵葉書になる。実は、新構造展に入選した画家杉山静が「伊藤秀紅先生」宛てに送った自分の入選画の写真紙焼き絵葉書が残されているのだが、その絵葉書も裏は何も印刷されず、ペンで真ん中に線を引き、「郵便はがき」の文字とメッセージが書かれている。伊藤寿美本人の絵葉書を除き、8枚の女性画家（紙焼き写真、朱葉会の入選画）の絵葉書と20枚の男性画家（原色版、日展入選画）の絵葉書がある。朱葉会の絵葉書は面識があった画家からもらった可能性が高い。

　甲斐仁代資料（29枚）の中には、本人の絵葉書は24枚あり、本郷美術展・北荘展・春台展・旺玄社展【図9】・一水会展・日展への入選画である。残りの5枚は、知り合いだった深澤紅子や田中田鶴子の入選画などが含まれる。また、1926年の

【図9】甲斐仁代《裸体》第5回旺玄社展覧会出品、1937年

第13回二科展入選画《花と人形》の原色版を除き、全て写真紙焼き絵葉書である。甲斐仁代は、自分の入選画を記録するためか、宣伝のためか、1930年代から定期的に作らせていたと考えられる。

4　消費

　美術展覧会絵葉書は、会場で販売されていたと考える。例えば、第3回の文展では、初日から一部の作品の絵葉書を、会場出口の近くにあった画報社の売店で売っていたことが雑誌記事からうかがえる[36]。その他には、特約の店舗でも購入可能だった。1926年10月に大阪市の栗本本店は、「関西特約大販売所」として、「美術のシーズン来たけり!!」と宣伝し、二科展・日本美術院展・帝展の絵葉書を販売していた[37]。展示期間が終わると、売れ残った絵葉書は、値段を安くして絵葉書屋や文房具屋など地方に流して売られたようである[38]。

　さらに、日本国内だけでなく、植民地でも購入可能であった。1927年10月28日の『台湾日日新報』内の広告によると、赤岡兄弟商会が台北で帝展絵葉書を販売していた[39]。台湾在住日本人の作家西岡ひでおは、帝展の絵葉書を集めていた一人であり、「上野の秋を飾ざる帝展も、遠く離れた島に久しく住む我等は従に憧憬にのみ駆られ、僅に新聞雑誌の写真版か絵葉書を見てその片鱗を窺うばかり…」と述べている[40]。この言葉は、絵葉書の普及と展覧会に赴くことができない人々にとっての絵葉書の意義を示している。

　美術展覧会絵葉書を楽しむ習慣は、展覧会にそれほど関心がない人の間でも広がった。これは、後藤工志の言葉からもうかがうことができる。

　　近時官設展覧会の絵葉書の売行きは素晴らしいもので、私の一知人の如きは、展覧会は覗かなくても、絵葉書は一寸人に出しても喜ばれるので、数種求める事にしている。

これを見ても、趣味の有無を問はず一般から展覧会の絵葉書が、いかに歓迎されているかが想像される。[41]

　現在、大量に残っている美術展覧会絵葉書は、ほとんど未使用の状態である。角にアルバムの痕がある絵葉書も多く、アルバムに収まったままのものもあるため、趣味で集められ大事にされたていたことが分かる。佐藤健二によると、絵葉書の大きさは郵便法によって定められていたため、保管がしやすい上、専用のアルバムなどといった商品が登場したことで絵葉書を集める趣味を促した[42]。当時、絵葉書を送る習慣が盛んだったが、使われた美術展覧会絵葉書はあまり残っていない。絵葉書を送る際には、季節や送り手と受信人の関係に適切なものを選ぶべきとされていた[43]。美術展覧会絵葉書は、自分の趣味をアピールできるものだったと推察できる。

　展覧会を観に行く人々と絵葉書を買う人の中には、女性がいた。これは新聞報道や同時代のその他の資料からうかがい知ることができる。例えば、女性向けの『モダンガールの文から』という手紙の書き方の手引きには、友人を帝展見物に誘う例文がある。さらに、「絵葉書を贈る」という例文には、帝展出品画の絵葉書を、目録や美術雑誌の帝展批評号とともに送る描写がある。送り手は、以前友人と一緒に鑑賞した帝展を今年は一人で観る気にならなかったが、結局たまらなくなって妹と一緒に観に行ってきたと述べている。地方にいて帝展を観ることができない友人に出品画の絵葉書を送る行動に、送り手の友人に対する温かい気持ちが表れている。友人からの返事も掲載されており、美術の秋に対する懐かしい思い出と感謝の言葉が綴られている。「帝展も今年は駄目なものと諦めて、新聞の批評さへ余り見ないやうに、諦めるやうに勉めて居りました。それに思がけなく有難い御贈り物、居ながら観覧することが出来てこんな有難い事は御座いません」[44]。その他にも、「画家への紹介」という例文では、「先生」の門下生になりたいと言っている親友に、先生が会うようお願いす

る手紙の一例が書かれている[45]。例文に載るほど、女性が展覧会に行ったり、絵葉書を交換したり、絵を学んだりすることが当たり前であった。

　熱心に絵葉書を収集する人々の中には、画家達もいた。当時の美術教育思想によると、画家を目指す人はできるだけ多くの作品を観るべきで、実物を観ることができない場合は図版の蒐集が推奨されていた[46]。そのため、雑誌などから切り抜いた図版をスクラップブックして、絵葉書を集める習慣が普及したと考えられる。現存しているそのような絵葉書コレクションの事例としては、陳澄波（1895–1947）と李仁星（1912–1950）が集めたものがある[47]。岡田三郎助は、次のように述べている。

　　（帝展・院展・二科・春陽会その他の団体があって）それ等美術品の発表機関となっているが、その時に見逃したら後になって見ることが出来ない。美術家が年々製作し発表するものが、恰度（ちょうど）音楽を聴くようにその場限りで日が経つに従ってその感銘は薄らいでゆく。絵はがきぐらいで曾ての印象を朧げに思い出すという程度では、まことに心細いと言わなければならない。[48]

当時は、東京に近代美術館がなかったため、展覧会が終了した後に、作品を再び見ることが困難だった[49]。岡田の言葉からは、近代美術館設立の必要性を訴えるために、絵葉書をやや軽んじているように受け取れるが、絵葉書が画家の記憶の助け・視覚的な刺激として機能していたこともうかがい知ることができる。

5　表象とジェンダー

　美術展覧会絵葉書は、展覧会向けに描かれ、審査を経て入選した出品画を、（画家が自費で作ったものを除けば）販売目

的で絵葉書として印刷された作品図版である。画家の主体性、審査員の基準、観衆の趣味などを内在し反映した商品だといえる。美術展覧会絵葉書をイメージ群として捉え、表象とジェンダーの視点から分析する際に、それを念頭に置く必要がある。言い換えれば、官展における女性画家の入選画の全体像を調べる場合は、図録のほうが参考になる。絵葉書を資料として使う場合は、女性画家が好んで描いた画題というより、展覧会の観衆と出版社の間では好まれた画題の研究になるのだろう。

　筆者の絵葉書コレクションは、66人の女性画家の作品を含む合計120枚に及ぶ。上村松園、伊藤小坡、埴原久和代をはじめ、1870年代から1910年代までの間に生まれた二三世代が含まれている【表1】。上村松園と伊藤小坡は、京都で日本画を学び博覧会や官展で出世してきた。埴原久和代は、1900年に設立した女子美術学校を卒業し定期的に二科展に入選を続け、女性で最初の二科会の会友になった[50]。美術展覧会絵葉書を参考にする以上、近代の展覧会と教育制度の中から出世した画家であるのは、必然であろう。画家たちの出品歴を調べると、歌川若菜のように一回のみ入選【図1】した画家がいる一方、入選を重ねて長いキャリアを積んだ画家もいる。

【表1】

	1870年代	1880年代	1890年代	1900年代	1910年代	不明	合計
日本画	2人	7人	6人	12人	2人	13人	41人
西洋画	1人	1人	3人	9人	3人	8人	25人

　メディアごとに分析すると、日本画家は41人、洋画家は25人と、日本画家の人数は洋画家の人数より二倍ほど多い。先行研究で指摘された通り、西洋画は男性的なものとして見なされ親が娘に油絵の勉強を許さなかった反面、日本画は、上流階級の女性の趣味として認められ学びやすかった影響だと考えられる。ただし、世代によってその比率が変わり、洋画家

の増加も見受けられる。明治末には水彩ブームが起き、趣味としての油絵が流行した。また、1926年の第7回帝展への搬入作品の数では、洋画の点数が日本画を上回ったことからも、女性の洋画家の増加は、画壇全体の変化を反映しているともいえる[51]。さらに、日本画には、台湾出身の陳進による文展入選画があり、西洋画には、イギリス出身の西脇マヂョリの二科展入選画【図10】があることから、東京画壇で活躍していた女性画家の多様性がうかがえる。

【図10】西脇マヂョリ《わたくし》第14回二科美術展覧会出品、1927年、美術工芸会

筆者の絵葉書コレクションにおいて、一番人多い画題は人物画で【表2】、そのほとんどは女性像である【表3】。「戦ふ少年兵展」の出品画に登場する少年たちを子供像として捉えるならば、男性像は西脇マヂョリの第20回二科展出品《道化四人》と、夫と二人の娘を描いた三谷十糸子の第1回文展《朝》の2点のみとなる[52]。風景画に当たるものは5点で、花鳥画と静物画は合計8点である。この数字は、女性画家が描く画題についての先行研究と合致しているところが多い。良妻賢母に基づく美術教育において、女性画家たちにふさわしい画題は「女性・子供・花」であるとされたため、女性にとっては写生が困難な男性の身体や風景がそれほど描かれなかった点はかねてより指摘されてきた[53]。ただし、絵葉書の特徴を考慮すると、展覧会向けの大きいサイズの代表作に女性像が選ばれていたのは、観衆に一番人気があったからであると推測できる。また、1933年の川合玉同著『日本画の描き方』によると、人物画は他の画題より難しいとされていた[54]。そのため、画家にとっ

図11　藤川栄子《ヴィナスのある静物》第15回二科美術展覧会出品、1928年、美術工芸会

ては、自分の熟達を見せるための適切な画題だったのだろう。それに比べ、花鳥画は、展覧会向けではなく、作品がより小さい掛け軸など、売れる絵に使われていたと思われる。静物画は、一部の画家の間では現代の生活を表現している画題として好まれていた[55]。1928年に二科展に入選した藤川栄子の《ヴィナスのある静物》【図11】は、壁に立て掛けている裏返したキャンバスの手前に石膏や美術雑誌などを並べて描いたもので、職業画家としての主張と読み取ることができる上、画家のアトリエを垣間見える絵として観衆の興味を引いたのだろう。

【表2】

	風景	静物・花鳥	人物	合計
日本画	2点	2点	69点	73点
西洋画	3点	6点	38点	47点

【表3】

	女性像	子供像	少年兵	男性像	合計
日本画	54点	11点	3点	1点	69点
西洋画	25点	1点	11点	1点	38点

　女性画家の作品が絵葉書になった女性像は、非常に多様である。裸体【図9】も自画像【図3、10】も歴史的な人物像も戦争色に染まった絵も存在している。女性画家像も数点ある。それらの作品の細かい分析はここでは行わないが、美術展覧会

絵葉書を通してそのような作品を見た際は、女性が描かれる対象だけでなく描く人にもなりゆく過程の中で、美術の大衆化と大衆のジェンダー観および女性の文化参加についてのさらなる考察が必要である[56]。

6　美術展覧会絵葉書が欲しがるもの

　美術史家W. J. T. ミッチェルに倣い、美術展覧会絵葉書が欲するものについて考えていく[57]。「見てほしい、集めてほしい、大事に扱ってほしい、愛してほしい、覚えてほしい、影響を受けてほしい、などなど」。美術展覧会絵葉書は、欲するものが多いといえる。大量に刷られた縮小図版として、日本全国から植民地にまで普及し、多くの人々の手と眼と心に触れた。大家の絵葉書が新人画家より多めに刷られることはあっただろうが、皆の作品がもとの大きさにかかわらず、絵葉書になったら他の絵葉書と同一のサイズにされ、同じアルバムに収納され、大衆に親しまれた。「近代美術は、多くの画家たちの活躍によって成立した。その中から数少ない代表作を選ぶのは無理だ」と絵葉書が私たちに言いたがっているのかもしれない。東京に近代美術館がない時代には、美術団体の展覧会が目に見えない美術館をなしていたが[58]、アルバムに収められた絵葉書たちもある種のポータブル美術館だった。

　美術展覧会絵葉書は、展覧会の名前を掲載している以上、展覧会の延長であって、展覧会の権威を示したがっている。実際、1927年の子供向けの国史教育の説明書には、「国運の進歩」という題目を教える際に、日本国防地図・日本交通全図・知名文士著の書籍数種や皇后東京慈恵医院に行啓したまう図と並び、帝展絵葉書が教具として勧められていた[59]。絵葉書は、近代の帝国主義の中で、文明開化を示すものとして設立された官展と、それを維持する審査制度という眼差しを具体化しているといえる。

　美術展覧会絵葉書は、原画と画家との距離を保ちつつも、

それらに親しんで欲しかった[60]。1920年代と1930年代において、画家というものは、大規模な展覧会に入選し名前が新聞で報道されることで、世間からは俳優やスポーツ選手のような「有名人」として認められていた。原画と画家の名前は、絵葉書の大量印刷によってさらに世間に広まったことからも、美術展覧会絵葉書が一つの評価基準であったことが分かる。ある画家の美術展覧会絵葉書が大量に残っているのならば、その時代に人気があった、注目を浴びた証明になる。そう考えると、官展や二科展に入選していた女性画家たちは、私たちが考えているほど無名ではなく、その時代によく知られていた可能性がある[61]。女性の画家たちが少なくて出世しにくい時代だったからこそ、活躍していた女性画家たちが目立ち、世間の注目を浴びたのではないだろうか。加えて、画家を単純に「有名・無名」という二項対立的にとらえるのではなく、「画塾の中で知られていた、どこかの地域で知られた、ある団体の中で知られていた、などなど」評判にもさまざまな規模があっただろう。絵葉書は、自分でお金を出してまで自身の絵葉書を注文する画家から、出版社が大量の絵葉書を印刷し儲けを得る画家まで、その幅を暗示してもいる。

　美術展覧会絵葉書は、美術への関心を鍛え、画家への道に導いて欲しかった。特に女性画家の絵葉書は、「女性でも入選ができる」というメッセージを内包し、最初の文展から上村松園や河崎蘭香などの絵葉書があり、次の世代の女性画家の進出につながったと考えられる。文展・帝展に定期的に参加していた油絵画家有馬さとえは、自らの生まれ育った環境を振り返った際、「油絵を見たことはありませんでしたが、十歳を越えてから、街の文房具屋で、始めて（原文ママ）三宅克己先生の水彩画の絵葉書を見つけて、買い集めました」と語っている[62]。彼女が集めていた絵葉書は、おそらく美術展覧会絵葉書ではなく、三宅克己がデザインした絵葉書だったと思われるが、視覚的な刺激というメディアの力を絵葉書からうかがうことができる。結局は、絵葉書のさまざまな「欲望」は、

絵葉書の行為主体性（英語では、agencyというもの）の表現である。

7 まとめ

　絵葉書は、佐藤健二が指摘した通り、社会の変化を記録しているものとして見ることができる一方、社会において独自の文化と世界の見方を形成した媒体としての考察も必要だ[63]。美術展覧会絵葉書も同様で、高度の印刷技術を活かした図版と集めやすい大きさをもって、出版社などによって生産され、展覧会会場のみならずその他の場所でも販売され、買った人によって誰かに送られたり蒐集されたりし、絵葉書ブームに乗って流行した媒体である。美術展覧会絵葉書を歴史資料として活かすためには、絵葉書の生産・流通・消費の研究が必要だ。本章では、現時点でわかっていることをまとめて、絵葉書を資料としてどうみるかを提示してきた。

　美術史の文脈で美術展覧会絵葉書に取り組むと、まずは、絵葉書の自らの物質的特徴と制作技術について考察できる。さらに、絵葉書が登場した時代を振り返り、大衆文化としての絵葉書の流行と、娯楽としての美術展覧会の見物習慣と関連付けられる。絵葉書の制作者、消費者、蒐集家の中には、女性と女性画家がいたことも、念頭に置かなければならない。また、美術展覧会絵葉書を基軸に美術史を書いた場合、前衛美術や一部の画家と団体に留まらず、一般の人々が直接あるいは絵葉書を通して間接的に接触した数多くの入選画を語ることになる。イメージ群としての絵葉書は、その時代に流行した画題と、画家たちの共通点と独自性を提示している。絵葉書は、失われた作品を探すきっかけにもなる。

　加えて、歴史学の「木目に逆らって読む」（reading against the grain）の方法に倣い、絵葉書が作られた目的とその裏にある価値観や常識を明らかにした上、それと違った解釈の可能性も検討できる[64]。絵葉書は、出版社にとっては、金儲けのため

に生産されたものである。画家にとっては、職業的宣伝を目指して作られたものである。常設の近代美術館がない中で絵葉書は、画家の教材であり、人々の娯楽であり、展覧会を見られない人々の代用品でもあった。雑誌の特集や画集など、他の同類の資料と比較することで、出版業界による美術の大衆化を辿ることができる。絵葉書の普及は、大日本帝国とその植民地における美術関連情報の流通の歴史の一部である。官展や二科展の女性画家の入選画は、点数が少なかったにもかかわらず、私達が想像している以上に多くの人々の眼に触れただろう。

　視覚文化論の「イメージの欲望」と歴史学の「クリティカル・ファブレーション・評論的手法による物語の創造」(critical fabulation)の方法で、絵葉書をめぐってさまざまな問いを立てることができる[65]。美術展覧会絵葉書は、展覧会の権力をどのように具体化したのか。絵葉書の有無や現存する枚数は、世間における画家の有名度あるいは画壇における画家の評価をどう表しているのか。絵葉書に掲載されている作品縮小図は、どれだけ人々の心を動かす力があったのか。絵葉書を集めていた人はどのような気持ちだったのか。絵葉書の普及が職業画家を目指す人々（女性を含む）の増加にどうつながったのか。絵葉書にならなかった作品は、どのようなものだったのか。これらの問いへのはっきりとした答えを見つけることは困難だが、問いかけることは重要である。

　ある歴史研究者は、「歴史資料は、敵として見るべきだ」と述べ、その敵から暴力を使って情報を奪う必要性を出張した[66]。筆者は美術展覧会絵葉書という資料に対して、強いて言えば友好的な態度をとり、その資料の欲望に応じた解釈の仕方を試みた。そこで筆者は自らの欲望に気がついた。なぜ女性画家の入選画の絵葉書を集めてきたのか。それは、紙芝居のように、一枚一枚を見せながら「こんなに女性画家がいたのよ」と語りたいためだった。他の研究者と一緒に女性画家の業績と作品を発掘していく、この喜びを感じたいためだ。

注

1 その例としては、2023年の東京国立近代美術館70周年記念『重要文化財の秘密』展では、51点の展示品の中には、女性アーティストのものが上村松園の《母子》という一点のみだったことが挙げられる。

2 小勝禮子、橋本慎司、鈴木かおる編『奔る女たち女性画家の戦前・戦後 1930–1950 年代展』栃木県美術館、2001 年。児島薫『女性像が映す日本——合わせ鏡の中の自画像』ブリュッケ、2019 年。北原恵「戦時下を生きた女性画家と"越境"——長谷川春子・谷口富美枝・新井光子」『ジェンダー研究』25 号、2022 年、65–84 頁。吉良智子『女性画家たちと戦争』平凡社、2023 年。

3 Lipscomb, Suzannah. "How can we recover the lost lives of women?" Carr, Helen & Suzannah Lipscomb, eds. *What Is History, Now?* Weidenfeld & Nicolson, 2021, 178–193.

4 例えば、『女性画家たちの大阪 = Osaka in the eyes of women painters: 決定版 !』大阪中之島美術館、2023 年、117 頁を参照。

5 国際日本文化研究センター『近代日本美術展絵葉書データベース』https://tenrankai.nichibun.ac.jp/top/（閲覧日 2024-04-19）。

6 向後恵里子「文展・帝展絵葉書」『彷書月刊』第 23 巻 6 号、2007 年、31 頁。劉建輝『絵葉書にみる日本近代美術 100 選』法藏館、2024 年（本章を出版社に入稿した後、2024 年 10 月に本書が出版された）。美術展覧会絵葉書でなく、絵葉書全体については、次の文献を参照。岩切信一郎『明治版画史』吉川弘文館、2009 年、289–297 頁。向後恵里子編『絵葉書関係資料コレクション：出版・流布・収集』金沢文圃閣、2019 年。Sato, Kenji. "Postcards in Japan: A Historical Sociology of a Forgotten Culture." *International Journal of Japanese Sociology*, no. 11, 2002, 35–55. Museum of Fine Arts, Boston. *Art of the Japanese Postcard: The Leonard A. Lauder Collection at the Museum of Fine Arts, Boston*. 2004.

7 Lipscomb, "How can we recover the lost lives of women?" 180. Maza, Sarah. *Thinking About History*. University of Chicago Press, 2017, 149.

8 Riley, Charlotte Lydia. "Why history should always be rewritten." Carr, Helen & Suzannah Lipscomb, eds. *What Is History, Now?* Weidenfeld & Nicolson, 2021, 287. Maza, *Thinking About History*, 150.

9 伊ông寿美（1896–1968）は、静岡出身で、私立不二高等女学校を卒業し、朱葉会と日本美術家連盟会員だった。雅号は、秀紅と聖香（ご遺族からの情報提供）。甲斐仁代（1902–1963）は、佐賀出身で、女子美術学校を卒業し、岡田三郎助師事本郷絵画研究所にも所属し、二科展、旺玄社、一水会、女流画家協会展など出品歴が多い画家である。ギャラリー呉天華『甲斐仁代——画集』2020 年。

10 織田一麿「民衆美術浮世絵」『婦人公論大学 15 美術篇』1931 年、115 頁。岩切信一郎によると、錦絵を売っていた絵草紙屋では、1900 年以降になると、錦絵が徐々に売れなくなって、そこで絵葉書の販売が行われるようになった。

11 岩切『明治版画史』289–297 頁。Sato, "Postcards in Japan," 39, 53. Museum of Fine Arts, Boston. *Art of the Japanese Postcard*, 9–70.

12 『絵画絵葉書類品附属品美術印刷製品仕入大観』大日本絵葉書月報社、1925 年。
13 印刷技術については、次の論文を参照。『絵はがき芸術の愉しみ展：忘れられていた小さな絵 フィリップ・バロスコレクション』そごう美術館、1992 年、242–244 頁；岩切信一郎「絵葉書の印刷について」22–27 頁、CD-ROM 版『宮武外骨編集　絵葉書類別大集成』解説目録、経葉社、2000 年。
14 向後「文展・帝展絵葉書」。
15 彫刻と工芸の美術展覧会絵葉書も存在するが、本章は絵画のみを研究対象にしている。
16 彫刻の作品の場合は、違う角度からとられた写真が絵葉書になることがある。
17 若月紫蘭『東京年中行事 下の巻』春陽堂、1911 年、286 頁。五十殿利治『観衆の成立：美術展・美術雑誌・美術史』東京大学出版会、2008 年も参照。
18 黒柳勲『絵葉書の栞』文禄堂、1905 年、11 頁。
19 第 1 部では、合計、171 点の作品が展示されたが、それ以外のものは無鑑査などだった。第 2 部では、合計 133 点の作品が展示されたが、それ以外の作品は、無鑑査などだった。日展史編纂委員会編集『日展史』第 6 巻、1982 年、656–657 頁。
20 『日展史』第 11 巻、672 頁。
21 向後「文展・帝展絵葉書」。
22 吉良『女性画家たちと戦争』35–42 頁。
23 『女性画家たちの大阪』10 頁。『日展史』第 6 巻、278–281, 336–338 頁；第 10 巻、90–98, 174–179 頁。
24 河崎ナツ『職業婦人を志す人のために』現人社、1932 年。
25 コウオジェイマグダレナ「自己に忠実に生きようとした画家――船越三枝子」『近代画説』29 号、2020 年 12 月、99 頁。
26 『塔影』「古今閨秀画家特集」1936 年 3 月。
27 『絵画絵葉書類品附属品美術印刷製品仕入大観』3、28 頁。
28 向後「文展・帝展絵葉書」。
29 「美術展覧会図録発行及陳列品ノ撮影印刷ニ関スル規定」『日展史』第 2 巻、600–601 頁。
30 「石川商店」『絵画絵葉書類品附属品美術印刷製品仕入大観』8 頁。
31 『栗本タイムス』第 23 号、1926 年。写真絵葉書の場合は、一枚ずつ制作されたが、コロタイプと原色版の場合は、8 枚の絵葉書を一枚の紙の上に印刷して切り抜く作業だったため、絵葉書のセットは、8 か 16 など、基本的に 8 の倍数となる。女流美術家奉公隊の「戦ふ少年兵展」の絵葉書は、8 枚ずつの 2 セットがある。
32 1921 年には、日本画 171 点、西洋画 133 点の入選画があった。『日展史』第 6 巻、278–281, 336–338 頁。
33 後藤工志「帝展の絵葉書問題」『みづゑ』1927 年、274 号、474–476 頁。著作権については、向後「文展・帝展絵葉書」を参照。
34 石野隆『全国美術展覧会案内』芸術学院版、1942 年、103–104 頁。
35 Sato, "Postcards in Japan," 43.

36 向後「文展・帝展絵葉書」。封筒に入った状態で販売されたと考えられるが、封筒はほとんど残っていない。
37 『栗本タイムス』第23号、1926年、10頁。
38 岩切信一郎から口頭で伺った。美術展覧会絵葉書の値段についての資料が少なくて、これからの研究課題である。
39 『台湾日日新報』1927年10月28日、5頁。
40 西岡塘翠「島を彩れる美術の秋──台展素人寸評」『台湾時報』1927年、12号、83頁。
41 後藤「帝展の絵葉書問題」474頁。
42 Sato, "Postcards in Japan," 44.
43 絵葉書を送るエチケットについては、黒柳『絵葉書の栞』を参照。
44 加島夏子『モダンガールの文から』大文館書店、1928年、239–240頁、327–328頁。
45 加島『モダンガールの文から』564–565頁。
46 美術の学び方については、例えば、山本鼎『油絵の描き方』アルス、1919年を参照。
47 陳澄波は、台湾出身の画家で、東京美術学校で油絵を学び、帝展に入選をしている。その絵葉書コレクションは、オンラインで閲覧できる。「財団法人陳澄波文化基金会」https://chengpo.org/search/?fwp_all_cat=collection01（閲覧日 2024-04-19）。李仁星は、朝鮮半島の出身で帝展への入選者である。その絵葉書コレクションは回顧展の際に公開され、一部は図録にも掲載された。National Museum of Contemporary Art, Korea 국립현대미술관『The Centennial Celebration of Lee In-sung's Birth, 이인성 탄생 100 주년 기념전』2012年、196–205頁。
48 「常設美術館の問題」『アトリエ』第10巻1号、1933年、6頁。
49 大日本帝国での最初の近代美術館については、コウオジェイマグダレナ「第7章 大日本帝国の「近代美術館」──徳寿宮と李王家美術館に見る「植民地主義的労働」」『メディアとしてのミュージアム』町田小織編、春風社、2021年、207–234頁を参照。「植民地主義的労働」は labor of colonialism の直訳で、「植民地主義という営み」のほうが適切な訳である。
50 「埴原久和代 日本美術年鑑所載物故者記事」（東京文化財研究所）https://www.tobunken.go.jp/materials/bukko/8489.html（閲覧日 2024-04-19）。
51 『日展史』第7巻、647頁。日本における水彩画の受容については、Wu, Chinghsin. "Colors of Empire: Watercolor in Meiji Japan." In: *The Visual Culture of Meiji Japan: Negotiating the Transition to Modernity*, edited by Ayelet Zohar & Alison J. Miller, Routledge, 2022 を参照。
52 兵庫県立近代美術館『三谷十糸子展──ひとすじの路──』1992年、34頁。
53 吉良『女性画家たちと戦争』58–59頁。
54 川合玉堂『日本画の描き方』京文社、1933年、140頁。
55 太田三郎『油絵の描き方』崇文堂、1950年、122頁。
56 この点については、フェミニズム＆アート研究プロジェクトのメンバーにご指摘を頂き、感謝を申し上げます。

57 Mitchell, W.J.T. *What Do Pictures Want? The Lives and Loves of Images*. University of Chicago Press, 2005.
58 Tomii, Reiko. "Introduction: Collectivism in Twentieth-Century Japanese Art with a Focus on Operational Aspects of *Dantai*." *positions*, vol. 21, no. 2, 2013, 224.
59 熊本県教育会『教科研究——算、歴、唱、図、農』熊本県教育会玉名郡支会教育研究、第5輯、1927年、182頁。
60 Sato, "Postcards in Japan," 35 を参照。
61 女性画家の絵葉書が男性画家の絵葉書より売れていたか、今後の研究課題だ。
62 河北倫明・鹿島卯女編『有馬さとえ——人と絵』鹿島出版会、1979年、79頁。
63 Sato, "Postcards in Japan," 36–37.
64 Lipscomb, "How can we recover the lost lives of women?" 180–181 を参照。
65 クリティカル・ファブレーションは、歴史学者サイディヤ・ハートマン（Saidiya Hartman）が提案し、資料について複数の質問や疑問を立てて出来事を想像していく手法である。Lipscomb, "How can we recover the lost lives of women?" 190–191 を参照。
66 Lipscomb, "How can we recover the lost lives of women?" 180–181.

第5章

戦争が宿命になるとき
――戦時下の教育紙芝居作品から

鈴木一史

1　はじめに

　戦時下の教育紙芝居作品からは、人びとが戦争を宿命として受け容れていった経過を読みとることができる。
　メディアは現実性をともなう欲望の産物である。たとえ絵空事でも注文主や出資者、作者らが生きる現実に根ざした欲望が盛り込まれる。対して受けとる側も、絵空事のなかに自身の生きざまや世界のありようを詳らかに照らす現実性がなければ説得的に受けとり得ない。かくてメディアには作り手と受け手それぞれの個と共同性のかかわり合い、欲望と現実性がともに刻印される。なかでも片面に絵を、反対面に説明や台詞を記して紙を抜きとり読み聞かせる紙芝居は、絵・文章・声を総合したメディアであり、多彩な情報から想像力を喚起する特性をもつ[1]。
　ここで紙芝居の歴史的文脈を知るため足跡を概観しよう。昭和初期に路地や空き地などの街頭で、菓子を売りながら子ども向けに演じられるようになり、人気を博した。制度面で

は1930年代に起こった残酷な内容や菓子の衛生面などへの批判[2]に呼応して警視庁が注意を発し[3]、1938年には発行前の検閲、書かれた文字どおりの実演が定められた[4]。普及面では宗教活動・幼稚園・左翼運動などでも使われたとされる。組織面では東大セツルメントに所属しプロレタリア教育運動にたずさわった松永健哉らを中心に、教員や児童文学者らが1937年に日本教育紙芝居連盟を、翌年には発展的に日本教育紙芝居協会(以下、本章では「協会」と表記)を結成した。協会には元左翼運動家[5]や著名な画家に師事した者[6]など主に知識人が集った[7]。協会は教育紙芝居という分野をかかげ、人気取りだけの即興的な街頭紙芝居とは異なり健全であると、その特徴を強調した。同時期に政府や軍が紙芝居に注目し、貯蓄や物資供出など戦争への支持と協力を要求する作品の監修や制作を行った。作品は旧植民地を含む各地の書店や楽器店、百貨店など[8]で販売された[9]。

　つづいて教育紙芝居にかかわる研究動向を概括したい。眼目は作品発見の進展、内容についての傾向分析の展開、担い手や実演環境の解明である。第一に日本・台湾・韓国など旧植民地を含む各地で作品の発見がつづいている。第二に貯蓄や物資増産といった同時代の国策を明示的に宣伝する作品群、家族愛や傷病兵援護など銃後に生きる者の模範像を示す作品群、民話などを教訓的に取りあげ同時代の戦争に結びつける作品群、芭蕉や一茶など歴史上の人物の事績を紹介する作品群などに大別される傾向が判明した。第三に各地域で教員や方面委員、自治会長などのサブリーダー層が担い手となり、住民があつまり話し合う常会などの場で演じられた実態が判明した[10]。戦時下の教育紙芝居は子どものみならず大人をも対象とし、戦争を行う意義の説明や協力の必要性を宣伝した。

　それでもメディアの内容に個と共同性に根ざした欲望と現実性が刻印される以上、教育紙芝居研究の要諦は作品分析にある。作品の発見や担い手、実演環境の解明はあくまで基礎的な情報の蓄積と位置付けられよう。かかる蓄積の上に、の

がれがたい戦争という現実のもとで教育紙芝居作品が示した戦争の意義や模範的な人間像を、そして人びとが受けとめた文脈を作品にそくして析出する仕事が必要である。ただしメディアの言葉は一様でも、人びとの受けとめ方は多様だ。そして作り手や送り手のねらいは齟齬をともない受け手がとらえる。したがって作品の内容から宣伝的・翼賛的な要素を抽出したり、観た人びとの感想を同意か違和かに腑分けしたりするだけでは踏み込みが足りない。必要なのは欲望と現実性とのかかわり合いを変化の相においてとらえる叙述である。ここで論をすすめるうえでの方法を次の一節から導出しよう。

> 人間にとってほんとうの思想問題は、こういう(筆者注：自分の「歴史的」条件から生まれてくるイデオロギー的立場を指す)歴史的条件の中でゆれ動きながら、なおかつその中で自分の主体を守ろうという知的な努力の中にある[11]

今を生きる「わたし」という個は時代と風土の子である以上、固有の情況やイデオロギー、「われわれ」という共同性を超えた感じ方、考え方、態度は得られない[12]。さりとてそれらを抜きに物事を認識し立場を選びとることも難しい。個別性の深化と共同性の拡張はときに対立するゆえ、個が時代情況や国家、社会とかかわり生きるなかで、喜び勇んで順応し、あるいは些事や必要事と割り切り対応し、ときに「わたし」という存在を揺るがす危機と判じて応戦する。ここにおいて各々のゆずれない一線は多様かつ可変である。個と個をとりまく世界がともに変化するなかで、個が現実との「妥協の原則を探る」[13]努力を継続する過程において、「わたし」なりの思想が形成される。

かかる見解を戦時下の教育紙芝居作品を考察する方法に応用しよう。戦時下において国家は人びとに協力や貢献をもとめ、勝利のために個人の生より共同性が優先された。けれども個

人の主体的な意志と決断に拠る没入なくして「戦争を持続させる原動力となった一般大衆のエネルギー」[14]は発生しない。ゆえに教育紙芝居作品が人びとにもとめた戦争への協力や国家への献身の内実を読み込み、人びとが作品を縁に「わたし」の代えがたさの発見と、「われわれ」の一員としての戦争への没入とを調和させた過程とその消息をあとづける叙述が必要となる。すなわち本章は、教育紙芝居作品を素材に戦時下を生きた人びととの戦争協力にかかわる説得と納得の回路を解明するこころみにほかならない[15]。

以上の問いと立場から、本章では戦時下教育紙芝居作品のコレクションを有する神奈川大学日本常民文化研究所附置非文字資料研究センターの所蔵作品[16]から、同時代に人気を博した協会発行の三点を集中的に検討する。具体的には作品の内容と協会機関誌『教育紙芝居』『紙芝居』[17]にみられる人びとの反響や評価とを突合し、内容面の特徴と受けとめ方の文脈、そしてそれらの変遷を筋道立てて再構成したい。

なお資料引用は、読みやすさを考慮して現用字体に適宜修正するとともに、煩雑さを避けるため所蔵先のコレクション番号を注で示し、作品からの引用注は最小限にとどめた。

2　贅沢を優先する——『貯金爺さん』の工夫

1938年、昭和恐慌で失業者が多く参入し俗悪な娯楽とみなされていた[18]紙芝居の印象を変えるべく、協会は「国策紙芝居」シリーズ[19]を発行し、文化的な立場から国策の宣伝を担った。本節では、同シリーズの代表作である『貯金爺さん』[20]の改訂版を素材に、教育紙芝居が国策を正当化した論理と宣伝上の工夫を考察し、その成否を検討したい【図1】。

主人公は工場の受付で働く老爺・浅見伝八である。伝八は出征中の一人息子・伝吉からの手紙で、弾薬の補給がないまま機関銃を撃ちつづけ負傷した事実を知る。弾薬不足で息子が死んでは諦めきれないと思った伝八は、政府がそれらを増

【図1】『貯金爺さん』改訂版表紙（1939年12月 神奈川大学日本常民文化研究所附置非文字資料研究センター所蔵。当該作品の所蔵先は以下同）

産しない理由を地域の有力者（「区長」）に尋ねる。莫大な戦費を賄うため節約が重要と知った彼は翌日から屑を集めはじめた。のみならず工具や子どもに貯蓄を説き、非協力的な者（「買溜婦人」）を叱り、「貯金爺さん」と呼ばれるようになる。やがて地区では貯金報国の大会がひらかれ、回復した伝吉からは陣中貯金の決心を伝える手紙がとどいた。伝八ひとりの覚醒と啓蒙が周囲を感化する様子が描かれ、個人の貯蓄を国家への貢献に直結させた点が特徴といえる。

　『貯金爺さん』は国民貯蓄奨励運動とかかわり作られた[21]。1938年から開始された同運動は、消費の抑制による国債の消化をはじめとしたインフレ対策が目的だったとされる。大蔵省の外局として国民貯蓄奨励局が置かれ、各地で貯蓄組合の設置がすすみ、銀行の貯金や金融信託、郵便局の簡易生命保険加入などをとおして貯蓄が奨励された[22]。『貯金爺さん』は同局との擦り合わせを経て制作され、試演では「居合せた皆の者が期せずして「之はよい」と叫んだ」[23]という。大蔵省の大量買上げもあり初版3,000部が発行された[24]。

くわえて宣伝もさかんに行われた。同年12月に大蔵省が協会との共催により「街頭デー」を開催し、同省職員や小学校教員らが銀座・新宿・上野・神田などで[25]、翌年1月には協会関係者が新宿京王駅前広場・銀座・上野・浅草など東京市内46か所で実演を行った[26]。なかでも銀座では延べ32,000人以上の観客を得たという[27]。協会設立にかかわった紙芝居作家はこうした盛況を「大蔵省の「貯金爺さん」(ママ)また教育紙芝居の国策線に協力して実績を挙げ得た好箇の一例であり、之の作を引提げた東京会員の街頭進出は教育界の画期的な出来事でもあつて、この作は一時紙芝居の代名詞の如く全国的になつた」[28]と書き残した。この回顧からは、教育紙芝居の有用性を知らしめたい欲求と、国策の伝達をとおして社会に影響をおよぼし得たという手応えからくる昂揚とを読みとれよう。

　虐げられ見下された者が汚名を雪がんと努めるとき、自身の服する秩序や集団に徹底して忠誠を尽くし、ひるがえって自分こそがそれらを体現しているという正義感や優越感を精神的支柱に据える。協会関係者は国策に沿う作品を広めることで紙芝居の地位向上をはかり、教育紙芝居の認知という成果をもって充実感を得た。

　しかし物事は、伝える側が酔い痴れ昂るだけでは説得的に伝わらない。伝えるメディアと内容の優越性を示し、伝える相手を把握し、伝わる工夫をほどこす。すべてがかみあったとき、相手が意味を解する素地がととのう。具体的に確認しよう。

　まず教育紙芝居の価値は、街頭紙芝居との差別化により見出された。「「説明のし方」が重要です。街頭の方は、筋だけしつてゐて、説明はデタラメにやります。こちらは絵とことばにギヤツプのない一言一句もゆるがせにせぬ説明をする」[29]という協会関係者の発言からは、即興的な街頭紙芝居は国策の伝達に不適であり、たいする教育紙芝居は正確な説明で誤りなく国策を伝えられるという優越性の提示をみてとれる。

　つづいて教育紙芝居を観る人びとが見下された。協会関係

者は茨城県の支部の様子について、「国防婦人会は、結成式の日たつた七学級の、三つしか昇降口のない学校で、どこから上つたか忘れて散々に履物をとりちがへて帰つた女たちなのだ。「貯金爺さん」さへも実演の技術によほどたよらねば理解させられぬことを考へ、「銃後の力」にこぼす涙を吟味してやる親切さを持たねばなるまい」[30]と記した。観客は国策を理解する知性に欠け、刹那的に感動するような程度の低い人間と侮蔑された。

　そして侮蔑しているから伝える工夫が一層重要になる。知性に欠けるから物事を単純化し、自律的に国策を守れない。ならばたがいに見張らせることで守らせればよい。あるいは自尊心へはたらきかけ、あなたこそが戦争をささえているのだと褒めればよい。貯蓄に直接かかわらない背景説明を削除し、国策への順応度合いの相互監視を奨励し、懐柔的な表現を使い、出征者家族の誇りにうったえた。

　かかる工夫の中身を『貯金爺さん』の文字面への書き込みから検討しよう[31]【図2】。いつ、どこで、だれの手によってほどこされたかはわからない。しかし戦後に実演された可能性

【図2】書き込みの一例（文字面7枚目）

は低いため、戦時下に書かれたとみてよい。主に青色と赤色があり、青色は台詞の話者[32]や内容の追記、取り消し線に、いっぽう赤色は文言の位置変更に充てられている。

　工夫の一点目たる背景説明の単純化は、主人公の伝八が区長から貯蓄についての説明を受ける場面[33]に顕著である。脚本には戦費や資源の必要性、為替の重要性、無駄遣いの有害性、貯蓄の意義が細かに説明されている。しかし書き込みでは公債発行や軍需工場増設、日露戦争と日中戦争との規模比較、為替の仕組みなどの話題が青線で消されている。貯蓄以外の要素や歴史的経緯が省かれたことが分かる。

　工夫の二点目たる相互監視を奨励する加筆は、伝八が買溜婦人をいましめる場面[34]に代表される【図3】。買溜婦人は「自分の金で買ふのに、あんたの干渉など受けませんわ。まるでお巡りさんみたいに」と抗弁する。たいする伝八の返答が変えられた。脚本では「お巡りさんは、とがめんでよいことを、とがめんるんじやないでせう。とがめんけりやならんもんなら、誰れがとがめたつてよろしからうがな」と一般的な不道徳への注意が肯定される。いっぽう書き込みでは「お巡りさんだつて誰だつてあんまりな仕打ちを見た時にはとがめる方がえ、

【図3】主人公が買溜婦人をいましめる場面

とわしは思つてるんだよ」「それがお国のためにならねえときにやなほ更だまつて居られねえだ」と、国策への不適合も注意の対象にくわえられた。ただし元の脚本では貯蓄の目標額が示されているものの、買溜は「国家の経済に重大なる影響をも及ぼす」と記されるだけで、数値をはじめ具体的な基準は示されない。

　工夫の三点目たる断定から呼びかけへの語調の変更も同じ場面にみられる。伝八による買溜婦人への注意を「ひどいと考へますか。もうさうなら、あなたの心にはまだ　　すき間があるのです」と断ずる一節の後段が、「よく考へて見て下さい」という呼びかけに直された。国策への協力は自発性が重視された。

　工夫の四点目たる出征者家族への称揚は、冒頭で戦地の息子の活躍を祈る場面[35]に顕著である。伝八の様子について、「み国のために一人息子を戦場に送つた親心は如何に尊いものでせう。グツト胸を張つて「軍務のためだ」と誇らかに叫びたくもなるでせう」と心構えをたたえる文言が加筆された。子を喪うかもしれずとも、出征者家族になることは誇りとして称揚された。

　されど内容をかいつまみ、口調をやわらげ、観客をたたえるだけでは、国策が心を打つには至らない。人びとの注目をあつめる技術も必要である。結果、教育紙芝居を演じる者は差別化したはずの街頭紙芝居の実演技術を恃んだ。「うつかりしてゐると活弁のまねをした声色を出して見たり、拍子木をたゝいて見たりして、街頭業者の気分を出さうとする。又会衆も、ともすればそんなのを上手だとか面白いとか云つて歓迎する傾がある」[36]との観察からは、街頭紙芝居の技術を安易にもちいる実演者と、内容ではなく実演の技術を評価し楽しむ観客の様子を読みとれる。ここに協会関係者が教育紙芝居と街頭紙芝居との違いを強調して地位向上を企図したにもかかわらず、実際には街頭紙芝居の実演方法に頼らねば国策を満足に伝えられなかった矛盾[37]があらわれている。

かくのごとく『貯金爺さん』には表現の工夫がほどこされ、耳目を惹く技術も使われた。にもかかわらず、貯蓄について国策への協力という以上に関心を喚起したとはいいがたい。次にかかげる貯蓄奨励の講演会における工員の感想には、貯蓄よりも優先された欲求の存在を見出せる。

　　貯蓄の重要な事はよく判りました。然し我々は何年か全く恵まれない生活をして来ました。何時か浮び上る時が来れば余裕ある生活もして見たいといふのが最上の願ひであつたのですが、今漸くにして其の時が来たのです。どうか私共は此の小さい願を実現させて貰ふ為幾分か金も使ひませうがその金を受取つた方々によつて貯蓄をして戴きたいのです[38]

　肝心なのは、工員が「余裕ある生活」を「最上の願ひ」であり「小さい願」でもあると言明する両義性にある。貯蓄より贅沢を優先したいという欲求は、昭和恐慌後の戦時景気による経済的上昇を時代背景として指摘できよう[39]。いっぽう貯蓄せずとも戦争に影響などあるまいという認識は切迫感の欠如を推測させる。すなわち、かかる認識の両立は個から懸隔した存在であろう国家の存続への信用、戦争には負けまいという見通しにもとづく余裕、それゆえ贅沢が選択肢として存立し得た情況とに拠っている。作中で主人公による国策の実践と啓蒙が国家への貢献に直結したのとは反対に、作品を観た人びとには、自分ひとりの貯蓄など戦争という大規模な国家の営為には直結しまいと映った。しかも国家が制度を設け推奨しても、過去の経緯や非協力による未来への悪影響は具体的に示されない。それゆえ現在において貯蓄をもとめられたとて応じる必要性に乏しい。日中戦争開始直後の教育紙芝居作品で宣伝された貯蓄とは、国家や生命の存続にかかわる現実的な義務ではなく、徳目のひとつでしかなかった[40]。

　『貯金爺さん』はインフレ対策を目的とした国民貯蓄奨励

運動に合わせて作られ、教育紙芝居の代表的作品として頻繁に演じられた。多くの人びとに伝わるよう説明の省略や修辞の変更がほどこされ、差別化した街頭紙芝居の実演技術まで使われた。しかし戦争が生命の危機として迫らない情況で貯蓄は現実性をもち得ず、現在の贅沢という欲求が優先された。

3　運命をひきうける──『軍神の母』の感動

　1941年、太平洋戦争開戦を機に協会は紙芝居の果たす役割として、国策の宣伝のみならず芸術性の獲得や出征者遺家族の援護をかかげた[41]。本節ではかかる試行の成否を、「読者の最も好まれる作品」[42]であり、「大人の作品の中で農村に持つて行つて一番効果のあがつた」[43]と評された翌年発行の『軍神の母』[44]から検討する【図4】。

　主題は1941年12月の真珠湾攻撃で戦死し、後に広く報道され功績がたたえられた「九軍神」の一人、上田定の生涯とその母の献身である。広島県の上田家で定の母・サクは子に教育を受けさせたいと強く願い、材木運びなど種々の内職に勤しむ。

【図4】『軍神の母』表紙（1942年6月　神奈川大学日本常民文化研究所附置非文字資料研究センター所蔵。当該作品の所蔵先は以下同）

母に感謝しつつ中学を卒業した子は海軍軍人となり戦死したが、母は子を偲びつつ変わらず材木運びをつづけた。

『軍神の母』の特徴は、戦争への協力や国家への献身を強調しない点にある。母は畑仕事を子に覚えさせるようすすめられても、夫に労われても、子の希望を尊重し子の人生を優先する。いっぽう子は海にあこがれ、海の重要性を考え、出身中学や家から海軍軍人に就いた者がいないという理由で当然のこととして海軍を志願した。働きづめの母に涙して感謝し、長寿と息災を希った。たとえ正当性を含む主張でも声高にさけぶばかりでは説得力に乏しい。むしろ為すべきと見定めた物事にだまって取りくむ姿が、真情をともない雄弁に主張を伝える場面もある。母は兵士となるべく子を育て送り出し、子は兵士として国家を守る。前線と銃後という各々がぞくする領域と果たす役割は截然とわかれつつ、母子のいとなみが国家への貢献に直結する当然のありようとして描かれた。

ここで時代背景を一瞥しよう。前節の『貯金爺さん』が初めて発行された1938年、陸海軍の総兵力は142万人だった。約4年後、『軍神の母』が発行された1942年には282万人に倍増した[45]。太平洋戦争開戦により戦争へ行く、あるいは送り出す未来が多くの人びとにとって現実となりはじめた。徴兵は法制度である以上、人びとの順守する意思に基づく行動があってはじめて実現される。とはいえ『軍神の母』は国家による法的拘束力という要素を明示せず、心構えとしての従軍をすすめた。

ただし時代情況に適合的な心構えを示したはずの『軍神の母』は、登場人物の長時間労働を示した文言[46]や絵が批判された。とくに絵は主人公らの故郷を描いた場面について、「春になつてゐるのに、今やつと芽が出るとはおかしい。麦は冬の間に(冷冬期……特に広島県一帯は)芽を出して、春とヽもにグン／＼伸長して行くものである。雪がとけて麦が出て来たのをこの様に表現したのか知らぬがそれなら外に表現法もあらうといふもの」[47]と不正確性を指摘された。この場面は空と山を背景に畑が配され、畑には植物と思しき緑、薄緑、黄色の線が斜め

【図5】主人公の故郷が描かれた場面

に引かれる【図5】。先の批判は地面に単調な緑線を描いただけでは麦の発芽を視認できず、表現として誤りだという意味であろう。写実性を欠いた中途半端な表現に感動はないという前提がうかがえる。

なれど対象を正確に細かく描き込む努力が感動をあたえるとは限らない。『軍神の母』が感動を呼んだ要因は絵ではなく物語だった。「「軍神の母」の絵なんか粗雑な絵です。一枚づゝ取りあげて見ると、何の感激も覚えないのですが、舞台に入つて実演されると引摺り込まれる」「『軍神の母』の絵は実際ひどいですよ。……千二百人ばかり集まつてゐるところで『軍神の母』をやつた。後ろの方はもちろん聞えないのだがそれでも感動を与へたのは……あの物語から与へるんです」[48]という発言からは、絵の写実性や精密性ではなく、母がやがて戦死するとて子に尽くし、子は母に感謝を忘れず死に征くという筋書自体が感動をもたらした様子を読みとれる。

しかも感動は親子の情にとどまらず、母親が戦争への協力に使命感を抱く効果をも醸した。ある国民学校で開かれた母の会において『軍神の母』が実演された際、材木を背負う母に

【図6】「母の会」で供え物を捧げる様子を描いた挿絵

子が感謝をささげる場面ですすり泣きが起こり、子の戦死という母への恩返しの偉大さを説く場面でより激しくなり満場へ拡がった。会には奇しくも九軍神の親類が出席しており、供え物を紙芝居の舞台に捧げ、黙祷した様子は「誰も誰も最愛のものをよろこんで御国に捧げ得る快心のついた、はれやかな美しい母の表情であつた(ママ)」[49]という【図6】。この報告には会場の母達が子を兵士として送り出すいとなみを生きる意味とみなし、快く決意をかためた様子がみられる。少し時期は下るが次の一節が示すように、かかる使命感は観客が『軍神の母』を自身の境遇や行く末と重ねる心情により裏打ちされていた。

　　自分たちの身につまされての、一つ一つの生きた親しさの中から、なるほどさうだその通りだと、観る者がうなづけるものでなければならないのだ。「軍神の母」に

扱はれてゐる題材や、その作中の人々の運命には、さういふものがあるのである。謂はゞ、その作中の人たちの運命が、そのまゝに自分たちの運命でさへもある。[50]

　ここでの「運命」とは、やがて必ず自分が戦地へ赴く、あるいは戦地へ向かう身近な人を永訣の覚悟で見送る局面の確実な到来を意味する。すなわち自分の意志では避けられぬ死別という確定的な未来のために、現在を生きる意味が見出された。かくのごとく死をともなう運命ならば自分なりの得心を経て服したい。けれどひとりでは乗り越えがたい。「自分たちの運命」という一節からは、見ず知らずの母子の物語であるにもかかわらず、『軍神の母』が自身の、ひいては周りの皆の生の意味を顕わにし、皆で兵士を育てることが国家への貢献だという納得をあたえる効果をもった様子を看取できる。ここに人びとにとっての戦争は、国家の遂行する他人事から自分の生に意味をもたらす運命へと転換した。
　『軍神の母』は真珠湾攻撃で戦死した九軍神の兵士と母を題材に、国家への貢献を志す主人公と彼をささえる母の献身を描いた作品で、戦争への協力や国家への貢献を直接的に強調しないという特徴を有した。太平洋戦争開戦をきっかけに兵力動員が増えるなか、戦争は貯蓄のように協力するか否かを選べる他人事ではなくなった。人びとは『軍神の母』をよりどころに確定的な未来とみなした死別から現在の生を意味付けるという文脈において、運命としての戦争をひきうけた。

4　宿命に賭ける──『爪文字』の絵

　1943年、ミッドウェー海戦の敗北を境に、協会は交戦相手への憎悪を紐帯として前線と銃後の一体化をうったえた[51]。本節では、戦争末期の教育紙芝居作品におけるかかる特徴の表出を、同時期に好評を得た『爪文字』[52]【図7】から検討する。
　題材は同年1月から9月にかけて陸軍第51師団と米豪連合軍

【図7】『爪文字』表紙（1943年12月 神奈川大学日本常民文化研究所附置非文字資料研究センター所蔵。当該作品の所蔵先は以下同）

によりニューギニア戦線で行われたラエ・サラモアの戦いである。作中、藤田少尉率いる決死隊は敵上陸部隊の進撃の阻止と高地の守備を命じられる。アメリカ軍の飛行機による圧倒的な攻撃力の前に味方の航空部隊の奮戦むなしく敵が上陸し、決死隊は敵の爆撃と機銃掃射に苦しみ玉砕を決める。藤田少尉は飛行機さえあれば勝てると強調した家族あての遺書を残した。玉砕後、彼らが守った高地の山頂には、岩に爪で刻まれたと思しき「てんのうへいか　ばんざい。ヒカウキ　ヒカウキ」という文字があった[53]。

　陸軍省による制作方針の明示が『爪文字』の特徴である。その経緯については、協会関係者による「陸軍省報道部の山内大尉殿が見えて、かういふ方針で書けと話をして下さつたのです。それを聞いた作家の松永さんが早速帰つて、自分の持つてゐる材料の爪文字の事実だけを書くのでなく、是非飛行機を作らなければならぬといふ山内大尉殿に聞いた話を取り入れて書いた」[54]という発言が残されている。『爪文字』は同時期の戦闘を題材に、陸軍省が人びとへの周知を望む飛行機の増産を主題に作られた。

ここで注意したいのは主題と宣伝内容との均衡であり、換言すれば「事実だけを書くのでなく」という一節の内実である。宣伝内容の優先は、藤田少尉の遺書[55]に明らかであろう。「飛行機さへあれば　必ず勝てる。もう数機あれば　十機に勝てる。もう一万機あれば　ソロモンに勝てる。もう十万機あれば、勝利は即座に日本のものだ」という文言には、作戦や飛行機の性能、兵力、補給といった戦闘における多種の要素が捨象され、飛行機増産のみが勝敗を分かち、銃後の尽力が戦争の勝利に直結するという現実認識の単純化がみられる。また「てんのうへいか　ばんざい。ヒカウキ　ヒカウキ」という爪文字は、戦闘直後の新聞報道[56]によれば「死守」という文字であったという。戦闘という現実の複雑性をしりぞけ、報道内容との相違を犠牲にしてでも、宣伝内容を飛行機の増産に集中させた。

　にもかかわらず軍は教育紙芝居への不満を表明した。『爪文字』発行後の座談会での海軍大尉による「紙芝居で問題になるのは脚本の遅れではないかと思ふ。戦争の現段階と歩調を共にしなければならぬ。芸術的作品で永久に残るものでなく、戦時意識の昂揚で、即時的なものですから、それだけに戦局の動きをマッチして行かなければ何にもならない。……紙芝居の脚本の一番大切なことは、戦局と歩調を一にすることです」[57]との発言からは、教育紙芝居などその場限りの宣伝の道具でしかなく、戦況を連報的に伝えれば充分であるという意向を読みとれる。『爪文字』は題材となった戦闘の終結から約3か月後の印刷納品だが、国策を簡潔に伝える役割を自認したはずの教育紙芝居は時代情況に対応できていないとみなされた。

　ただし脚本が即時性に欠けるという指摘がなされたいっぽうで、『爪文字』の絵における軍装に着目すると、観る人びとへの配慮がうかがえる。

　第一は、行軍の場面における日米両軍の装備の描写変更である【図8】。まず日本の陸軍兵士の描写には防暑衣（半袖・半ズボン）を着て銃剣を持つ様子や、脇に雑嚢とおぼしき袋が

【図8】藤田少尉の隊が行軍する場面

【図9】アメリカ軍が行軍する場面

【図10】守備隊が玉砕の覚悟をかためる場面

みえる。だが実際の行軍では背中に食料や着替えを詰めた背嚢、携帯用シャベル（円匙）、携帯天幕、飯盒など多数の装備を背負うため、作中の描写は実際より軽装である。また兵士の上衣が白色だが、同色のワイシャツは士官が開襟式防暑衣の下に着るもので、実際とは異なる階級の兵士が着用している[58]。つづいてアメリカ軍の行軍場面では帽子とワイシャツが白色だが【図9】、太平洋戦争開戦直後の同陸軍は太平洋戦域でカーキ色のシャツとズボンを採用し、後にオリーブドラブ色（暗いオリーブ色）のHBT作業服が使われた[59]ため、いずれも作中の着色と異なる。以上を約言すれば、両軍とも集団で兵士が描かれる場面では、敵から身を隠す迷彩色ではなく目立つ白色で軍服が描かれた傾向を見出せよう。実情に合わせて描けば兵士が周囲の風景に同化し判別できず、多くの荷物を描けば人間の見分けがつかない。ゆえに色を白に変え、荷物を少なくして人物を目立たせたと推測できる。

　第二は、少人数の場面における日本軍の軍装描写である。終盤、日本軍の守備隊がジャングルで玉砕の覚悟をかため、数名の兵士のみが描かれる場面【図10】では軍服が迷彩色で描かれており、実際の軍装に近似する[60]。かかる特徴は先に挙げた行軍の場面と対照的である。すなわち意図せず誤った、もしくは細部を考慮せず描いたのではなく、あえて実態と異なる描写を行い視認性の向上をはかったとみてよい。

　こうした絵の工夫は紙芝居画家が抱く誇りの発露だった。「私共の仲間には文展、二科、その他に展覧会の出品者が多く、デッサンも構図も、絵画的な勉強は一通りはして来ました、……時間は極めて短時間、印刷上の都合で使用色数の制限、どんな構図でも一定の横長い四角の中に納めるといふやうな悪条件の中で、尚且つ紙芝居本体をつく絵画を描き、幼は三歳の乳呑み児から老いては八十の老人にまで、一目直截にわかる絵を描く事は、誠にアトリエ画家の考へも及ばぬ大仕事である」[61]という一節に彼らの自尊心があらわれている[62]。「アトリエ画家」とはアトリエで好きな絵を好きなように描く画

家という意味の揶揄であろう。絵画を志しながら[63]名を挙げられぬ紙芝居画家たちは、種々の制約[64]を克服し明快な絵を器用に描けることを「大仕事」と誇り、「アトリエ画家」より優位に立ったと自認した。

ただしいくら器用さを誇ろうとも、対象への徹底した観察と画家の思い入れなくして感動はうまれない。紙芝居画家たちの工夫や自尊心は、自身の絵の世界を深める画家からすれば個性の欠如、手抜きの露呈でしかなかった。作品講評における日本画家・福田豊四郎の「三種四種と続けて見てゐると、どれも同じ感じが出て、錯覚を起して来ます。……画家諸君の心の底に、展覧会の出品画だから熱心に描く、紙芝居の絵だから安易に描く、といつた気持がひそんでゐるからではないか」[65]という苦言は、教育紙芝居作品を手がけた画家たちが粗製濫造に終始し、教育紙芝居に人生や画業の重心を傾ける意義をついぞ見出せなかった帰結を示している。『爪文字』にかかわった陸軍大尉も同様の評価を下した。「総体にどの作品も絵が粗末過ぎる。紙芝居の絵は遠見をきかせる必要がある事は云ふまでもないが、それにしても総体に粗末過ぎると思ふ。と云つて、克明に描いたからよいといふのではない」[66]という発言は、先にかかげた軍の不満と考え合わせれば、教育紙芝居の作り手が発注主の要求に応えられなかった証左といえよう。

しかるに、「同じ感じ」の「粗末過ぎる」絵でも観る側が思い入れ深く読み込めば、専門家や注文主にとっての駄作も琴線に触れる名作となる。『爪文字』は涙なしにみられないという手紙が実演後に届き[67]、黒山の人だかりでの実演後に観客が真新しい高額紙幣を投げ込む[68]など大きな反響を呼んだ。背景には銃後の人びとによる前線の兵士への後ろめたさが想定される。「一機でも多くを前線に送らなくては、国民として相済まぬことを、ひし〴〵と感じた次第である」[69]という評言からは、人びとが戦争への協力が不十分であると自責の念を抱くことで戦争協力がすすむという認識をみてとれよう。『軍

国の母』において銃後の人びとは前線に征く兵士を育てる役割をもとめられたが、『爪文字』では前線も銃後もなく人びとの尽力が必要とされた。

かくのごとき高い評価は誌上の批評においてだけではなかった。ある協会会員は、勤め先の女学校における実演で激烈な反応を目の当たりにした様子を伝えている。

> 大多数の生徒は、目頭を赤くしてゐるに反し唯一人顔色蒼白、顔面筋肉を硬直させて凄味さへ帯びてゐる。平生見た事もない様子には、私の方が面食らつて□まつた。(しか?)……数日後……隊員一同を代表し、実に素晴しい決意を表明して、勇躍中島某工場に挺身して行つたのだつた。その後……後輩生徒一同宛に、手紙を送つて来た。……「一時も早く、一台でも多くラバウルの兵隊さんに、飛行機をお送りしやうではありませんか、そしてヒコーキと爪で書き残して散つた勇士の御霊をお慰めしやうではありませんか」と記されている。……一寸と会つた折、爪文字のヒコーキヒコーキが毎日目にちらついて消えませんと、真剣に云つてゐた。[70]

この報告からは自身が、ひいては皆が飛行機の増産に従事すれば未来の勝利につながり、かつ過去に生を終えた英霊の弔いに寄与するという女学生の考えをみてとれる。未来は飛行機増産をはじめとした戦争以外、想像しがたいものであっただろう。くわえて現在の勤労動員を意義付けるため、死者が実際に望んだか否かにかかわらず、過去の英霊を慰藉するという目的をもちだした。換言すれば、自身の意志で作り得る未来はすでに見出せず、現在を正当化する必要性から、過去の蓄積が現在をかたちづくるという「不可逆な順序にたいする意識」[71]を捨てて過去を意味付けた。ここに「絶え間なき現在のみに賭けるという意識」[72]に基づく宿命[73]としての戦争があらわれ、女学生は宿命に己の生を託した。

戦局悪化のなかで発行された『爪文字』は、ニューギニア戦線における実際の戦闘を題材としながらも、飛行機の増産という国策を優先して伝えるために史実の単純化や改変がほどこされた。教育紙芝居は即時性に欠けるとみなされるいっぽう、紙芝居画家たちは多くの人びとにとっての視認性を優先した絵を描いた。作品は専門家や注文主からは批判されたものの大きな反響を呼んだ。『爪文字』を観た人びとは、飛行機の増産が死者への弔いだと意義付けた。人びとが覚悟をもってひきうけた運命としての戦争は、現在の生に意味を見出すために過去の死者を使うという文脈において、宿命としての戦争に立ち至った。

5　おわりに

本章では戦時下の教育紙芝居作品を素材に、内容の特徴が徳目としての貯蓄からやがて戦死する兵士を育てる母としての模範像に、さらには義務としての飛行機増産へ変遷するいっぽう、作品を観た人びとは個人的な贅沢の優先から国に捧げるための兵士を育てる運命の忍従へ、そして英霊を慰藉するための勤労動員という宿命への参加と、戦争への没入を深めた過程をあとづけた。最後に行論を振り返り、戦時下の人びとにとって戦争が宿命となった画期を提起するとともに、彼らにとっての個別性と共同性の相克や調和のありようを改めて考えたい。

1938年、日中戦争下で発足した協会は、紙芝居の地位向上をめざし国策を伝える目的で「国策紙芝居」シリーズを発刊した。同年に発行され翌年に改訂版も出された代表作『貯金爺さん』は、戦地における息子の負傷を契機に主人公が貯蓄の重要性を周囲に説き、町内に広まるという内容だった。協会関係者は教育紙芝居という分野をかかげて国策を宣伝する役割を自認し、紙芝居の社会的な地位向上を欲した。また国策の正確な伝達可能性という利点をかかげて既存の街頭紙芝

居との差別化をはかった。実演に際して観客は国策を解する知性に欠け即時的な感性にとらわれる存在とみなされ、歴史的背景や貯蓄以外の話題の省略、懐柔的な表現や出征者家族への称揚といった追記がほどこされた。また差別化したはずの街頭紙芝居の実演技術も取り入れられた。しかし多くの人びとにとって戦争はいまだ現実的な出来事ではなかった。国家への直接的な貢献を説かれたとて、過去の経緯や未来への具体的な悪影響が示されぬままでは現在の貯蓄には応じがたい。ゆえにひとりが贅沢しても国家や戦局に影響などあるまいという見通しから、贅沢という現在における個人の欲求が優先された。

　1941年、太平洋戦争開戦により兵力動員が増大するなか、協会は芸術性の獲得や軍事援護への貢献を、紙芝居の果たす役割としてかかげた。翌年発行の『軍神の母』は、真珠湾攻撃で戦死し軍神とたたえられた兵士の生涯と母の献身が題材とされた。戦争への協力や国家への貢献は明示的に強調されず、兵士たる子は前線でたたかい、母は銃後で兵士を育てるといういとなみが国家への貢献と位置付けられた。絵の不正確性などが批判されたものの、人びとは子の人生を優先しつづける母の描写に感動した。人びとは自身が戦場に行く、あるいは身近な人を戦場に送る未来のために現在の生の意味が存するとみなした。未来の目的から現在を意味付ける文脈において戦争は運命となった。

　1943年、ニューギニア戦線での戦闘を題材に作られた『爪文字』は、実際の経過を踏まえつつ宣伝の要点が飛行機の増産に単純化され、前線も銃後も一体となり人びとが増産に尽くさねば戦争に勝利できないという危機的な現実認識を表した。ただし軍からは、教育紙芝居が情況に適合できておらず説得力に欠けるとみなされた。そうしたなかで紙芝居画家たちは、多くの人びとに伝わるよう正確性より視認性を優先して絵を描いた。結果、絵は手抜きと断じられ粗末と難じられたが、作品は大きな反響を呼んだ。戦局悪化のなかで人びとは、

現在なすべき仕事である飛行機の増産に人生を賭ける意義を見出すため過去を解釈し、死者たちを慰めるという目的を作った。運命としての戦争は、過去は現在のためにあったとみなすという文脈において宿命へと帰結した。

本章で検討した作品の特徴や反響からは、戦時下の教育紙芝居作品が時代情況を的確にとらえられなくなり、絵の稚拙さを克服できなかったという限界を読みとれる。にもかかわらず作品を観た人びとは、戦死や国家への貢献という避けがたい未来を運命の到来とみなして納得した。次いで生の意味を見出すため過去を現在の要求にそくして制作し、戦争を宿命とみなして没入した。

現在を生きる個としての「わたし」は、変えられない過去の集積と、自身が未来を変え得るという希望の持続から成り立つ[74]。しかし不確定な未来の可能性を閉ざし、不可逆なはずの過去を現在の需要に従えたとき、「わたし」には絶え間ない現在のみが充溢した。変えられるはずの未来と変えられないはずの過去の両方がなくなれば、「わたし」の固有性は失われ、ただひたすらに続くかのように思える現在の戦争に、「われわれ」の一部として「永遠の緊張」[75]をともない没入するしかない。「わたし」をかたちづくる希望としての未来と縁としての過去を見出せず、絶え間なき現在のみに人生を賭けると決断したとき、戦時下の人びとにとって戦争は宿命となった。

たしかに教育紙芝居作品からは、戦時下における国家の情況認識や人びとへもとめた規範と模範像、作り手たる知識人の情況認識や欲望、人びとへの説得の理路を読みとれる[76]。だが感想や評言との突合なくして人びとの納得の回路は見出せなかった。なぜなら、登場人物の国策への協力が国家への貢献と戦争の勝利に直結するという単純な現実認識に基づく筋書に終始したからである。個人は国家という法や制度の継続[77]のなかで、同時に社会とのかかわり合いにおいて生きざるを得ない。ならば国家が定めた制度や政策のみならず、社会が個人の決断に余儀なくもたらした影響を明らかにしな

ければ、戦時下を生きた人びとの思想と行動は理解できない。国策の伝達を目的に出発した戦時下の教育紙芝居作品は、模範的で画一的な個人による国家への協力は宣伝できても、かけがえのない実存をともなう個人に同一の決断を迫る社会を描出できなかった。

　個人と社会のかかわり合いという認識枠組みと、自分の生きる意味を死者と結びつけて考えるという思考様式とを組み合わせるとき、教育紙芝居とは対照的に、ひとりの作家の視点から人生を賭して時代・社会・個人のありようを見通して表現を構築し、俳優が登場人物への理解と演技により現実性を獲得し得たメディアである映画、なかでも戦争末期の「陸軍」[78]が思い起こされる[79]。

　主人公・伸太郎の出征場面で、母・わかは福岡の目抜き通りを行進する隊列を追う。群衆が沿道で日の丸の旗を振りつつ隊列に歓声をあげるなか、母は「勇ましい伸太郎の姿……を見つける。わかは流れ出る涙をそのまま、人をわけながら兵隊について行く」「しかし、その頬は笑っている」[80]。母子は笑顔で挨拶を交わし、「父に母に家族にすべてを託してひたすら征野に心を馳せる息子の毅然とした絨衣の姿」[81]が映される。追う母はやがて群衆に紛れるが涙をぬぐいつつ、去り行く息子に両手を合わせ、「息子のたてる功を信じてひたすら武運を祈る」[82]のだった。母は手塩にかけて育てた息子が死者となる未来を予感している。それでも命とひきかえに自身の、そして皆の居場所を守る子の姿に神仏にひとしき尊さを見出し、祈りをささげた[83]。

　かのごとく個人はかつて死んだ者、これから死にゆく者を縁に自身の生きる意味を鍛えあげ、納得を深める。周りの群衆一人ひとりも同様であり、隊列のどこかには誰かにとってのかけがえのない誰かが等しく存したはずである。されど周りが歓喜とともに見送る以上、戦果への期待からくる昂揚も含んで同調するしかなかったであろう。出征兵士を見送る母の心情が国家を守る者への感謝や祈りとして存在し、同時に

第5章　戦争が宿命になるとき

他の誰もが戦争をひきうけ、共に耐え忍ぶという社会の重しや連帯感としても存在した様相を、好戦や反戦という区分けを超えた母・わかの実存をとおして[84]「陸軍」は描出した。

　社会のために個人は存在しないが、自己の存在意義は他者とのかかわりや社会における役割の遂行をとおして感得できる。「はじめに」で引いた高畠通敏の「自分の主体を守ろうという知的な努力」とは、戦時下の人びとにとって、戦争という現実を宿命として受け容れる過程だった。しかし人びとの動向のみに注目していては現状肯定の論理と心理しか考察できない。宿命の肯定は歴史の否定である。高畠の言葉は個人が宿命を肯んじず、国家や社会、他者とのかかわり合いにおいて妥協しながらも自分の節を曲げない基準を見定めつづけ、変えられない過去の積み重ねと変えられる未来への希望をたずさえ現在を生きようとする個人の歩みにこそ、信を置いていたはずである。ゆえに次なる課題は、戦時下における個人の可能性についての考究となろう。

付記
　本章は、東洋英和女学院大学メディア・コミュニケーション研究所勉強会（2024年7月16日開催）での報告内容に大幅な加筆・修正を行い成った。執筆に際しては、思想史的見地から飛矢崎貴規氏より、『爪文字』の軍装描写について門松秀樹氏（東北公益文科大学教授）より多くの貴重なご教示を賜った。芳情に衷心から御礼申し上げる。

注

1　明治時代末に成立した、紙を切り抜き作られた人形を動かし演じる立絵紙芝居が起源とされ、昭和初期に絵を紙に描き上演する現在の形式になった。なお、戦時下の教育紙芝居の実演現場については真鍋昌賢「戦時下における教育紙芝居の上演現場　口頭芸と国家の関係をめぐる一考察」『待兼山論叢　32　日本学篇』1998年を参照。
2　『朝日新聞』1931年7月5日、東京朝刊3面。「自転車の背に乗せた小さな舞台で紙の人形を巧にあやつるつじの紙人形師（これを紙芝居といふ）」という一節から立絵紙芝居への批判と考えられる。「大崎、一父兄」による一部の作品における人殺しや強盗、追剥といった内容面や菓子の衛生面で子どもへの悪影響を憂う批判に対して、同紙

1931年7月8日、東京朝刊3面で紙芝居業者「藤澤生」から、同業者で研究会を開いて素質向上をはかり、飴を包装するなどの対策を進めている旨の応答がみられる。また風俗を乱したり左翼の宣伝に利用されたりすることを問題視する意見（「街の可憐な芸術——紙芝居を問題にする」『朝日新聞』1932年5月20日、東京朝刊7面）もあった。
3 1935年11月28日付け警視庁保安部長「紙芝居興行ニ関スル件」（村田亨『教育紙芝居　効果と指導』中行館、1938年、143–144頁）。
4 「紙芝居業者取締ニ関スル件」。文献によって「紙芝居取締ニ関スル件依命通牒」（前掲『教育紙芝居　効果と指導』138–142頁）、「紙芝居取締ニ関スル件」（内山憲尚『紙芝居精義』東洋図書、1939年、22–24頁）と若干の異同がある。戦時下における教育紙芝居の検閲については「検閲問題」『教育紙芝居』2–9、1939年9月、19頁および「検閲の問題」『教育紙芝居』3–9、1940年9月、31頁、佐々木秋夫「戦時下の紙芝居」『資料日本現代史月報』13、大月書店、1985年7月などに言及がある。
5 「昭和年初から満洲事変にかけての思想的昏迷期にあつては、左翼残存分子の紙芝居に隠れ家を求める者小からず、紙芝居界は左翼の巣窟なりと一部から評せられるに至つた」（松田金太郎「紙芝居文化新建設序説」『紙芝居』5–1、1942年1月、28頁）とある。
6 協会設立にかかわった松永健哉と佐々木秋夫は東京帝国大学卒で、佐々木は哲学者の三枝博音や戸坂潤らとの関係で唯物論研究会を手伝った（前掲「戦時下の紙芝居」1–2頁）。また教育紙芝居を多く手がけた画家の西正世志は川端龍子に弟子入りした（安藤八作「紙芝居人研究（二）　西正世志論」『紙芝居』5–10、1942年10月、54頁）。
7 協会関係者の教育紙芝居をめぐる議論については拙稿「戦争を描けなかった紙芝居——戦時下の教育紙芝居をめぐる議論から——」後掲『国策紙芝居からみる日本の戦争』を参照。
8 「日本教育紙芝居協会作品販売店」『紙芝居』6–10、1943年10月、13頁。
9 戦時下における紙芝居の動向は、櫻本富雄・今野敏彦『紙芝居と戦争　銃後の子どもたち』マルジュ社、1985年、赤澤史朗『近代日本の思想動員と宗教統制』校倉書房、1985年、山本武利『紙芝居　街角のメディア』吉川弘文館、2000年、『紙芝居がやって来た』群馬県立土屋文明記念文学館、2002年、鈴木常勝『メディアとしての紙芝居』久山社、2005年、石山幸弘『紙芝居文化史　資料で読み解く紙芝居の歴史』萌文書林、2008年、『大紙芝居展　よみがえる昭和の街頭文化』横浜市歴史博物館、2010年、『昭和の紙芝居〜戦中・戦後の娯楽と教育〜』昭和館、2012年などを参照。また『国文学　解釈と鑑賞』76–10、2011年10月の特集「紙芝居は面白い！——大衆文化を見直す」には石山幸弘「紙芝居研究文献目録抄」が収録されている。なお同時代についての回想は、加太こうじ『紙芝居昭和史』立風書房、1971年や前掲「戦時下の紙芝居」などを参照。
10 協会は実演講習会を各地で催し、国民学校や軍、企業などで作品が作られた。近年の研究成果は安田常雄編著『国策紙芝居からみる日本の戦争』勉誠出版、2018年と大串潤児編『国策紙芝居　地域への視点・植民地の経験』御茶の水書房、2022年を参照。また地域での普及につ

いては大串潤児「軍隊と紙芝居」吉田裕編『戦争と軍隊の政治社会史』大月書店、2021年、同「戦時戦後の大衆文化・紙芝居と演芸会——地域での担い手、民衆の欲望」『東海史学』57、2023年3月などを参照。
11 髙畠通敏「解説」『鶴見俊輔著作集2 思想1』筑摩書房、1975年、482頁。
12 現実認識の方法としての考え方と感じ方という視座は飛矢崎貴規「一九五〇年代後半における「実感」論争の位置——橋川文三の議論を中心に——」『文学研究論集』45、2016年9月から示唆を得た。
13 藤田省三「後ろ姿について」『藤田省三著作集まえがき』みすず書房、1997年、2頁。
14 吉村昭『戦艦武蔵ノート』図書出版社、1970年、66頁。
15 かかる意味で本章は、戦時下の教育紙芝居を素材に人びとの「私生活に埋没する小心で自足的な面と遠い目標にラディカルに献身する行動的な面」(作田啓一『恥の文化再考』筑摩書房、1967年、203頁)の具体像とその変遷を描出する叙述であり、「昭和初年から戦時下における子どもや人々のなかにある同調と異和の重層性を、作品の内在的分析を通して、問題化する」(安田常雄「戦時下民衆史へのアプローチ」『評論』219、2020年10月、2頁)仕事とも位置付けられる。
16 同センター所蔵の戦意高揚紙芝居コレクションの詳細は神奈川大学デジタルアーカイブ(https://www.i-repository.net/il/meta_pub/G0000723kamishibai(2024年9月15日最終アクセス)で閲覧できる。
17 戦時下教育紙芝居の動向を伝える雑誌で、戦時下では1938年9月から1944年12月まで発行された。当初の誌名は『教育紙芝居』で、1942年1月から雑誌統制で紙芝居関係雑誌が同誌のみとなり『紙芝居』に改められた。
18 「失業者の自衛手段として初められただけ一種の卑屈をともなつて」(ママ)おり小樽の業者は「商売に失敗してやり出したんですが初めは恥づかしくつて、三日間位は頬かむりして」実演していた(野村正二「街頭紙芝居の問題」『教育紙芝居』1-4、1938年12月、2頁)という。
19 刊行目的は「重要国策の全てを作品化し、紙芝居の持つ大衆性・教育性・芸術性を通じて、農産漁村工場等の隅々にまで、国民の最後の一人にまで、具体的な感銘を浸透させ、実践をふるひ立たせる武器－国策紙芝居全十巻の刊行を企てた」(「国策紙芝居全十巻刊行」『教育紙芝居』1-2、1938年10月、2頁)とされる。
20 1938年10月発行。脚本・絵画担当者の記載はない。なお本章の分析対象は「永い間絶版のままでゐたところ大方の御希望烈しく大蔵省当局相談の上発刊に到つた」(「頒布作品新刊」『教育紙芝居』2-12、1939年12月、14頁)、1939年12月発行の改訂版(コレクション番号229)である。制作の経緯としては「一年の間に経済情勢も相当に進み、国民貯蓄の目標額も従つて増加されたので、それに応ずべく当局指導の下に改訂を施した」(「作品解説 改訂「貯金爺さん」解説」『教育紙芝居』3-1、1940年1月、22頁)とされる。
21 表紙上部に「大蔵省国民貯蓄奨励局指導後援」と印刷されている。
22 『昭和財政史 第十一巻 金融(下)』東洋経済新報社、1957年や『大蔵省史——明治・大正・昭和——第2巻』大蔵財務協会、1998年、米山忠寛「昭和戦時期日本の国家財政と家系——貯蓄奨励の論理と構造」

法政大学大原社会問題研究所・榎一江編『戦時期の労働と生活』法政大学出版会、2018年、関野満夫『日本の戦争財政――日中戦争・アジア太平洋戦争の財政分析――』中央大学出版部、2021年など。
23 大蔵省国民貯蓄奨励局第二課長 島本融「国策紙芝居「貯金爺さん」を推す」『教育紙芝居』1–2、1938年10月、4頁。
24「国策紙芝居 作品の内容」『教育紙芝居』1–3、1938年11月、5頁。「SCRAP」『教育紙芝居』1–4、1938年12月、14頁によれば、道府県と大都市に500部送られたという。
25「お笑ひや紙芝居 空陸から宣伝 あすから経済戦強調週間」『朝日新聞』1938年12月15日、東京夕刊2面。
26「SCRAP」『教育紙芝居』2–1、1939年1月、15頁。
27「経済戦調週間の記録」『教育紙芝居』2–2、1939年2月、13頁。
28 堀尾(青史)「回顧一年」『教育紙芝居』2–8、1939年8月、12頁。
29「座談会「教育紙芝居の問題性」を語る」『教育紙芝居』1–1、1938年9月、12頁の松永健哉発言。
30 稲敷支部 多田公之助「紙芝居いろいろ」『教育紙芝居』2–4、1939年4月、10頁。『銃後の力』は1940年12月発行の協会制作作品を指すと思われる。
31 文字面のほぼすべてに書き込みがある。ただし教育紙芝居の作品すべてに書き込みがあるわけではない。
32 青色で「爺」「A工場員」「区長」などと台詞の主が加筆された。
33 文字面5枚目。
34 文字面7枚目。
35 文字面2枚目。
36 大分県教育紙芝居研究会副会長 岩尾卓三「教育紙芝居の現段階に於ける省察 国策紙芝居取扱ひの精神」『教育紙芝居』2–5、1939年5月、4頁。
37 同時期の感想に「紙芝居協会へ行くと砥上氏とか堀尾氏とかいふ人達が実演して見せて呉れるが、かういふ練達の士がやつても、時折甲なる人物の台詞か乙なる人物の台詞か、突嗟にはわからないことが間々ある」(東宝映画脚本部 小林勝「書く映画・書く紙芝居」『教育紙芝居』4–2、1941年2月、10–11頁)とある。
38 主事 砥上峰次「紙の裏」『教育紙芝居』3–1、1940年1月、26頁。
39 前掲「戦時戦後の大衆文化・紙芝居と演芸会」6頁。
40 長崎の協会関係者は「国策物はどうもおもしろくなくて……国策物には食傷しました。国策物は一度やればみな筋がわかつてゐるのでもうやりたくない……と云ふ声がします。……紙芝居協会は商売くさい国策物ばかり出して……とこんな話もよくききます」(長崎・平戸 近藤えい子「紙芝居の家より――極めて私的なこと――」『教育紙芝居』2–9、1939年9月、17–19頁)と、官公庁の買い上げなどを見込める国策紙芝居ばかりが発行される傾向に疑問を呈した。なお同号の「後記」に「商売臭い云々の事はをかしいと思ふ。協会は営利事業をやつてゐるのではない」(同30頁)という協会側の反駁がある。なお「後書」の末尾には「(堀)」の記載があるため、協会の堀尾青史が同欄を執筆した可能性を指摘できる。

41「宣伝要具であることだけが紙芝居の本来の方向ではない。芸術的に高まり、芸能としての本質に徹し、心から大衆に歌ひ出される歌とならねばならぬ」(「巻頭言」『紙芝居』5–9、1942年9月、1頁)といった記述がある。

42「紙芝居人研究(三) 鈴木紀子論」『紙芝居』5–11、1942年11月、52頁。

43「決戦下に於ける紙芝居の在り方座談会」『紙芝居』6–11、1943年11月、4頁。

44 1942年6月発行。鈴木紀子脚本、野々口重絵。コレクション番号89。

45 大江志乃夫『徴兵制』岩波書店、1981年、144頁。

46「愛読者注文帳」『紙芝居』6–5、1943年5月、40頁。

47 島根県師範学校教諭 高田研至「作品中に現はれた誤謬について」『紙芝居』6–3、1943年3月、58頁。

48「紙芝居は敢闘する」『紙芝居』7–1、1944年1月、6頁における協会の鈴木景山および演出家の園池公功発言。

49 東京市明治第二国民学校長 柚木卯馬「母の会と「軍神の母」」『紙芝居』6–2、1943年2月、15頁。

50 川崎大治「歴史を拓く――秩父紀行その二――」『紙芝居』7–3、1944年3月、11頁。

51「狂ひ猪のような敵の反抗は今や最高潮に達しようとしてゐる。前線に一体となつて、一丸となつて、死物狂ひの足掻きも遂に空しひこと、甲斐のなひことを思ひ知らせてやらう！徹底的に叩きのめしてやらう！」(「巻頭言」『紙芝居』6–8、1943年8月、1頁)といった表現が散見される。

52 1943年12月発行。脚本は表紙では松永健哉、文字面では文化奉公会(帰還将兵で組織された陸軍省報道部の外郭団体との説明がある)と記される。絵は野々口重で、陸軍省報道部推薦である。コレクション番号146。

53 前掲『紙芝居と戦争』134–145頁に文字面の翻刻および解説がある。

54「座談会 決戦紙芝居の動向」『紙芝居』7–2、1944年2月、6頁の協会・納富康之発言。

55 文字面18枚目。

56「ニューギニア皇軍血と肉弾の闘魂 爪文字に残る"死守" 神野部隊 遂に防衛高地奪回」『読売新聞』1943年10月12日、朝刊2面。

57「座談会 決戦紙芝居の動向」『紙芝居』7–2、1944年2月、3頁。

58 全員が小銃を持つており下士官・兵と考えられる。当時の陸軍の下士官や兵の軍装については、笹間良彦『イラストで時代考証3 日本軍装図鑑 下』雄山閣、2018年、292–293頁、堀場亙『図録 大日本帝国陸軍』イカロス出版、2020年、116–119頁、中西立太『新装版 日本の軍装1930–1945』大日本絵画、2023年、14–17頁などを参照。

59 ジャングル戦での不適性が判明したためとされる。村上和久『イラストで見るアメリカ軍の軍装 第二次世界大戦編』イカロス出版、2018年、29–33頁。

60「実際間違つた服装なんかしてゐるとおかしいことになる。しかし検閲といふことより、注意して間違ひのないものを作つてあげたいといふ気持ちで見てをります」(前掲「座談会 決戦紙芝居の動向」3頁

の大本営海軍報道部河辺海軍大尉発言）から、教育紙芝居の検閲では正確性も重視されたことがわかる。
61 西原比呂志「嘘から出た誠」『紙芝居』6–3、1943 年 3 月、57 頁。
62 かかる自尊心が戦中期漫画についての「腕達者な小職人」（石子順造「戦中マンガの精神構造」『現代マンガの思想』太平出版社、1970 年、201 頁）という評言の内実といえよう。
63 「協会絵画部員の近作より」（『教育紙芝居』4–10、1941 年 10 月、24 頁）に紙芝居画家による展覧会出品作の紹介がある。
64 時期はさかのぼるが、1940 年に協会関係者と紙芝居制作の打ち合わせについて記された文書（「宣伝事項の中紙芝居に関する件」国立公文書館所蔵、平 15 総務 00238100「昭和 15 年国勢調査宣伝関係綴」）に、「脚本ハ大体七日乃至十日間ニテ完成シ絵ト共ニ呈示スルヲ以テコレヲ見テ戴キ度イ」「脚本決定ノ上ハ印刷ニ約三週間ヲ要ス」との説明があり、凡その所要日数が把握できる。当該文書は 1940 年に実施された第 5 回国勢調査の宣伝に関わる簿冊に収められるとともに「内閣」名が印刷された用紙に書かれていること、また文書および簿冊冒頭の目次に作成者・発信者名の記載はないものの、簿冊表紙に「人口課」と記されていることから、内閣統計局人口課の関連書類と推測される。内容としては、地方統計課長会議の席上で府県から宣伝のために紙芝居の使用を希望する意見が出され、「之ヲ統計協会ニ発売セシムル方針」に基づき、軍事保護院援護局指導課に作成方法などを照会した結果、「日本教育紙芝居協会」を推薦されたため、5 月 23 日に来訪を求めて打ち合わせを行った旨の経緯と打ち合わせの記録、くわえて東京統計協会が各府県の臨時国勢調査部に宛てて照会を行った旨が記されている。打ち合わせの出席者は明記されていないが、当該文書末尾に「日本教育紙芝居協会　常勤理事　佐木秋夫」および「軍事保護院属　山田武治　軍事保護院援護局指導課」の名刺が貼付されており、いずれも余白に打ち合わせの実施日と同日である「昭和十五年五月廿三日」の青色印が捺されていることから、協会の佐木が出席し、紙芝居の制作工程や留意点について打ち合わせが行われたと考えられよう。なお当該文書は吉葉愛「戦時下における紙芝居文化——大衆文化の受容と統制」『昭和のくらし研究』10、2012 年 3 月でも紹介されている。
65 福田豊四郎「絵の迫真力」『紙芝居』7–3、1944 年 3 月、8–9 頁。
66 大本営報道部員 陸軍大尉 山内一郎「一億みな挺身隊なり」『紙芝居』7–3、1944 年 3 月、7 頁。
67 東京・大塚實「現地録音　映画と活きた紙芝居」『紙芝居』7–9、1944 年 9 月、30 頁。
68 一ノ關佐藤報「現地録音　爪文字実演に就いて」『紙芝居』7–10、1944 年 10 月、32 頁。また協会は大日本青少年団による飛行機献納運動に協力し、本作の実演を奨励した。『紙芝居』7–7、1944 年 7 月、25 頁。
69 「新作月評」『紙芝居』7–2、1944 年 2 月、23 頁。
70 会員（き 6）遊坐千馬「現地録音」『紙芝居』7–5、1944 年 5 月、23 頁。名は「中島某工場」と伏せられているが、動員先は航空機メーカーの中島飛行機株式会社であったと思われる。
71 飛矢崎貴規「批評にとって時間とはなにか——中島栄次郎論」『思想

の科学研究会年報　第四号』2022 年 11 月、38 頁。
72 飛矢崎貴規「「日本浪曼派批判序説」の発想と論理」『駿台史学』161、2017 年 9 月、23 頁。
73「ふたつの領域(筆者注：経験できない観念の世界と感性に彩られている実在の領域)を混同し、個人の経験やその集積である社会の動態をも記号的にあつかえると取りちがえるとき、人は宿命論におちいる」(前掲「批評にとって時間とはなにか――中島栄次郎論」)という指摘に示唆を得た。
74「「私」という存在には、もはやいだくことのない感情が記憶として、いまだ実現をみない希望が、ともに触れることを許されないまま、ただし非対称的に現出する」(前掲「批評にとって時間とはなにか――中島栄次郎論」38 頁)という評言が、「わたし」のありようを的確に言い当てている。
75 山田輝彦「目にしみる青空」『あゝ八月十五日　終戦の思ひ出 第二集』八幡師友会、1964 年、223 頁。なお本文献の存在は、平泉千枝「空と空のあいだ」『空の発見』渋谷区立松濤美術館、2024 年に教えられた。
76 戦時下の教育紙芝居の代表的な宣伝文句は「紙芝居は誰にもやれます、どこでもやれます、何時でもやれます。」(「創刊の辞」『教育紙芝居』1–1、1938 年 9 月、1 頁)であり、日中戦争期には簡便性や大衆性が強調された。しかし太平洋戦争下では「やる人には制限がある――何時、何処でも誰でもやつて貰ひたくない、然るべき人が然るべき「場」に於てやつていたゞかなくてはならない」(「座談会　実践者の声」『紙芝居』6–12、1943 年 12 月、26 頁)と簡便性や大衆性が否定され、戦争末期に「特殊化してしまつた紙芝居をもう一度、大衆の前へ、連れ出さうではないか。誰にも作れ、誰にも出来たあの昔の姿にかへさうではないか」(教材委員会「作る紙芝居　作らせる紙芝居」『紙芝居』7–5、1944 年 5 月、13 頁)と大衆性を重視する解釈へ再び転回した。
77「規範が一人ひとりの個人に突きあわされ、秩序が保たれていく運動として国家を見る視座」(飛矢崎貴規「実現されつつある規範の効力と限界――尾高朝雄『実定法秩序論』の発想と論理」『思想の科学研究会年報　第五号』2024 年 3 月、50 頁)と、「国家とは法や制度にもとづく、人為的な制作物で……法の目的は強制ではなく、あくまで秩序であり、国家は国民を豊かにするための法的作業共同体である」(同 60 頁)という指摘に拠る。
78 1944 年 12 月封切。池田忠雄脚本、木下惠介監督、松竹製作。
79 飛矢崎貴規氏のご教示による。
80 池田忠雄「陸軍」『キネマ旬報別冊　日本映画代表シナリオ全集 4 戦争シナリオ傑作選』キネマ旬報社、1958 年、182 頁。
81 木下惠介「「陸軍」演出手帖」『新映画』1–12、1944 年 12 月、22 頁。なお撮影時は「西部軍司令部をはじめ関係軍官民諸氏の絶大なる応援を得て、撮影は極めて順調に実施することが出来た。殊に出征場面の大撮影に当つては、某部隊将士以下全市の愛国婦人会、国民学校からの協力あつて、市中は恰も上海事変当時の出征を其のまゝに再現し、期せずして起こるバンザイのどよめきと大旗小旗の波のうちに全市が撮影と言ふ現実を忘れて熱狂し、果ては我々撮影班の一行さへもが仕

事を忘れ感激して市民のバンザイに唱和絶叫する有様であつた」(同)
という。
82 前掲「「陸軍」演出手帖」22頁。
83 この場面については佐藤忠男『木下惠介の映画』芳賀書店、1984年や長部日出雄『新編　天才監督　木下惠介』論創社、2013年などに言及がある。
84 戦後ではあるが木下惠介は「自分の気持ちに嘘をついた芝居はできないでしょう。しっかり手を握って「死んでこい」なんて演出、とても僕には出来なかった」(木下惠介「自作を語る」『キネマ旬報　四月特別号』1955年4月、38頁)と回想している。

第5章　戦争が宿命になるとき

第6章

「御府」の絵画
――アジア太平洋戦争「作戦記録画」の一側面

河田明久

1 「御府」の絵画?

　現在、東京国立近代美術館には、敗戦後GHQに接収され米国への送致をへて1970年に返還された153点の戦争画が、「戦争記録画」の名で一括収蔵されている。アジア太平洋戦争期の戦争絵画を考える上で、このコレクションが重要なカギを握るのは、そのボリュームもさることながら、戦時下に陸・海軍の依頼で描かれた大がかりな公式の戦争画、いわゆる「作戦記録画」がその8割ほどを占めるからだ。

　もっとも、公式の戦争画ならすべてが作戦記録画というわけではない。戦争画のなかにはこれ以外にも、軍や民間の組織、個人の依頼で描かれた公的な性質をもつ作品がかなりあるが、それらの多くが軍の施設や神社等への献納を意図していたのに対し、作戦記録画の最終的なおさまりどころに想定されていたのは、宮中の「御府」だった。

　御府とは、近代日本の戦争ごとに広義の記念品を集めた天皇のための宝庫のことをいう。

1937年夏に日中戦争が勃発した時点で、皇居の南端、桜田門に近いエリアには、四つの御府が建てられていた。日清戦争の記念品を収めた「振天府」（造営は1896年10月）、日露戦争の「建安府」（北清事変（義和団事件）の「懐遠府」（1901年10月）の建物を流用、増築して開設、造営は1910年4月）、第一次大戦・シベリア出兵の「惇明府」（造営は1918年5月）、済南事件・満洲事変（第一次）・上海事変（第一次）の「顕忠府」（造営は1936年12月）である。

　御府の収蔵品のコンセプトをひと言でいえば、戦火をくぐった本物の貴重な物品ということになるだろうか。柱となるのは、重要な戦利品や武具、特筆すべき戦没将士の遺品などだが、これに加えて日清戦争の振天府以来、戦没将士の「写真」を能う限り集めることが基本方針となっていた。

　これは明治天皇の発案に由来するらしいと、井上亮は、御府に関する現時点ではほぼ唯一の包括的な著作である『天皇の戦争宝庫』のなかで、次のように述べる。

> （明治期の御府について記した）『禁廷三宝庫誌』によると、（振天府を造営する際）明治天皇は岡澤侍従長に「今回の戦役には多数の戦病死者を出せり。彼らは実に国家の為めに能く努めたるものなり。彼らの写真を取寄せよ」と命じたという。／岡澤は手を尽くして将校と同相当官の写真を集めたが、下士卒には写真のない者も多く、すべてを集めるのは不可能と奏上した。当時、農村出身の兵卒には写真がない者が多かった。また、写真のある将校のなかでも浴衣姿のようなものしか残っていない場合もあった。／天皇は「それでもかまわない」といい、写真も時の経過で変色するものもあり、また大きさも大小不同であるため、参謀本部写真班に命じて不変色の同一形に複写させたという。そして自ら額中に挿入した。この額は天皇の発案で明治三十年式連発銃の廃銃の銃床を使ったものだった。／「陛下はここへ御進みになるごとに、必

ず御敬礼をなさるのである」(『少年世界』1900年)と伝えられた[1]。

　天皇個人のこうした振る舞いが事実かどうかについて井上は懐疑的だが、重要なのは、そのような逸話が流布していたという事実そのことかもしれない。
　靖国神社への合祀が「名簿」によって行われるのに対し、御府に集められていたのは、その個々人からの実際の照り返しを感光させた「遺影」だった。戦没将士の血染めの遺品と同様、これもまた可能な限り本物との接触を担保することに努めたフェティッシュではあるだろう。その意味で、御府は単なる宝庫ではなく、近代の戦争からもたらされた「聖なる本物」を収める「聖遺物箱」のようなものであったとも言える。
　御府の収蔵品として「絵画」の影がかぎりなく薄かったのも、そう考えてみれば納得がいく。どれほど写実的な作品であっても、絵画はそのモチーフそのものではない。絵画である以上は現実のモチーフを人の手で平面に落とし込み、抽象化した表象に過ぎないからだ。この場合、本物と呼べるのは「作品」か、もしくはその絵を描いた「画家」であって、言うまでもなくそれらは御府の収集対象ではなかった。本物の価値が最優先される御府のような環境では、聖性をまとわない表象は、主役である聖遺物の図解か、その飾りの立場に甘んじざるを得ない。前の井上の『天皇の戦争宝庫』を見ても、振天府から惇明府までの御府に、作品としての絵画がおさめられていたことを示唆する記述はない。
　資料をたどる限り、絵画への言及が初めて現れるのは満洲事変等を記念する顕忠府からで、その造営計画が本格化し始めた直後、1932年12月20日付で宮内省の侍従武官から海軍省軍務局長宛てに送られた「御府ニ関スル件照会」と題する文書には、「貴省ニ於テ左記事項ノ物品ノ逸散セザル様豫メ準備方可然御考慮置相成度」としたうえで、その内訳がこう記されていた。

第6章　「御府」の絵画

1、　戦死海軍士官、下士官、兵写真（保存ノ方法、大サ等ニ就テハ追テ決定セラル
　　2、　右将士の戦歴
　　3、　我海軍々人ノ忠勇義烈ヲ語ルヘキ装著品、所持品、遺品、其ノ他鹵獲品等の記念品
　　4、　事変ヲ記念スヘキ絵画、写真、記録、其ノ他ノ参考品」
（傍点筆者）[2]

　これは海軍が受領した文書だが、同様の通知は、当然陸軍へも送られていただろう。
　この要請に応えるかたちで海軍から「事変ヲ記念スヘキ絵画」として納められたのは、洋画家栗原忠二の手になる6点だった。顕忠府への「献納品詮衡委員会」で配布されたとおぼしい献納品リストを含む1935年2月22日付の海軍の文書に従えば、そのタイトルは、《小学児童通学保護》、《呉淞猛爆》、《博愛ニ国境ナシ》、《蘇州上空ノ空中戦》、《七了口敵前上陸》、《閘北ノ激戦》となる[3]。このうちの《小学児童通学保護》と《博愛ニ国境ナシ》はそれぞれ、現在は東京国立近代美術館の「戦争記録画」コレクションに含まれる栗原忠二作の2点、《在留邦人保護》（48.5×58.5cm）【図1】、《博愛》（50.0×60.0cm）【図2】にあたるかもしれない。
　ただ、参入を許されたとはいえ、顕忠府における絵画の存在感の薄さは否めない。前の文書に添えられた「附表」では、献納を予定する物品の数量が海軍と陸軍を対照させるかたちで示されているが、それによれば、戦没将士の写真を除いた海軍からの献納物品の総数66点に対して、陸軍のそれは2倍近い126点にのぼる。附表によれば陸軍からも6点の絵画が献納される予定であったようだが、今回参照できた資料自体が海軍のものということもあり、こちらの詳細は不明。いずれにせよ、母数との比較で考えれば、陸軍側での絵画の存在感は海軍にもまして薄かったことになる。

【図1】栗原忠二《在留邦人保護》1935年頃　東京国立近代美術館

【図2】栗原忠二《博愛》1935年頃　東京国立近代美術館

　冒頭の話題に立ち返れば、1937年に始まる日中戦争という事態を受けて、こういう御府にあえて絵画、それも巨大な戦争絵画をおさめようというのが「作戦記録画」の計画だった。このような発想がなぜ生まれたのか。それを知るには、いっ

たん御府を離れ、美術史の側からそこに至る経緯を考えてみる必要がある。

2　画家、軍、新聞社——それぞれの思惑

そもそも、1937年7月に盧溝橋で日中両軍の戦闘が始まった当初、それがあのような大戦争になると予測した国民はほとんどいなかった。

20世紀の初頭から若干の日本軍が中国大陸にいることは常識だったし、1931年の満洲事変以来、両国の関係が険悪になっていることも知られてはいたが、既成事実としての「満洲国」には日本人の入植が進み、紛争は紛争のまま終わるだろうというのが大方の観測だった。ところが、紛争は意に反して拡大、長期化し、2年目を迎えるころから日本は本格的な「総力戦」を強いられることになる。

国民生活のすべてを動員して戦う総力戦では、往々にして戦い方の濃度に応じた同心円のような心理空間が国内の社会にかたちづくられる。その濃度が最も高いのは当然、円の中心に位置する兵士だが、総力戦である以上は、兵士を取り巻く国民もまた戦っていなければならなかった。とはいえ、自分もまた戦っていると胸を張って言える国民はあまりいない。こうして兵士の外側には、当事者である兵士の立場からの離れ具合に比例して、国民の多くが兵士への気おくれ、疚しさを募らせていくような同心円状の社会心理が形成されることになる。

このような心理を抱えながら、それでもたいていの場合、国民の多くが戦争を我が事として引き受けられるのは、ふつう総力戦のような巨大な国家事業では、それに見合うだけの立派な「戦争理念」が用意されているからである。国民全体で共有できるようなこの理念さえあれば、兵士ではない一般の市民も、そちらを向いている身振りを示すことで、本当の意味では戦っていないことからくる兵士への疚しさを免れるこ

とができる。ところが、局地的な紛争からずるずると拡大した日中戦争には、この明確な理念が見当たらなかった。

　日中戦争の勃発直後から戦地への自発的な従軍を願い出る画家が相次いだのも、このような背景と関係がある。国民全体で共有できる理念がない以上、一般の国民に許された戦争協力のあり方は、いかに自分が兵士のようであるか、兵士に近い存在であるのかをアピールすることでしかないからだ。しかも、兵士へと向かうこの同調圧力は、同心円の外縁に近づけば近づくほど強くなる。しかるに、20世紀に入り勢いを増したモダンアートの価値観では、長らく芸術家は俗世間の外、つまり同心円の一番外側に位置付けられてきた。当時の画家たちが、呼ばれもしない戦場へと我先に駆け付けた背景には、おそらくこのような事情があったと考えられる。

　だがもちろん、かれらのこうした振舞いに合理性はない。押しかけまがいの従軍を強行するにあたって「報道」の名目を掲げる画家は少なくなかったが、実際のところ、すでに映画もラジオもある時代に、報道の現場で画家にできることなど限られている。結局かれらにできるのは、戦争をテーマにして、行っただけのことはあると言わせるような絵を描くことでしかなかった。そしてこれが、今日アジア太平洋戦争期の戦争画と呼ばれるものの発端となった。

　日中戦争も2年目に入り、長期戦の様相を呈し始めた頃から、文芸や美術といった表現の側でもそれに応じた動きが見られるようになる。文学でいえば、1938年の夏に内閣情報部が取りまとめた武漢作戦への大規模な文士従軍計画、いわゆるペン部隊などがその典型だが、時を同じくして、美術でもよく似た動きが生じている。前提にあったのは、開戦当初から続く画家たちの自発的な従軍ラッシュだった。

　頼まれたわけでも、強制されたわけでもないのにわざわざ戦地まで出かけ、そのせいで戦争を描く羽目におちいる画家が相次いでいる。こうした状況を受けて、そこから利益を引きだすことはできないか、と考えはじめた組織が当時二つあっ

た。一つはもちろん陸・海軍、そしてもう一つは新聞社、具体的にいえば朝日新聞である。

　開戦当初は押し寄せる従軍画家たちを持て余し気味であった軍も、戦争が二年目を迎える頃から、かれらの積極的な活用を考えるようになる。画家たちの護衛に追われ、うっかり機密を描かれたりしないようその作品にいちいち目を光らせているくらいなら、いっそのこと、軍の側から腕の立つ画家を選んで招き、そのかれらにこれぞと思う重要な軍事行動のテーマを与えてこれまでの戦いの記念となるような見栄えのする作品を描いてもらってはどうかという機運が、この頃期せずして、陸・海軍の双方で生じたらしい。

　のちの作戦記録画に通じるこのアイデアをまず実行に移したのは陸軍だった。1938年の5月上旬、上海におかれていた「中支那派遣軍報道部」の招きに応じて8名の洋画家（朝井閑右衛門、江藤純平、柏原覚太郎、小磯良平、中村研一、南政善、向井潤吉、脇田和）が大陸に渡る。その目的は「従来の従軍画家と違ひ」「今事変の戦争画を後代に伝へるため」だと報じられた[4]。

　上海のこの報道部は当時、絵心のある兵士を抜擢してポスターなど描かせると同時に大陸に従軍する画家の窓口にもなるという、戦争を描く画家たちのたまり場のような環境であったらしい。計画はそうした雰囲気の中でおのずから醸成されたと考えるのが自然だろう。実務を取りまとめたのは同報道部に所属していた長坂春雄衛生一等兵で、長坂自身、二科会会友の洋画家でもあった。

　前の8名に、長坂と、当時軍属として従軍中であったやはり洋画家の鈴木榮二郎を加えた10名は、それぞれ上海戦から南京占領にかけての画題を割り当てられ、画室となる部屋を提供されて制作に取りかかった。その後、7月頃には完成作がそろい、それらは陸軍に納められたという。こうして実現した200号大の戦争画10点を、この時点で陸軍がどう使うつもりであったのかは詳らかでない。

　海軍が動いたのは同年（1937年）の9月だった。招聘された

のは石井柏亭、石川寅治、田辺至、中村研一、藤島武二、藤田嗣治の洋画家6名。一人が2点ずつ、計12点を描く計画で、同年中に藤島を除く5名が順次、中・南支に従軍している。陸軍に先を越された感は否めないが、計画自体はこちらのほうが本格的であった、とも言える。前の陸軍の計画が、省内での宣伝広報を統括する陸軍省新聞班ではなく現地部隊である上海の「中支那派遣軍報道部」の立案だったのに対し、今回の6名は海軍省の、陸軍省なら新聞班にあたる「軍事普及部」の嘱託であったからだ。

　一方、朝日新聞の動きは陸・海軍にもまして早かった。きっかけをつくったのは当時同社に籍を置いていた住喜代志という人物である。上海の報道部による陸軍の計画もまだ公表されない1938年の春頃、従軍画家による展覧会を思いついた住は、従軍経験がある画家に展覧会への参加を打診して回っていた。同年6月にはこれが機縁となり大日本陸軍従軍画家協会が発足。その後同会は、従軍画家が200名の大台に乗った機会をとらえて、1939年4月に「陸軍美術協会」へと発展的解消を遂げることになる。

　陸軍と海軍が期待を寄せていたのが記念碑的な「戦争画」であったとするなら、住喜代志、というより朝日新聞が目論んでいたのは、その戦争画による「展覧会」だった。

　この場合の展覧会は、美術界の「メディアイベント」と言い換えることもできる。このころ朝日新聞（東京朝日新聞・大阪朝日新聞）は、同じく大資本の全国紙である毎日新聞（東京日日新聞・大阪毎日新聞）と激しい部数拡大競争を繰り広げており、両社はその一環として、スポーツ競技会や博覧会といったメディアイベントの開催を競い合っていた。

　この種の大がかりなイベントは、新聞社の営利事業であると同時に、それ自体が社会的な事件でもある。主催する新聞社は自社の新聞でその宣伝につとめる一方、その盛況ぶりを一種の事件としてさかんに報じることで、イベントそのものへのさらなる集客をあおった。これが効を奏してイベントの

人気が高まれば、その記事を満載した紙面への注目が高まり、ひいては部数の拡大にもつながることになる。メディアイベントは、新聞社にとってまさに一石二鳥のビジネスだった。

　こういう場合、他社が手を出しづらい得意分野が一つでもあれば、その分だけ、その新聞社は販売競争で優位に立つことができる。朝日新聞にとっては、その得意分野の最たるものが「美術」だった。当時たいていの新聞社では社会部の記者が美術の記事も手がけていたのに対し、朝日新聞だけは美術専門の記者を学芸部に複数配置していた。またその能力を活かして、今日では東京文化財研究所が発行する『日本美術年鑑』の編集を長年にわたって請け負うなど、朝日新聞に蓄積された美術界の人脈や情報は同業他社の追随を許さないものがあった。従軍画家の組織化に奔走する住が、このポテンシャルを大いに活用したことは言うまでもない。

　住が目をつけた時点で、従軍画家やかれらが描く戦争画の評価はいまだ定まっていなかったものの、今後もしそれが高騰するようなことにでもなれば、前述のアドバンテージともあいまって、朝日新聞は戦時の美術界に圧倒的な市場を確保することができる。しかもそれは、決して風頼みの僥倖ではなかった。メディアイベントのこれまでの経験に照らせば、まずイベント、つまり展覧会を仕掛け、それをマッチポンプよろしく社会性のある事件に仕立てて自社の記事で大々的に書きたてることで、戦争画を本物の流行にまで持ってゆくことは十分可能だった。

　だが、そのためには、イベントを伝える記事の核となるような、人目を引くコンテンツがどうしても必要となる。その候補として同社が目をつけたのが、上海の報道部の依頼で描かれ、一年ほど前に陸軍に納められた例の10点の戦争画だった。同社のこの構想はその後、盧溝橋事件二周年を記念して1939年7月に開かれた朝日新聞・陸軍美術協会共催の「第一回聖戦美術展」として実現する。同展の目玉はもちろん、陸軍から貸下げられた「上海派遣軍の依頼による」10点の巨大な公式戦

争画だった。

3　「戦争画」の価値——美術史的な

　メディアイベントとしての第一回聖戦美術展は、集客力の点では一定の成功を収めた、とも言える。だがその出品作、とりわけ鳴り物入りで公開された10点の公式戦争画は、少なくとも美術の専門家筋からは、芳しい評価を得ることができなかった。

　西洋美術史の研究者で批評家としても知られた兒島喜久雄は、朝日新聞に寄せた同展評のなかで[5]、「本当の戦争画を見せて欲しかつた」「エスキスでもいいから本当の戦争画を見せて欲しかつた」と述べ、それらへの失望をあらわにしている。また、「血腥い光景を描いたものが一つもないのは故意に避けたものであらうか。既に聖戦ともあるからには皇軍が血みどろになつて戦つてゐる光景もあつてしかるべきである。正義は流血を聖めて余りある筈ではないか」とも兒島は書いていたが、このとき兒島の脳裡にあったのは、例えばドラクロワのよく知られた《民衆を導く自由》のような作品であったかもしれない。

　20世紀も半ばに差しかかろうかというこの時期になって、兒島のような一線級の批評家が時代がかった戦争画への憧れを口にする背景には、日本の近代美術、とりわけ洋画に特有の事情がからんでいた。

　そもそも日本が創作としての美術の概念を西洋から学び始めた19世紀の後半は、その西洋において、アカデミズムからモダンアートへと美術の前提が大きく移り変わってゆく端境期に当たっていた。その際、美術を知的なものととらえる旧来のアカデミズムでは、最も知的な形式として群像大画面のテーマ主義絵画、いわゆる「歴史画」が尊ばれる。重要なテーマの一瞬を切り取る歴史画において、戦争は最もポピュラーな画題の一つだった。一方、新たに興りつつあるモダンアートの前提に立てば、美術の核心は知性ではなく感性、画家個々

人の個性ということになる。同時に絵は絵なのだから見せかけの奥行きを工夫したり文学的なテーマを後追いしたりするのではなく、平面芸術としての豊かさに徹するべきだとも考えられるようになった。

　端境期に双方を眺め渡すところから出発した日本の近代美術は、西洋におけるアカデミズムの蓄積に圧倒されつつも、勢いを増すモダンアートの展開に後れを取らぬよう、まずは全力でこちらを追いかけねばならなかった。この判断が日本の近代美術に相応の実りをもたらしたことは言うまでもないが、その発端で抱え込んだアカデミズムの欠落の意識は、西洋美術の伝統に対する引け目となって長く画家、とりわけ洋画家の意識下にくすぶり続けたように見える。

　上海の報道部による公式戦争画の依頼は、洋画家たちのこうした鬱屈に風穴を開けた。軍にとっての戦争画は、自分たちの戦いの記念でありプロパガンダかもしれないが、同時にそれは「重要なテーマを物語る絵画」であり、画家の側からこれを見れば「歴史画」にほかならない。戦争画というかたちで積年の課題に取り組むチャンスを与えられた洋画家たちは色めき立った。アジア太平洋戦争期のいわゆる戦争画が、日本画ではなくもっぱら洋画を中心に展開した背景にはこうした事情があった。またそれを知っていればこそ、兒島喜久雄のような批評家たちも、コンプレックスの裏返しとして、ときならぬアカデミックな歴史画としての戦争画の登場に期待を寄せていたのだろう。

　だが前にも見た通り、いざ蓋を開けてみれば、その成果は、期待したものには程遠かった。その理由を先回りしていえば、やはり戦争理念が曖昧な日中戦争それ自体ということになる。

　流血や死体の描写をなぜ避けるのか、と兒島は前の展評で息巻いていたが、まともな戦争理念もなしにそれらを描くのは、土台無理な話だった。例えば、ドラクロワの例の《民衆を導く自由》には死体も流血も描かれてはいるが、こういうむごたらしい場面がそれでも見るに堪えるのは、画面中央に描かれ

た半裸の女性が「これは自由に導かれてフランスに共和制を取り戻す正義の戦いだ」と、見るものに教えてくれているからに他ならない。その証拠に彼女の姿を隠してみると、とたんに画面は正視に堪えない修羅場に一変することがわかる。比喩的に言えば、日中戦争期の画家たちが描こうとしていたのは、理念を持たないこのような戦争だった。

　流血も死体も現実には存在するし、画家にそれを描く手腕も無いわけではない。ただ無かったのは、それらを意味あるものとして読ませるための社会的な文脈、つまり戦争の理念だった。

　逆にいえば、理念さえあれば戦争は「物語」になるし、戦争という物語の中ではつねに、「善玉」と「悪玉」の色分けは截然としている。そしてそういう善玉や悪玉であれば、絵の中で血を流すことも、死体となって転がることも可能だった。なぜなら、それらは「尊い犠牲」、あるいは「当然の報い」として読めるからである。ところが物語「未満」の日中戦争には、その善玉や悪玉が見当たらなかった。第一回聖戦美術展の公式戦争画に限らず、日中戦争期の戦争画に、悪玉であるはずの中国兵がほとんど登場しないのはそのためかもしれない。

　また、そうなると必然的に、描かれるのは善玉の日本兵ばかりということになるが、悪玉をうまく措定できないような心理状態では、画家も、その絵を見るものも、完全なヒーローとしての日本兵をすんなりとは思い描けない。10点の公式戦争画に登場する日本兵の多くが「後ろ姿」【図3】で描かれていたのも、おそらくこのことと関係がある。というのも、背中を見せて奮闘する日本兵の描写は、それを眺める我々を兵士と同じ立場に巻き込むことで、画中のかれらが正面切って、芝居じみた演技をする余地を残さないからだ。

　しかも、後ろ姿のモチーフが持ついわば「寡黙」な性格は、当時の画家たちが直面していた社会的な制約に対しても有効だった。一般に正面を向いた人物像は後ろ姿のそれよりも細やかに観察される傾向がある。その要請に応えて、画家が

【図3】中村研一《光華門丁字路》1939年 現所在不明

こちらを向いた兵士の表情やしぐさ、いで立ちなどをこと細かに描けば、その細やかな完成度自体が、画中のかれらを絵作りのための素材におとしめ、一段高い立場からかれらを自在に操る画家の姿を見るものに連想させてしまう可能性がある。兵士ではない立場からの戦争協力が正当化しづらい日中戦争期の社会において、それはあまりにも危険なふるまいだった。

4 「戦争画」の価値──社会的な

問題はそれだけではない。

いくら理念に乏しいとはいえ大がかりな戦争が現に起こっている以上、苦闘する日本兵の様子や、その被害、損失等は時々刻々報じられている。国民のあいだには、彼らに対するいたわりや感謝の感情が渦巻いていたし、明快な戦争理念が示されないぶん、当事者に対する引け目の裏返しとして、彼らに寄せる思いにはのっぴきならないものがあった。だが、そのことが、より深い次元で画家たちを追い詰める要因にもなっていたという側面は見逃せない。

前にも述べた通り、物語の体を成していない日中戦争に登場する日本兵は、表現のモチーフとしてのヒーローではなかった。だがその一方で、ヒーローたり得ないがゆえに、現に日中戦争を戦いつつある「生身の彼ら」は、理念の曖昧な日中戦争の意義をかろうじて担いうる唯一の存在でもあった。言い換

えるなら、彼らの実際の苦闘だけが、その対価としての「価値」を日中戦争に与えることのできる特権的なコトであり、モノであったということになる。

上海事変（第一次）の「肉弾三勇士」や太平洋戦争末期の特攻隊とは異なり、日中戦争期の兵士への国民的な賞賛が、その死ではなく、困難な戦況からの超人的な生還に向かいがちであったのはそのせいかもしれない。例えば、敵機との空中衝突で片方の翼をもがれながら奇跡的な生還を果たしたとされる海軍の樫村兵曹長の片翼の乗機や、同じく空中戦での負傷で腕の自由を失った陸軍の福山大尉が、操縦桿に結わえ付けたハンカチを口で操って帰還したといういわくつきの乗機などは、一般からの崇敬を集めるだけでなく、いずれも天皇の「天覧」に供されている。戦場から「苦闘の名残」を持ち帰ることに成功した彼らは、通り一遍の英雄であるだけでなく、前述のように、日中戦争を価値づけることのできる唯一の存在でもあった。生還を果たした彼らの肉体や、苦闘の跡をとどめるその兵器類は、まごうことなき「戦争そのもの」の断片である。個々の戦いに意味を与えるさらに上位の物語が存在しない日中戦争において、それらは、戦闘の激しさを語ることでかろうじて「戦争の意義」に言及することのできるフェティッシュ、いわば「聖遺物」だったと言ってもよい。

このような聖遺物を前に、日中戦争期の画家たちは立ちすくんでいたように見える。例えば、前述の福山機が天覧に供される場面をとらえた報道写真【図4】では、福山機の脇に、向井潤吉が公式戦争画とは別に描いて陸軍航空本部に納めた第一回聖戦美術展の出品作《福山機の壮絶なる勇姿》が、さながら解説パネルのようにして据え置かれている。これは極端な例かもしれないが、日中戦争の主題に取り組もうとする「表現者」の立ち位置を端的に示す光景ではあるだろう。1940年に陸軍美術協会の会長でもある陸軍の松井石根大将が私財を投じて熱海伊豆山に建立した「興亜観音」でも、本尊の聖観音は日中両軍の兵士の血を吸った激戦地の土を練り込んで焼成

された陶製の露仏で、手前の堂宇を飾る宮本三郎や栗原信の手になる絵画は、その荘厳具の立場に留め置かれていた。表現者自身、そのような立場をわきまえていたらしいことは、彫刻家の清水多嘉示が1940年に発表した母子像《千人針記念碑ノ一部（出征兵士ヲ送ル）》などを見てもわかる。作者によれば、これは戦地から兵士たちが持ち帰った千人針を収めるために、いつの日か建設されるであろう、まだ見ぬ記念堂の一部という構想だった[6]。

　ちなみに「本物」、つまり戦場からもたらされた聖遺物に対する「表象」、つまり戦争を描いた絵画の倫理的な劣位は、そのまま、「兵士」に対する「表現者」の劣位に通じている。第一回聖戦美術展で一般応募作の審査にあたった洋画家の伊原宇三郎は会期中に発表したある雑誌記事で、その苦衷をこう綴っていた。「従軍画家としては、私など相当危険な第一線まで行つた者の一人であるが、それでも、今生きるか死ぬかといふ、つきつめた戦争の実感と体験を持つことが出来ない。（中略）挿絵程度なら、見て来た様な絵そら事をかいてゐるものゝ、本式には、経験の無いものは何とも残念であるが描けないことがはつきり解つてしまつた」[7]。体験がなければ戦争画は描けない、というときのこの体験は、もちろん観察にもとづく

【図4】福山大尉の乗機を見る昭和天皇（陸軍参謀本部にて）、『東京朝日新聞』
1938年10月9日

知見の有無などではなく、戦場との接触を通じて作者に、ひいてはその作品に宿る聖遺物としての倫理的な迫力を意味している。日中戦争期において、この倫理的な力は作品の評価と無縁ではなかった。例えば、徐州会戦の戦記文学として当時広く読まれた火野葦平の『麦と兵隊』(1938年)にしても、その評価の幾分かは、作者である火野の従軍経験、「兵隊作家」という肩書からきていたに違いない。

第一回聖戦美術展が、10点の公式戦争画を興行の目玉に押し立てながら、一方では、大半が素人である兵士の作画を最大限優遇する方針を打ち出していたのも、聖遺物としての兵士とその作品が持つ倫理性に配慮した結果かもしれない。朝日新聞は同展の開催を報じる1937年5月の記事で、「出征将兵の作品に対しては搬入が多少遅れても」受け付けるので、前線の同社特派員に託すか、同社計画部宛に郵送するかしてほしいと書き[8]、閉幕直後の記事でも、「会期中にも(将兵による)応募作品は続々と到着、(会期最終日の)23日最後の審査会を開いて」入選作を決定、それらは巡回先の名古屋、大阪から追加展示されることになった、と伝えている[9]。

表現者の倫理的な劣位という点では、目玉であるはずの公式戦争画の作者も例外ではなかった。開幕を控え、朝日新聞では連日特集記事を組んで公式戦争画の紹介に努めていたが、その際、作品図版の下に顔写真入りで掲

【図5】第一回聖戦美術展に出品される公式戦争画(小磯良平《南京中華門の戦闘》)の紹介記事、『東京朝日新聞』1939年6月24日

載されるのは作者のコメントではなく、描かれた戦闘の当事者である将兵たちの談話だった。【図5】

だが、そのことを画家たちが不満に感じていた形跡はない。なぜなら作品はしょせん「本物」ではなかったからだ。理念の曖昧な日中戦争をテーマとする限り、その意義にかろうじて言及できるのは戦争そのものの物理的な断片、つまり聖遺物であって、戦争の表象それ自体に聖性が宿ることなどあり得ない、というのがかれらの醒めた認識だった。画家にとって日中戦争期の日本は、社会全体がさながら「御府」であったと言っても過言ではない。

5　戦争画を「御府」へ

ここからは推測にわたるが、この第一回聖戦美術展の観客の中に、陸軍省の情報部（1938年9月に新聞班から改称）に籍を置く黒田千吉郎という陸軍中尉がいたことはまず間違いない。この黒田中尉は、美術の素人ではない。というより、むしろ軍歴のほうが不似合いに映るような美術のプロで、1929年に東京美術学校の図案科を出た黒田は、すでに相応の実績を持つ若手のデザイナーでもあった。出身校と世代からいえば、黒田は、小磯良平のような若手の戦争画家にとっては同じ世代の同窓生にあたる。

そのような黒田が例の第一回聖戦美術展に足を運ばなかったとは考えにくいし、訪れれば当然10点の公式戦争画は見ただろう。その際、陸軍省の情報部員として、それらが陸軍省ではなく、上海の中支那派遣軍報道部の依頼で描かれたことに忸怩たる思いを抱いたであろうことは想像に難くない。陸軍省自体が作戦記録画の作成に本腰を入れ始めるのは1940年の春、海軍からは1年以上も遅れてのスタートだったが、その計画の立案に尽力したのが、この黒田中尉だった。

黒田は前年（1939年）の秋、つまり第一回聖戦美術展の直後にも同様の企画を立てたことがあったが、そのときは採用に

至らなかったという。それがここにきてにわかに動き始めた背景には、これも前年の秋、黒田の最初の発案と前後する時期に公表された「新御府」の建設計画、正確にいえば、満洲事変の際に建てられた「顕忠府」の「増築」計画があった。

前にも引いた井上亮の『天皇の戦争宝庫』によれば、「日中戦争が始まって以降、これを満洲事変などとは別の戦争ととらえ、さらに新たな御府を造る計画があったらしい」[10]。当初は新築も考えられていたようだがいくつかの理由から見送られ、最終的には、顕忠府を増築して日中戦争の御府にあてるプランが採用された。それでも「御増築の形式ではあるが、今事変の重大性に鑑みさせられて、その計画は殆んど一御府に相当する程度のもので、約百坪の木造二階建となる模様である」と、皇族の執務の様子をまとめた著作『御垂範』(1940年)はその見通しを伝えている[11]。造営は二か年計画で、竣工の予定は1941年だった。

ちなみに、再び井上の『天皇の戦争宝庫』によれば、このとき計画された新たな御府は、その後も建築(増築)に取りかかった形跡がなく、結局は幻のままで終わることになる[12]。だが、それはこの時点ではまだ知りようがない。

御府増築の計画を知らされた陸軍では、1939年8月24日、各部隊に宛てて「御府献納品準備ノ件」と題する通牒を発した[13]。そこに列記された収集対象は、顕忠府のそれに準じるかたちで以下の四項に分かれている。

一 支那事変戦病死者ノ写真
二 戦病死者ノ姓名録
三 将兵ノ忠勇義烈ヲ顕彰スヘキ兵器、装具其ノ他ノ記念品
四 事変ヲ記念スヘキ我軍私用ノ兵器、装具及鹵獲兵器等ノ参考品並ニ絵画、写真、記録等」(傍点筆者)

通牒はまた「献納品ノ選定範囲」として、日中戦争に加えて

張鼓峰事件やノモンハン事件も収集対象の事変に含むとしたほか、前記第四項末尾の「絵画、写真、記録等」の範囲を次のように定めていた。

　作戦進捗一覧表、主要会戦ノ経過要図、戦闘、戦地ノ状況ヲ示ス写真及事変関係ノ記録等作戦経過及戦闘、戦地ノ状況ヲ示スモノ

　この通牒は陸軍のものだが、その元となる御府増築の知らせや献納品収集の要請は、同時に海軍にも届いていたに違いない。
　翌1940年の春、この通牒に応じて設けられた陸軍の御府献納委員（4名ほど）の一人に黒田千吉郎中尉が選ばれたことから事態は動き始める。前年秋にいったんは斥けられた大がかりな従軍画家派遣・公式戦争画の委嘱計画がにわかに息を吹き返しただけでなく、おそらくは黒田中尉の意向もあって、今回の計画で制作される陸軍の公式戦争画は、新たに増築される予定の宮中の御府（顕忠府）に収められることになった。その際、収まりどころとなる顕忠府に、すでに栗原忠二の6点を含む少なくとも12点の絵画が存在するという事実は、黒田中尉の意を強くさせたに違いない。
　その後、陸軍省では早くも4月に公式戦争画の作成に向けた画家の戦線派遣計画を発表、北支に洋画家の小磯良平、田中佐一郎、田村孝之介、中村研一、日本画家の川端龍子、中支に洋画家の清水良雄と硲伊之助、南支に洋画家の伊原宇三郎、橋本八百二、宮本三郎、および派遣先未定の日本画家、川崎小虎と吉村忠夫の派遣を公表する。もっともこの時点の報道では、まだ「御府」が口の端に上ることはなく、完成作も翌年（1941年）の陸軍記念日（3月10日）に何らかの展覧会を設けて公開するとされた。また急遽復活した事業のためか当座は予算のやりくりがつかず、経費については「「わかもと」社長長尾欽也氏、日本商工会議所会頭藤山愛一郎氏ら」の寄付を仰いだと

いう[14]。

　このときの完成作は、当初報じられた1941年春の展覧会ではなく、同年夏の「第二回聖戦美術展」で公開された。その直前の5月には1938年夏に海軍省の軍事普及部が委嘱した作品12点も「第五回大日本海洋美術展」で公開されていたので、この段階で、陸・海軍双方の公式戦争画が出揃ったことになる。今回の公開にあたり海軍は自軍の公式戦争画を「作戦記録画」と呼んだが、管見の限り、これがその呼称の初出かもしれない。これ以降、だれ言うともなく陸・海軍の委嘱による公式戦争画は「作戦記録画」と呼ばれるようになった。

　と同時に、作戦記録画をめぐる陸・海軍のつばぜり合いも始まっている。陸軍省が当初発表した派遣画家の数は12名で、各自が1点ずつ手がけた場合、その作品数は海軍省の委嘱と同じ12点になる。だが、実際に陸軍が第二回聖戦美術展で公開した公式戦争画は16点だった。追加されたのは栗原信と深澤省三の各1点と、関東軍嘱託として1940年にノモンハン戦跡を取材した藤田嗣治による2点である[15]。

　もし仮に当初の陸軍の派遣人数が海軍の計画を踏まえた上での紳士協定で、海軍側もそのつもりでいたのだとすれば、海軍は陸軍に出し抜かれたかっこうだった。また、それにもまして海軍がほぞをかんだのは、陸軍の公式戦争画が第二回聖戦美術展の開幕に先立ち、宮中に運ばれて天皇一家の天覧・台覧に供されていたことだった。御府への献納というその後のシナリオを、この時点で海軍がどこまで察知していたかは不明だが、これだけでも自軍の作品との扱いの差は歴然としている。どの時点でか陸軍の献納のシナリオを知らされた海軍は地団太を踏んだに違いない。というのも、御府の増築計画を知らされる前に立てられた海軍の計画では、完成作の収まりどころは当然御府ではなく「海軍の官衙、学校または海軍館」と公表されていたからだ[16]。あわてた海軍では急遽、御府献納用に「作戦記録画」12点のレプリカをつくることを決め、陸軍の作品が公開された1941年の夏に、あらためて原作者た

第6章　「御府」の絵画

177

ちに再制作を依頼している[17]。

これ以降、陸軍と海軍は競い合うようにして、御府に献納すべき「作戦記録画」の作成に励むことになる。

6 「歴史画」のアウラ

黒田中尉自身にその自覚があったかどうかは定かではないが、黒田の発案で始まった公式戦争画（作戦記録画）の御府への献納計画は、一面では、戦争画という「表象」に「本物」のステータスを呼び寄せようとする試みでもあった。本物だけが価値を帯びる御府のような環境に送り込まれた絵画がそこで解説パネル以上のステータスを獲得できれば、戦争画のモノとしての価値は、根底からアップグレードされることになるからだ。

だが前にも述べた通り、当時、つまり日中戦争下の日本では、戦争という圧倒的な現実を前に、そこからもたらされる現実の断片だけが、かろうじて価値を持つような社会ができあがっていた。戦争絵画というものの価値が「戦争」によって担保されているかぎり、この堂々巡りから抜け出すことはできない。問題の成否は、戦争絵画が「絵画」であることの意味ないしは価値を、一般の人々、ひいてはその集合的な体現者である天皇に認めさせることができるか否か、言い換えれば、戦争絵画というジャンルを突破口にして、「絵画」というモノの価値を、数多ある聖遺物を向こうに回して戦時の社会に浸透させることができるか否か、という一点にかかっていた。

第二回聖戦美術展に並んだ陸軍の公式戦争画（作戦記録画）が「天覧」に供された時点で、その試みは最初のハードルを越えたとは言える。それらはもはや、かつての向井潤吉の《壮絶なる福山機の勇姿》のような聖遺物の図解ではなく、それ自体が、歴とした天皇の眼差しの対象だった。また連動するかたちで、戦争画の「絵画」としての側面にも光が当たり始めていたことは、このとき天覧に供された作戦記録画の1点、小磯

良平の《娘子関を征く》【図6】が、1937年に創設されて以来洋画では初めてとなる帝国芸術院賞を与えられたことからもわかる。日本の同時代美術、とりわけ洋画において、いつしか戦争画の出来栄えは、その芸術としての成否を測る試金石と見なされるようになっていた。

だが、ここで及第点を得た小磯の《娘子関を征く》にしても、兒島喜久雄が憧れたレベルの「歴史画」であったかといえば、それは疑わしい。小磯の受賞にあたり、母校の恩師でもある洋画家の藤島武二はこう述べていた。「事実に即して描くことが今回の戦争を芸術品として再現するの正しき方法である。(中略)小磯君は多年研鑽せる写実を以て対象に向ひ、色感も殊更な絢爛さを求めず、構図もまた奇異をねらはず、すべてを事実にゆだね、(中略)多くの戦争画中出色の作品を生むに至つたのである」[18]。

「表現」をひかえよと言わんばかりのこうした発言は、いまだ表象がそのモチーフの風下に立たざるを得なかった状況を物語っている。そして日中戦争期においては、これが画家になしうる限界でもあった。画家が何をどう描こうと、まるで「アキレスと亀」の命題のように、その絵の価値は、描かれた対象のそれを決して超えることができない。戦争という現実だけが価値を独占するこのような状況は、前にも見た通り、理念を欠いた総力戦という奇妙な事態に由来していた。

ところが、小磯の《娘子関を征く》が出品された第二回聖戦美術展から半年後、1942年の末に勃発した「太平洋戦争」により、事態は一変することになる。

【図6】小磯良平《娘子関を征く》1941年　東京国立近代美術館

政治的な内実はさておき、連合国のすべてを敵に回して始まったこの新たな戦争は、アジアに植民地を展開してきた欧米諸国を「悪玉」と名指すことで、それまでの日中戦争とこれから始まる戦いの全体を「アジア人のアジア」を取り戻す「正義の戦い」と呼ぶことを可能にしていた。国民の多くが緒戦の勝利を知らされる前から大いに沸き立ったのは、この新たな戦争が、明快な善・悪二元論を押し立てることで、戦争に「意義」をもたらしていたからにほかならない。戦争のテーマに取り組もうとする表現者にとって、この変化は決定的だった。とりわけ重要なのは、戦争を傍観者の立場から表現する自由が生まれたことだろう。

　緒戦の勝利を受けて、陸・海軍は作戦記録画の作成に向けた大規模な従軍画家団をそれぞれ南方戦域に派遣しているが、戦地でのかれらの振る舞いには、もはや戦争という現実への気おくれは見られない。南方での取材を終えて帰国した画家たちを集めた座談会の席上、洋画家の藤田嗣治はこう述べている。「無血占領といふのは戦争の方で云へば誠に結構な、有難いことなんだが、画家の方では困るんだよ。何の感激もなく、簡単に上陸、占領といふことになると記録としては大切でも、画家には材料やなんかの点でやり憎いんだね」[19]。またその席上、藤田は、事実に悖る逸話でも絵の題材としてはアリではないかという同席者の発言を受けて、「その通りだ。（中略）有り得ることなら実際に無くても差し支へないと思ふ」とも語っていた[20]。

　戦争という現実の上を行く価値の出現が画家たちに表現の自由を与えていたことは、同じ座談会に同席していた洋画家鶴田吾郎の次のような発言からもわかる。「兎に角、今度の戦争は日本の歴史始まつて以来のことなんだし、武力戦と建設戦とが併行して行はれてゐるんだから、文化方面がウンと働く余地がある訳だな。我々は画家だから画家として御奉公することが幾らでもあるんだ」[21]。

　こうして描かれた作品群は、1942年12月に太平洋戦争の開

戦1周年を記念して開かれた「第一回大東亜戦争美術展」を飾った。同展には、陸・海軍から戦地に派遣された画家26名に、すでに報道班員として徴用され南方にあった画家9名、あわせて35名の手になる作戦記録画が顔を揃えた。それらはもちろん先例に倣い、開幕前に宮中に運ばれ皇族の天覧・台覧に供されている。宮本三郎が陸軍、松阪康が海軍のためにそれぞれ2点、中村研一が陸軍と海軍に各1点ずつ描き、藤田嗣治が陸軍に2点、海軍に1点描いたため、作戦記録画の数は一挙40点に膨れ上がった。ちなみに陸・海軍とも以後数次にわたって作戦記録画計画を実施しているが、それらはすべて別の展覧会で公開されているので[22]、陸・海軍の作戦記録画が一堂に会する機会は、この第一回大東亜戦争美術展が最初にして最後であったことになる。また後日談ではあるが、巡回展まで含めた同展の延入場者数は380万人に上ったとされる[23]。日中戦争期の聖戦美術展を引き継ぐかたちで同展を主催した朝日新聞にとって、これは上々の成績と言うべきだろう。

　作品に話を戻せば、戦争の上を行く価値＝戦争理念の登場は、戦争という現実が、善悪のメリハリのきいた物語になったことを意味していた。そしてその物語は、日々の報道によって国民のあいだに知れ渡っている。広く知られた物語の重要な一瞬を切り取って見せる第一回大東亜戦争美術展の作戦記録画群は、もはや立派な「歴史画」だった。

　戦争の理念とともに浮上した絵作りの自由は、作品の表情も劇的に変えることになる。1939年の第一回聖戦美術展に出品された中村研一の《光華門丁字路》【図3】では見えない中国兵を相手に後ろ姿で奮闘していた日本軍兵士が、同じ中村研一の今回の作戦記録画《コタ・バル》【図7】になると、正面に向き直り、こちらを向いてヒロイックに戦う姿で表されている。正面切って奮闘する《コタ・バル》の日本兵は、ドラクロワが《民衆を導く自由》で描いた見る者のほうへと押し寄せるパリの市民と同様、正義の物語のまぎれもないヒーローだった。

　同じく第一回大東亜戦争美術展に出品した作戦記録画《山

【図7】中村研一《コタ・バル》1942年　東京国立近代美術館

【図8】宮本三郎《山下、パーシバル両司令官会見図》1942年
東京国立近代美術館

下、パーシバル両司令官会見図》【図8】で、前年の小磯に続いて帝国芸術院賞を受賞した宮本三郎は、制作中の感慨をこう述べていた。「我が国の現代美術の動向からしても、この様な画題を扱はなかつたし、意図されたことも無いやうに思ふ。(中略)自分はこの困難な画題が決して無意味な仕事ではなく、実に画家として生甲斐ある仕事であることに感謝しなが

ら描き続けた」[24]。同作の受賞に合わせて公表された審査側のステートメントに、「歴史的場面ノ此ノ絵画ハ此ノ種ノ作品トシテ西洋人ニ比シ恥カシカラザル技倆ヲ具備セルヲ認メ」る、とあったのは、宮本の制作が日本の近代美術、とりわけ洋画の積年の課題に応える成果と見なされていたことを物語っている[25]。

　もちろん、太平洋戦争における日本軍の優位はこの後長くは続かず、1943年に入る頃からは次第に負けが込むようになるのだが、それでも画家たちを取り巻く自由な空気は変わらなかった。というのも、戦局の悪化にもかかわらず、正義の日本軍を主役に据えた骨太の物語ばかりは、敗戦のその日までなおも健在であったからだ。「正義の勝利」は描けなくとも、「蹂躙される正義」なら描くことができる。取材のための従軍などはもはやおぼつかなかったが、具体的な現実からは切り離されたぶん、歴史画の演出に画家が腕を振るえる余地はむしろ広がっていた。ある意味、歴史画としての作戦記録画の本領発揮はこれからだった。
　興味深いのは、宮中の御府への献納を目指す上で、戦争末期のこの戦況の悪化が、作戦記録画には「追い風」になっていたことかもしれない。
　敗勢が覆い難くなった時期にくり返し報じられた「玉砕」や「特攻」の主題は、「蹂躙される正義」という点で、キリスト教絵画の「殉教」のテーマに通じている。聖人が無残に殉教する場面の描写を見て、敬虔な信徒は怒りに打ち震えるかもしれないが、かれらの憤りの向かう先は、聖人をそのような目にあわせた異教徒であって、まちがってもその絵を見事に描きこなした画家ではない。言い換えれば、殉教図をそうした文脈に沿って受け止める観客がいるかぎり、画家は、無残な主題をどう描こうと一切咎められるおそれはなかったということになる。
　1943年の5月29日、アリューシャン列島アッツ島の日本軍

守備隊が米軍の攻撃を受けて全滅する。その最期の様子は「初めての玉砕」として大々的に報じられた。玉砕の報に接した藤田嗣治はその絵画化を思い立ち、完成した作品《アッツ島玉砕》【図9】は、事後承認のかたちで陸軍作戦記録画に加えられて、1943年9月から始まる国民総力決戦美術展で公開された。その制作意図を、藤田は友人に宛てた書簡でこう記している。「昔の巨匠のチントレットやドラクロアでもルーベンスでも　皆んな　本当の戦争を写生した訳でもないに異いない（中略）私なんぞはそのおえらい巨匠の足許にも及ばないが　これは一つ　私の想像力と兼ねてからかいた腕だめしと言ふ処をやつて見ようと　今年は一番難しいチャンバラを描いて見ました」[26]。

とはいえ、はるか昔の殉教者とは異なり、「玉砕」した兵士たちの生身の記憶は受け手の国民にとって生々しい。その彼らに聖性をまとわせるべく、藤田はさまざまな工夫を凝らしている。新聞報道はそのために欠かせないツールの一つだった。例えば、『朝日新聞』のある記事によれば、斎戒沐浴して制作に取りかかった藤田は「奇しくも」玉砕部隊の月命日に

【図9】藤田嗣治《アッツ島玉砕》1943年　東京国立近代美術館

あたる8月29日に筆を擱いたという[27]。『読売報知』の別の記事はその画面の「余りの物凄さに夜などわれながら怖くなり線香をあげた」という藤田の談話を伝え[28]、また別の記事のなかには、線香を上げた日の「夜も更けたと思われるころ、画面の中央に描かれている山崎部隊長、それから画面に散在している兵隊のそれぞれの顔がふっと笑いかけて元どおりの絵の顔にもどった」というオカルティックな逸話を伝えるものもあったと、当時東京美術学校の学生であった洋画家の野見山暁治は、戦後のエッセイで語っている[29]。

　こうしたクスリが効きすぎたせいかもしれない。国民総力決戦美術展の会場に並んだ藤田の《アッツ島玉砕》の扱われ方は、殉教図を通り越して、あたかも故人の「遺影」に接するかのようであったという。前の野見山暁治によれば、東京都美術館の会場では《アッツ島玉砕》の傍らに賽銭箱が置かれ、絵の脇には作者の藤田が国民服姿で佇立して、浄財が投じられるたびに礼を返していた[30]。その後、巡回先の青森会場で、《アッツ島玉砕》の前に跪いた老人たちが賽銭をあげて祈る様子を目のあたりにした藤田は、「生れて初めて自分の絵がこれほど迄に感銘を与え（たこと）に驚き、（中略）啞然として打たれた」と戦後の回想で述べている[31]。

　右の逸話からもわかるように、藤田の《アッツ島玉砕》は、かならずしも「鑑賞」されていたわけではない。作品を前にした観客にとって、藤田の《アッツ島玉砕》は「目の愉しみ」である以前に、それ自体が崇敬すべきフェティッシュだった。そのフェティッシュに賽銭を投げ、跪いて瞑目する国民の姿は、冒頭で引いた、宮中の振天府に収められた戦没将士の写真の前で「御敬礼なさる」天皇の姿を彷彿とさせる。それは、戦争を描く絵画が絵画のまま「聖遺物」のステータスを獲得した瞬間でもあった。戦況も押し詰まった戦争末期になって、作戦記録画は御府への真正の参入資格を得たのだ、とこれを言い換えることもできる。ただ、それを可能にしたのは、そこで繰り広げられる戦いの情景がすべて「遺影」への連想を誘う

ような、太平洋戦争最末期の絶望的な戦況であった、とも言い添えておかねばならない。

7　その後

　文中でも述べた通り、作戦記録画の収まりどころに想定されていた宮中の顕忠府は、けっきょく増築されなかった。では、描かれ、作戦記録画として公開された後の作品群は、敗戦までどこに置かれていたのか。敗戦の時点での主だった戦争画の所在と、それらの今後の処遇について、美術雑誌『三彩』1946年10月号の「消息」欄は次のように記している。

　　戦争中軍部に委嘱されて製作された記録画、戦争画の終戦当時の所在は左の如くである。陸軍省構内七点、遊就館四点、陸軍士官学校内十三点、予科士官学校内十二点、幼年学校内十三点、岐阜高山市に七点、青森弘前市に二十三点、熊本市に三点、神田陸軍倉庫に十七点、上野美術館に十二点、総数百二十一点（内空襲炎焼、終戦どさくさで四十点は焼失）であり、海軍関係は鎌倉に疎開中であつた。京城所在の陸軍関係の画は在京山田新一氏挺身之を保管し約一ケ月を要し内地に持帰つた。昨年十月連合軍司令部附戦争画家班長ミューラー少佐が藤田嗣治氏より日本の戦争画実情について報告を受け　ついで〔藤田が：筆者補〕嘱託となり之等記録画戦争画の蒐集に努め爾来半歳、漸く内地の分の蒐集を終つた、在鮮の分は前期山田氏が嘱託となり蒐集整理し、両者とも上野美術館六室におさまり、筆者により加筆、修正され米国本土に輸送される。絵画が戦争宣伝に使用されたことに米国は異状な関心を持つてゐるが、その取扱は鄭重を極め芸術に対する米国人の態度は敬服すべきものがあると言はれ、ニユーヨーク、ワシントンで公開される[32]。

京城(現在の韓国ソウル)の作品群は現地での展覧会にそなえ駅倉庫に保管されていたもの。軍の焼却命令をかいくぐり、洋画家の山田新一が朝鮮人画家たちの協力も得ながら保全に尽力したと言われる。弘前市の「二十三点」も点数の多さからみて、巡回展に出品中の作品であった可能性が高い。

　米軍従軍画家の「ミューラー少佐」は、正しくはミラー(Miller)少佐。米本国での戦争美術の展覧会に日本の作例も加えられる可能性を聞き知ったミラーがその収集をパリ時代に親交のあった藤田嗣治に持ちかけたことから、戦争画のいわゆる「接収」は始まったらしい[34]。これを日本の戦争画の「海外進出」ととらえた藤田たちは発奮し、その収集に奔走することになる。

　だが、『三彩』が右のような「消息」を伝えていた頃、この計画はすでに頓挫を余儀なくされていた。理由は作戦記録画の位置づけが定まらなかったことにある。それらが芸術なら保護しなくてはならないが、軍国主義的なプロパガンダなら廃棄する必要がある。また戦利品ととらえるならその所有権は連合国すべてにまたがるため米国だけが持ち去ることは許されない。そして作戦記録画を含む戦争画の類はやっかいなことに、そのいずれにも当てはまった。けっきょく最終的な処遇が決まらないまま収集作業だけは続き、集められた作品群は日本の独立回復とともに、戦利品のようなかたちで米国へと持ち去られる。それらは、その後の返還交渉をへて1970年に返還(無期限貸与)され、今では東京国立近代美術館が「戦争記録画」として一括管理している。

　その「戦争記録画」のなかに2点、文中でも触れたことだが、顕忠府の旧蔵品とおぼしい絵画が含まれている。満洲事変を描いた栗原忠二の《在留邦人保護》【図1】と《博愛》【図2】の2点である。これらが東京国立近代美術館にある以上、藤田らの探索は宮中の御府にも及んでいたと考えねばならない。というより、御府献納の名目で渾身の力作を手がけてきた立場か

らすれば、真っ先に駆けつけたのは御府であったかもしれない。そこがもぬけの殻で、増築されるはずであった新館すら存在しないと知らされた時、彼らは何を思っただろう。

聖遺物への道を閉ざされたかれらにとって、ミラー少佐からもちかけられた米国での展示は残された唯一の晴れの舞台だった。顕忠府にあった栗原の6点から、軍事的な色彩の比較的薄い現存の2作が抽出されたのは、米国での公開を見据えた藤田なりの配慮であったとも考えられる。

それはちょっと大げさに言えば、用済みとなった聖遺物の中から拾い上げられた絵画が、表象としての本来の面目を取り戻した瞬間でもあった。と同時にそれは、戦争画ははたして芸術か、それともプロパガンダかという、今日まで続く表象としての価値判断をめぐる議論の出発点でもあった、ということになる。

図版出典

【図1】 『東京国立近代美術館所蔵品目録 水彩・素描 書 彫刻（立体造形）資料 戦争記録画』東京国立近代美術館、2006年3月
【図2】 『東京国立近代美術館所蔵品目録 水彩・素描 書 彫刻（立体造形）資料 戦争記録画』東京国立近代美術館、2006年3月
【図3】 『聖戦美術展集』朝日新聞社、1939年7月
【図4】 『東京朝日新聞』1938年10月9日
【図5】 『東京朝日新聞』1939年6月24日
【図6】 『日本美術全集 第18巻 戦争と美術』小学館、2015年4月
【図7】 『未完の世紀：20世紀美術がのこすもの』東京国立近代美術館、2002年1月
【図8】 『日本美術全集 第18巻 戦争と美術』小学館、2015年4月
【図9】 『日本美術全集 第18巻 戦争と美術』小学館、2015年4月

注

1 井上亮『天皇の戦争宝庫——知られざる皇居の靖国「御府」』ちくま新書、2017年8月、31–32頁。本章における御府についての一般的な記述は、特記のない限り同書に基づく。
2 「軍務1 第8号 8.1. 24 御府に関する件」JASCAR（アジア歴史資料

センター）Ref.C05022651400、公文備考 C 巻 4 儀制 海軍大臣官房記録 昭和 8 年(防衛研究所)。
3 「10. 2.22 御府献納品詮衡委員会開催の件」JASCAR（アジア歴史資料センター）Ref.C05034068100、公文備考 昭和 10 年 C 儀制 巻 5（防衛省防衛研究所）。
4 「"彩管部隊" 中支へ出動」『東京朝日新聞』1938 年 4 月 16 日。
5 兒島喜久雄「聖戦美術展(1)洋画評」『東京朝日新聞』1939 年 7 月 11 日。
6 「贈らう千人針記念堂」『東京朝日新聞』1940 年 12 月 8 日。
7 伊原宇三郎「戦争美術と身辺雑記」『みづゑ』416 号、1939 年 8 月、26 頁。
8 「勇士の作品優遇」『東京朝日新聞』1939 年 5 月 7 日。
9 「戦地から続く出品」『東京朝日新聞』1939 年 7 月 25 日。
10 前掲書『天皇の戦争宝庫——知られざる皇居の靖国「御府」』（注 1）、187 頁。
11 古川長男『御垂範』興亜文化研究所、1940 年 5 月、19 頁。
12 前掲書『天皇の戦争宝庫——知られざる皇居の靖国「御府」』（注 1）、189–192 頁。
13 「陸支普第 2233 号 昭和 14 年 8 月 24 日 御府献納品準備の件」JASCAR（アジア歴史資料センター）Ref.C10073345100、昭和 14 年 1 月起 支那事変に関する条規(2)陸軍大臣官房(防衛省防衛研究所)。
14 「戦利品の扱いで」『週刊読売』1967 年 8 月 18 日号カコミ記事「失われた戦争絵画・座談会」、24 頁。
15 ただし第二回聖戦美術展に陸軍省から貸下出品された陸軍の公式戦争画のうち、ノモンハン事件での部下の慰霊を目的に荻須立兵予備役中将の個人的な依頼で描かれた藤田嗣治《哈爾哈河畔之戰闘》と、1940 年 9 月の訓練で殉職した陸軍参謀の皇族北白川永久王の事跡を記念する深澤省三《蒙古軍民協和之図》はその後靖国神社の遊就館に奉納されており、陸軍の御府献納計画には含まれていなかった可能性が高い。御府献納物品の収集を指示する 1939 年 8 月 24 日付の陸軍の通牒（注 13）には、その範囲について「支那事変(張鼓峰事件、ノモンハン事件等を含む)関係ノモノヨリ成ルヘク広ク選定ス」とあり、陸軍としては藤田の《哈爾哈河畔之戰闘》の公開をもってこれを満たす意図があったとも考えられる。これらを除けば公開の時点で追加された作品は、藤田嗣治《古北口総攻撃(満洲事変)》と栗原信《居庸関攻撃図》の 2 点ということになる。
16 「実戦宛ら苦心三年 石川画伯の「渡洋爆撃」完成近し」『読売新聞』1940 年 5 月 5 日。
17 「御府に輝く海軍の献上画 海の聖戦描く誉れの十画伯」『読売新聞』1941 年 7 月 15 日。
18 藤島武二「小磯君と戦争画」『朝日新聞』1942 年 4 月 14 日。
19 「陸軍派遣画家 南方戦線座談会」『大東亜戦争南方通信』陸軍美術協会、1942 年 9 月、10 頁。
20 前掲「陸軍派遣画家 南方戦線座談会」（注 19）、26 頁。
21 前掲「陸軍派遣画家 南方戦線座談会」（注 19）、28 頁。
22 第一回大東亜戦争美術展の後、太平洋戦争期の陸・海軍の作戦記録画はそれぞれ以下の展覧会で公開された。陸軍は、国民総力決戦美術展

〔1943 年 9 月〕、陸軍美術展（第二回）〔1944 年 3 月〕、陸軍美術展（第三回）〔1945 年 4 月〕。海軍は、第七回大日本海洋美術展〔1943 年 5 月〕、第二回大東亜戦争美術展〔1943 年 12 月〕、第八回大日本海洋美術展〔1944 年 5 月〕。
23 『大東亜戦争記録画製作ノ為画家現地派遣計画』〔以下文面より判断して〕陸軍省情報部、1943 年 6 月以前。
24 宮本三郎「山下・パーシバル両司令官会見図について」『宮本三郎南方従軍画集』陸軍美術協会、1943 年 9 月、46–47 頁。
25 「第二回帝国芸術院賞授賞要旨」『画論』22 号、1943 年 6 月、26 頁。
26 「藤田嗣治書簡（木村荘八宛、1945 年 3 月 16 日）」（瀬木慎一『書かれざる美術史』芸術新聞社、1990 年 10 月 所収、209 頁）。
27 「アッツ島玉砕の図　藤田画伯の大作成る」『朝日新聞』1943 年 8 月 31 日。
28 「怒髪天を衝くアツツの神兵　藤田画伯陸軍へ献納の手続き」『読売報知』1943 年 8 月 31 日。
29 野見山暁治「戦争画とその後——藤田嗣治」『四百字のデッサン』河出文庫、1982 年 10 月、11–12 頁。
30 前掲「戦争画とその後——藤田嗣治」（注 29）、11 頁。
31 夏堀全弘『藤田嗣治芸術試論 藤田嗣治直話』三好企画、2004 年 10 月、322–323 頁。
32 「戦争画の行衛は如何に」『三彩』1 巻 2 号、1946 年 10 月、52 頁。
33 戦争画の接収については以下の拙稿を参照。河田明久「それらをどうすればよいのか——米国公文書にみる「戦争記録画」接収の経緯——」『近代画説』8 号、1999 年 12 月／河田明久「収集から接収へ——占領期の戦争画」『没後 50 年　藤田嗣治展』東京都美術館（他）、2018 年 7 月。

第3部
資料の転生

第7章

歴史資料としての満洲地図
──近代長春の都市空間の形成と発展

ヤン・ユー

1 はじめに:地図とは

　道を聞かれたら、携帯でグーグルマップを見るだろう。街へ出かけるときも、携帯を握って交通アプリやグーグルマップを見ながら、目的地とたどり着く。看板の地図を見る、あるいは人に道を尋ねるというのはとても珍しい風景になってきた時代だ。

　少し前までは、場所を探すとき地図は最も重要だった。江戸時代において場所を示す地図は、「絵図」あるいは「図」と呼ばれ、それをみると、彩色された図には海と川は青色、林は緑色、お寺と神社は赤色、道は黄色、町屋は灰色で示してある。また、黒い線で囲まれた空間は大名屋敷であり、上屋敷は赤色の家紋で、中屋敷は黒い四角、下屋敷は黒い丸点で示してある【図1】。江戸の各地区の地図をみると、江戸の主な空間は大名屋敷によって占められていたことがわかる。

　【図1】の「小石川谷中本郷絵図」(現在東京都文京区本郷あたり)の中央には、黒線で囲まれた大きな空白があり、「加賀中

【図1】戸松昌訓(編)小石川谷中本郷絵図、1861年刊、49.4×53.9cm

納言殿」という文字と、加賀藩前田家の家紋である梅鉢紋(五つの花弁を持つ梅の花)が描かれ、加賀藩本郷邸を示している。金沢市立玉川図書館清水文庫に所蔵されている加賀藩本郷邸の内部空間を詳細に示す地図では、中央に池があり、大名とその家族の部屋が広がり、その周りは大名の家臣(詰人)の長屋を示す長方形が数多く並んでいる。居住空間の構造は社会階級によって区分され、身分が高い人々が居住する「御殿空間」は広くて良い景色が見える一方、奉仕する人々が居住する「詰人空間」は狭くて密接した造りになっている[1]。加賀藩本郷邸は明治時代に東京大学の敷地の一部になり、屋敷の正門は東京大学の赤門となった。これは権力の変遷とともに空間は重層性を帯びることを示している。

「絵図」と「図」の用語は中国大陸に由来する。明治時代に

文部省や陸軍省が「地図」という言葉を使用し、学校の教科書の中でも用いられようになり、「地図」という呼び名が定着した。陸軍省によってドイツ、アメリカ、イギリスのモデルに基づき、各地で近代的な地図を作りだされた。1888年に陸地測量部が創立され、陸地の測量と地図の作製が軍によって統括され、日本および海外の地図が作られた[2]。1945年に陸地測量部は内務省地理調査所に移管され、軍ではなく民間の機関となり、1960年に国土地理院へ改称された。現在日本の地図は全てここで作られている。

　明治時代の地図といえば、もう一つ重要な用語がある。それは外邦図だ。明治以降、主に軍事目的で、アジア太平洋地域(特に朝鮮半島、台湾、樺太、満洲など)の地図が作成された。現存の外邦図は2万数千種類以上と膨大な数にのぼり、作製機関や作図の仕様もさまざまであり、その実態はいまだ不明なところが多い[3]。

　地図は抽象的に空間を表現するものであり、同じ場所の地図でも誰が作るのか、何を見せたいのか、誰が見るのかによって、描かれる情報が異なってくる。地図は製作者の立場とその想定される観者の眼差しから作られるものであって、客観的あるいは中立的なものではない。むしろ地図は、ある思想や政治性によって空間を区別的に表現するものである[4]。十九世紀後半から日本は東アジアの支配へと乗り出し、帝国を形成していく過程において、日本側で作られた地図もまた支配者の視線が反映され、権力関係に基づく不均衡な空間が描き出されたものであった。本章は、かつて日本の支配下にあった満洲の歴史地図を取り上げ、それらがどのような政治的意図によって作成され、どのように満洲の空間を表現したのかを明らかにする。

2　満洲とは

　ユーラシアの北東部を流れるアムール川とウスリー川を中

心とした地域は、15世紀半ばには女真の部族らの拠点となった。そこから、ヌルハチ（1559-1626）と彼の後継者であるホンタイジ（1592-1643）によって清朝（1644-1911）が成立した。それ以降およそ2世紀半（1644-1911）の間、「満洲」と呼ばれた地域は清朝統治者の先祖の故郷、いわゆる「龍興の地」として、漢民族の移住が禁じられた[5]。また、ロシア帝国と接する軍事的に重要なフロンティアであるため、その管理は行省制度ではなく、特別な八旗制により大将軍が設置された[6]。その地理的範囲には、現在の中華人民共和国の黒竜江省、吉林省、遼寧省、内モンゴル自治区の北東部、また1689年に清朝とロシア帝国が調書したネルチンスク条約によって定められたワイシンアン山脈の南部、ウスリー川の東、サハリンを含む「外満洲地区」が含まれている【図2】。

　19世紀後半、ロシア帝国が満洲にて領土の拡張を始め、1858年の「愛輝条約」と1860年の「北京条約」を通し、上記の「外満洲地区」を占領し、農民を移住させ始めた。また、1897年に中東鉄道会社（China Eastern Railway Company、CER）を設

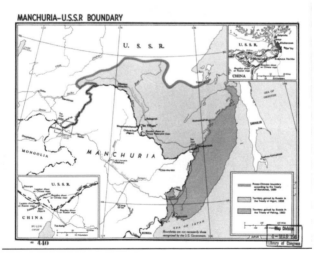

【図2】満洲地区の地図、CIA 作成、1960 年

立し、ウラジオストクまでのシベリア鉄道の近道として満洲全域で鉄道を建設し始め、1903年までに全域に開通させた。鉄道の建設と共に、鉄道沿線にロシアの軍隊が駐留し、鉄道付属地が開設された[7]。

　日露戦争(1904–1905年)の勝利によって、日本はロシアから大連を含めた「満洲」の南部(長春を境界とする)で鉄道と鉄道付属地を建設する独占的権利を獲得した。1906年11月に、大連にある東清鉄道会社の元敷地で南満洲鉄道株式会社(Southern Manchuria Railway Company、すなわち、満鉄)が設立された。半官半民の満鉄は東清鉄道会社と同様に、関東軍の保護に基づき、鉄道と鉄道附属地を建設し、満洲の植民地開発と発展を担った。

　以上述べたように、20世紀冒頭、ロシアと日本は満洲を積極的拡張しお互いに競り合っていた。清政府はこの政治的な危機と認識し、「満洲開放」という政策を発して、満洲を各帝国に開放し通商することで、各帝国の力を持ってロシアを牽制することを目指した[8]。その結果、大量の漢族移民が華北地区から満洲地域へ移住し農地を開拓した。また、新政改革を行い、満洲地域の軍政体制を内地各省の行省体制(総督巡撫制)に統一した。1907年、清政府は奉天、吉林、黒竜江という東三省を設立し、東三省総督を任命した。初任は後に中華民国大統領になった徐世昌(1855–1939)であった[9]。彼が満洲に着任すると、政治、経済、社会の各方面において総合的な改革を進めた。

　1912年中華民国が成立した際、東三省は政治や軍事体制はほぼ変わらないまま移行した[10]。その後、奉天軍閥張作霖(1875–1928)の勢力は大きくなり、1916年北京中央政府から奉天省の省長かつ督軍に任命され、東北三省の実質的な最高指導者となった。張は日本との外交においてバランスを取りながら軍事の安定を維持し、また王永江(1872–1927)を任用して東三省の経済改革を行なった[11]。1928年6月4日、全国の制覇に敗北した張は北京から奉天への帰途において、関東軍によっ

て仕掛けられた爆弾により殺害された。彼の息子である張学良（1901-2001）は「易幟」を発表し、東三省を国民党政権の管轄下に置き、中華民国の統一を実現した。1928年9月、中華民国政府は熱河省を設立し、これを東三省に加え東北四省となった。1931年に関東軍が満洲事変を起こし、1932年3月、清王朝の最後の皇帝溥儀（1906-1967）を擁立し、東三省は満洲国として建国された。さらに1933年に熱河省も満洲国の領域に併合され、1945年の日本の敗戦まで満洲国は存続した。その後、再び東北四省と称され、1955年には東北四省が廃止され、東北三省となった。

　1931年の満洲事変まで、満洲では単一の政治勢力による統治は叶わなかった[12]。ロシア（ロシア帝国・ソビエト）、日本、中国（清政府・中華民国中央政府・奉系軍閥）などの政権が共存し、互いに争い、また同盟を結ぶことで、地域のバランスが維持されていた。そのため、満洲には、色んな国籍と民族が同居していた。ロシア人、日本人、満族、漢族、蒙族、回教徒のほか、1910年の朝鮮併合後には、満洲は流亡した朝鮮族の反日活動の拠点ともなっていた。1917年の十月革命の後、ロシア系ユダヤ人が大量に移住し、1942年には、満洲国に居住した日本人は114万人を超えた[13]。さまざまな国籍と民族が共存し、互いに競争、妥協、また協力した結果、満洲の政治、軍事、経済、社会、文化において、多層的な構造と複雑な葛藤が呈露した。都市空間も万華鏡のごとく多層的な様相を示していたのである。

3　近代満洲の地図と満洲建設史観

　近代満洲の地図は、英語、中国語、日本語、ロシア語で作られたものがある。そのなかで、最も多いのは、1932年以降の日本語による地図である。その要因は、満洲国が成立した後、日本は満洲全域を独占することができ、沢山の調査や測量を行ったためである。これらの日本語の地図は、地図集、観光ガイド、

絵葉書、教科書など多様な形式で収録され、膨大な数が残っている。

一例として、満洲国の首都に指定された「新京」の地図【図3】を見てみよう。まず、その人工的に計画された市街地のスケールの大きさに驚く。東西南北に大通りが真っ直ぐに走り、いくつかの円形広場につながっている。北にある駅には円形の広場が設置され、そこから道路が南に放射状に展開している。中央の大広場とそれに連なる広い並木大通りの堂々としたス

【図3】新京市街地圖：最新地番入、1940年、三重洋行版元、110x79cm

ケールは日本帝国の統治力が窺え、いわゆる政治的景勝と言い得る。道路の両側の街区は整然と区画され、区画整理(ゾーニング)によって分割された住宅地域、工業地域、商業地域、政府中心地域は彩色により区別されている。地図の下部に大きな池が描かれ、また豊富な緑地も見える。

1932年以前には新京は長春と呼ばれ、南満洲鉄道付属地の一つであった。都市史学者の越沢明氏は、鉄道付属地長春と新京のそれぞれの計画図を整理・比較し、その図面の変化を鉄道付属地から満洲国の首都に至る発展の軌道として提示し、その空間的な連続性を強調した。また、新京の計画図と1923年東京震災復興計画とを比較し、図面上では新京の区画整理のほうがより整然としており、公共緑地も高い割合を占めていることから、日本では実現できなかった理想的な都市計画は満洲国で実現できたと指摘した。これは、日本の「建設的な」植民地主義は、資源を奪うという西洋の植民地主義と根本的に異なることを示していると論じた[14]。

越沢氏が開拓した満洲の都市空間研究は、満鉄と満洲国時期の地図と文献に基づき、その都市計画と公共建築に焦点を当ててきた。特に、都市建設における高度な技術と概念の適用に重点を置いて、満洲の都市空間を植民主義と近代性の葛藤を示す典型的な例として挙げられた[15]。新京の地図と絵葉書とを並べて眺めると、満洲の都市空間史はまさに日本の支配によって荒野に「近代的ユートピア」が建てられたという建設史であることがわかる。

この満洲建設史観の最大の特徴は、二つの事項を明快に対照化している点にある。植民地支配対被支配、建設対荒野、日本人対中国人、そして満洲国以前対以降という対照である。私はこの明快な図式を満洲都市空間の「正史」と呼ぶ。

この「日本が建設した満洲」という研究史の言説には、じつは空白がある。まず、すでに建築史家青井哲人氏が指摘されたように、単一帝国主義支配の視点からの植民地の空間研究は限界がある。なぜなら、植民地支配と支配された地域社会

の相互作用が等閑視されているためである[16]。1932年の満洲国成立まで、複数の政権が共存し、政権交代が行われていたなかで、多様な民族、国籍、社会団体が構成した満洲の地域社会の空間は、如何に形成、継承、再編されたのかという、その動態的な変化と連続性を明らかにしなければならない。よって対象とされるべき時空は、満洲国以前（清末から中華民国時期）をも含めた、かつ政治空間というよりはむしろ多様な民族、国籍、社会団体が構成した地域社会としての多層的な生活空間であろう。

　さらに、日本側が作製した地図と都市計画図に基づいた考察にも限界がある。計画図には描いてあったものの実現に至らなかった部分がある。たとえば、パンフレット「国都新京建設の全貌」(1936)に収録された新京の建設計画図【図4】において、薄いピンク色で示された敷地は「皇宮造営用地」と記されていたが、結局何も建てられなかった。同じパンフレットのなかには、彩色された手描きによる仮想の新京の鳥瞰図がある。青空の下、緑豊かであり、真っ直ぐな道路と整然たる街区はまさしくその標題「国都建設完成近し」をあらわしていた。た

【図4】新京の建設計画図。出典：『新京建設の全貌』1936年

だ、円形の広場を囲む建築群が描かれていたが、そのうちの二つは空想上のな建物であった。

また、検閲により、軍事施設などの建物は地図に表示しない、あるいは空白にすることがあった。日中戦争が始まった1937年に軍機保護法が公布され、それによって軍事施設、造船所、発電所、浄水場など機密情報となり得る土地や建造物は地図上では空白にするか、また偽装・改描されなければならなかった[17]。さらに、地図の検閲や販売規制も強化され、地図の出版は特別高等警察の検閲が経なければならなかった。満洲の地図も例外ではなかった。地図には満洲国軍政部や治安部によって検閲済みという文字が印刷された。

4 「新京」の前史:1910年代の長春の地図

先ほどの「新京」地図【図3】に戻ろう。その右上部の薄い黄色が塗ってある部分は興味深い。それは19世紀後期に成立し、発展してきた中国人の市街地を示している。道路を示す線は随意に曲がったり細くなったり斜めになったりして、それによって分割された区画も小さく不揃いである。同じ地図のなかで、中国人の市街地と日本人の新市街地を比較すると、描かれた道路の幅や区画の形が強烈な対比をなしており、これは新京の不均衡的な権力と空間を表している。

新京にある中国人の市街地は今まで詳細に検討されておらず、その実態はまだ不明である。その理由は、従来、日本語の文献と地図に焦点が当てられ、日本側で作られた地図は、満鉄附属地を中心とする傾向があり、中国人の市街地の部分は省略されるか空白であることが多いためである。

1932年以前、新京は長春と呼ばれていた。現存する近代における長春の一番早い地図は、菅見の限り、「東三省政略」に掲載された「長春商埠界址図」(1909)である【図5】[18]。「東三省政略」は、初任の東三省総督徐世昌の指導のもと東三省で全面的な調査が行われ、その報告として政治、社会、経済などの

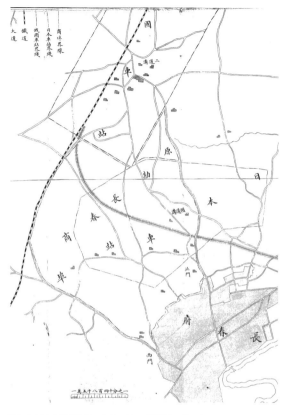

【図5】長春商埠界址図　出典:『東三省政略』1911年

情報を網羅したものが出版された[19]。そのなかに、はじめて近代測量によって制作された中国語の満洲の各地域の地図が収録された。「長春商埠界址図」(1909)もその一枚であった。

次に、中華民国の建国記念として、吉林省民政局局長韓国鈞(1857-1942)が主編した「吉林省全圖(吉林省全図)」に、彩色地図「長春街市及商埠圖」(1912)が収録されている【図6】。韓国鈞が執筆した「吉林省全圖」の序言には、製図の背景と経緯が述べられている。それによると、東三省の地図について、

【図6】長春街市及商埠圖。出典:『吉林省全圖』より一部、吉林民政司署、1912年

イギリス、フランス、日本そしてロシアによって制作されたものがある。そのなかでは、日本とロシアの地図はイギリスとフランスのものより精度が高いが、軍用地図より精度が低い。ただし、精度にかかわらず、中国人の制作した地図はない。1911年に韓が吉林省民政使に着任した際、行政のため地図を作り始めた。作り方としては、まず、府州県によって描かれた地図を何枚か集め、さらに公募も行い、地図を収集した。ただ、これらの地図の比例は異なっていたため、結局専門者に依頼し、校正を重ねて製図した。制作した地図は、全て実測ではなく、新たに設置した州県と元の境界とが絡み合い、一致しないこともあり、また製作時間は短く、錯誤や見落しは多く、軍用地図には到底及ばなかった。ただ、これに基づき、後人者がより

精度の高い地図が作れるよう期していた[20]。

そのほか、長春日報の編集者である泉廉治が出版した「長春事情」(1912)に、「長春内外地図」(1912以前に作成)が収録された。城内と商埠地の道路と屋敷は中国語で標示され、中国語の地図の復刻である可能性がある。また、日本領事館による1909年から1912年までの報告「長春諸事情」には、手書き彩色地図「長春」(1912)と「長春三国市街図」(1914)が収録されていた。

本章は、「長春商埠界址図」【図5】と「長春街市及商埠圖」【図6】に焦点を当て、文献と照合し、従来詳細が分かっていなかった長春にある中国人の市街地の特徴を明らかにし、またその形成と発展において重要な節点を復原していく。

5　中国「糧桟」商人が導いた長春「城内」の形成と発展

「長春県誌」などの史料によると、1800年に長春府が設置され、1865年に地元の商人らが馬賊を防ぐため、伊通川から水を引き、壕を掘り、城壁を建て、六つの木造の城門を設置したことをもって、長春の「城内」が形成された[21]。城内の東西方向の道路は「道」と呼ばれ、南より一道街から始まり四道街まであった。北門から城内を貫通して南の川まで延びた大通りは「大街」と呼ばれ、三道街によって南大街と北大街に分かれていた。大街の両側の南北方向の道路は、フートンと呼ばれた。

「長春商埠界址図」【図5】のなかで、斜線で表示されたブロックは「城内」である。それは東の伊通川に沿って形成され、東西の幅は南北の約二倍になり、不規則な長方形である。城内の北門から城内を貫通している南北方向の道路は、南の川まで延長され、川には橋が架かっていた。城内には、三道街と四道街という東西方向の道路が二つ描かれている。三道街は、西側へと双橋門の外まで延びて、西嶺大街という大通りになり、西門までつながっている。

「長春街市及商埠圖」【図6】では、城内の中心部、すなわち三

道街および四道街と南北方向の「大街」が交差する部分の詳細が描かれている。これによると、西三道街と西四道街沿いには、長春府、旧日本領事館、税務局、官銭局、蒙古地局、商会、そして多数の両替所や銀行、銭荘などが並んでいる。西三道街と繋がって西嶺大街の両側にはロシア領事館と陸軍三師があった。また、西四道街と大街の交差点に商会が描かれ、その隣には財神廟があった。主な道路以外、城内には曲がりくねった道路が多く、袋道や不規則なブロックが多い。

さらに、「長春街市及商埠圖」【図6】と日本領事館によって作成された手書き彩色地図「長春」(1912)には、長春の南西部の空間が詳細に描かれている。道路と建物が標示されているほか、住宅の屋敷は、城内の西部（西門と双橋門の外、西嶺大街沿い）と南部（南門と西南門の外）、そして伊通川沿いに集中している。

以上述べたように、地図に描かれた長春「城内」の空間は、長春の商人たちの活動による重要な影響を反映している。

満洲の真ん中に位置した長春は、清朝より農産物の集中地だった。農産物の貿易に従事した「糧桟」（穀物問屋）の発展は、長春の都市空間の形成と発展に大きな影響をもたらした。穀物問屋は、農作物の貿易・運輸を担い、満洲の穀物問屋は、ほとんどが華北にある本店の支店だった。農産物の貿易では、現金使用されず、またサイクルが長いという特徴から、資金と保険を提供できるのは、全国の金融と人脈のネットワークを有する華北の大きな穀物問屋のみであった[22]。その店舗は、並んだ長屋とそれに囲まれた大きな空き地がある「大院」という空間に所在していた。地図に多く見られる袋道や不規則なブロックは大院の空間を示したものである。空き地には農作物の倉庫と農民たちの馬車が並んでいた。農民が馬車で農産物を運んできて、交易するあいだは長屋に泊まっていた。穀物問屋は宿泊を提供するほか、雑貨と日常用品も販売し、また、銀貨を交換する金融サービスも提供した。農民たちにとって、まるで総合百貨店のようであった。穀物問屋を担う

家族が運営した倉庫、質屋、旅館、洋行は同じ道に並んでいた。

　倉庫と宿泊施設を完備した穀物問屋の立地は、貨物輸送の利便性と銀貨を交換する金融機関に近い必要があった。鉄道ができるまで、長春の農産物の輸送は、船で年間五回、伊通川を通じて南に行き、遼河を経由して満洲南の営口に到着していた。冬には馬車で陸路により長春南の通口に運んでいた。陸路と水路への利便性から、長春の穀物問屋と住宅は、西の西嶺大街と伊通川沿いに集中するようになった。特に、西嶺大街は幅広く、馬車移動に便利で、主な穀物問屋、油工房、そして旅館が集中するエリアとなり、「八大糧桟」と称された。また、馬は重要であり、城内の北門から城内を貫通する南北方向の大街は、南門外の川沿いの馬市に繋がっていた。よって、1910年前後に作成された長春の地図（「長春街市及商埠圖」【図6】と手書き彩色地図「長春」(1912)）では、「糧桟」を中心とした経済活動の空間が詳細に描かれていたのである。

　城内の中心部である西四道街と大街の交差点に、商会と財神廟が設置されたことからも、長春の商人の経済力が伺える。古くから商人は財神を祈る信仰があり、1832年に長春の商人たちが資金を集め、商会の隣に財神廟を建てた。現存せず、また写真などの視覚資料も残っていないものの、文献によると、広大な敷地に、正殿と多数の煉瓦造りの平屋のほか、池やベンチも設置されたという。財神廟は単なる宗教的な場所ではなく、さまざまな記念活動が開催されていた。この広い敷地は、行商の市場、写真館、商会の会議場や国民党の拠点にもなった。銀貨幣の市場もここで開かれ、敷地内の空き地には眺望楼が建てられ、城内のランドマークになった[23]。

6　中国「糧桟」商人を誘致する満鉄付属地:問屋町

　鉄道とその付属地の建設は長春の城内空間に大きな変化をもたらした。鉄道は季節に左右されることなく、大量かつ迅速に農産物を運輸できるため、長春の農産物の運輸手段は、

船と馬車から鉄道へと変わった。1906年、満鉄付属地が成立し、満鉄は中東鉄道付属地の寛城子駅から軽便鉄道を引き、のちに駅舎と鉄道を建設した。大野太幹氏が指摘したように、満鉄付属地の計画と建設は、中国商人の商業活動とその誘致を念頭に置いていた[24]。駅から満鉄付属地を通って商埠地と城内に繋がる道路を整備し、農産物を運ぶ荷馬車が通るための幅広い道路を設定し[25]、さらに、駅の近くに問屋町（東八区）を設置し、農産物の保管及び取引が可能な広い敷地を用意した。その結果、中国穀物問屋は、満鉄付属地の問屋町に引っ越し、店舗や倉庫などを開設し、満鉄鉄道から「自家用線路」を引いた。

　穀物問屋の移転によって、鉄道付属地の東八区が繁栄し、鉄道付属地の経済も発展した[26]。料理屋や洋行などの店舗は問屋町に近い街区、また長春の城内と商埠地に繋がる大通りに集中した。満鉄付属地の発展は、城内と中国穀物問屋商人の活動に依存していたことがわかる[27]。その一方で、「八大糧桟」エリアは衰退し、商業活動の中心は城内あるいは新たな商埠地に移行した。

7　新たな都市中心：商埠地と「盛り場」の計画と発展

　「長春商埠界址圖」【図5】では、斜線で表示されたブロックは「長春府」すなわち城内であり、点線で囲まれた長方形は中東鉄道付属地があり、「俄國車站」と表記されている。いくつかの曲がった道路は二つの地区に繋がっていた。中東鉄道付属地と城内の間、交錯した道の上に、「原勘長春商埠」と「日本車站」という文字が記されている。「原勘長春商埠」を示す点線は、長春府の北門と西門から、道路に沿って中東鉄道付属地を示した長方形のブロックに接している。これと点線が囲まれた不規則なブロック（満洲鉄道付属地）が重なっている。これは、清政府と満鉄の商埠地の土地所有権を巡る争いを反映している。

1905年12月22日に、「満洲善後条約」(「日清間満洲ニ関スル条約」)が調印され、その本文と付属協定により、東三省の16ヶ所における「開埠」が規定された[28]。それに応じ、長春知府宋春霆(？)が山東の商埠地をモデルに開埠の準備を始めた。鉄道との連結を重要視した清政府は、中東鉄道付属地と「城内」の間の土地を「商埠予定地」と指定し、境界を定めた。ただ、資金不足により土地の購入は難航し、それと同時に、満鉄が三菱洋行を通し、鉄道付近の土地を高価格で買い上げた。長春知府と清政府は日本領事館と交渉できず、結局、中東鉄道付属地の東(すでに満鉄が購入した土地)は満鉄付属地に属し、それと城内の北門の間は商埠地に属することとなった[29]。地図から、満洲鉄道付属地は意図的に中東鉄道付属地と「城内」に繋がる道路をほぼすべてブロックしたことがわかる。

　1907年1月14日、長春が開埠したが、資金と経験がともに不足しており商業発展は叶わず、失敗におわった。1909年に、道台顔世清(1873-1929)が長春開埠局を設立し、一連の規程が公布され、長春商埠地が再開した[30]。規程の内容は、商埠の空間と共用施設、旅館、市場、車両、道路、劇場、看板、飲食業、銭湯などの管理について細かく定められていた。道路や濠などインフラを整備し、公共空間を確保・維持し、旅館の客引きの制服、質屋と劇場の営業標準、看板と店舗の番号札に至るまで統一された。また、公共市場が設置され、道路両側への植林といった公共区域の美観を意識した規程も記された。このような政策は、近代的かつ整理された商業スペースを提供することで商埠地の計画性と統一性を強調し、外国の鉄道付属地への対抗意識があったとみられる。

　「長春街市及商埠圖」【図6】から再開された商埠地を見ると、満鉄付属地と接した商埠地の境界のあたりに、建物が表示されている。これは1909年に新築され商埠地の最初の公共建築である「道署」(吉長道伊公署)であった。吉長道伊公署は、門楼、正堂、後堂、そして四つの官邸から成り立ち、2,500平方メートルを占めた東西軸沿いの大規模な建築群だった。新古典主

義の柱が並んだ廊下は、遠目にもその壮大さを伝えていた【図7】。「外廊式」と呼ばれ、清末の商埠地における政治機関を代表する建築様式として、西洋各国の近代化を意識し、西洋的な建築様式を持って近代的な政治機関を宣伝しようという意図が伺える[31]。この建物は、商埠地の規程にある「主権を固める建築」という方針を反映したといえよう[32]。新道署は、行政機関としての機能のみではなく、さまざまな宣伝、政治講演、学校教育のイベントや展覧会も開催されていた。また、隣に同年に建設された長春開埠局は、商埠地の道路計画と修築、土地の賃借と管理、そして税金の徴収を担当していた。

「長春街市及商埠圖」【図6】には、「道署」の東部に長方形の街区が描かれている。これは、商埠地の東部に計画された吉長鉄路を中心に区画された新たな街区である。城内の曲がりくねった道路や不規則なブロックとは対照的に、直線と対角線の道路とつながり、その接点に広場が設置される理想的な計画を示していた。ただ、1940年の「新京」の地図【図3】を見ると、この計画図は半分程度しか完了しなかったことがしれる。

初期の商埠地の建設は、道路の整備、電力会社の成立、そし

【図7】「道署」（吉長道伊公署）、1912年前後

て市場の設置を主とした。1909年から商埠地の道路が改修され、各店舗は大馬路と繋がる道の修繕を担当した。1910年、商会が資金を集め、城内と満鉄付属地に繋がる大馬路を整備しはじめ、年内に北の部分が完工された。1911年、商埠地で電力会社が建設され、商埠地と城内に電力を提供するようになった。長春の商人は、商埠地の開発を支援し、資金を集めて道路を改修し、その代わりに、税金の減免やより良い店舗敷地の優遇を手に入れた。1912年に、天津と北京の新市場をモデルに、商埠地市場が開設された。1920年末までに、商埠地で16の主要道路と34のフートンが建設された[33]。

　商埠地の発展に拍車をかけたのは、城内の北門と北西門に隣接する商埠地の南部における、「平康里」という妓院、芝居小屋、茶園、料亭などが集中した繁華街(「熱鬧街」)の設置だった[34]。代表的な盛り場は、お茶や食事をしながら、芝居を見る劇場である茶園だった。当時の北京と上海は、茶園が流行っていた。「平康里」では沢山の茶園が開かれ、とりわけ有名なのは燕春茶園であった。城内の会仙茶園と激しく競争しており、奉天、上海、北京などの有名な女優を招待し、伝統的な演劇と改良演劇を上演した[35]。茶園は劇場としてだけではなく、政治社交、文化交流などさまざまな機能を有した盛り場の空間だった。政治活動に関する余興、政治家や官僚たちの祝宴、そして有名人の来訪などの際には、茶園を借りて芝居を上演した。例えば、日本人である白瀬中尉(1861-1946)は、日本南極観測のドキュメンタリーを神龍茶園で披露し、多くの観客を魅了した[36]。

　「平康里」には、狭く曲がりくねった路地に店や屋台が密集していて、群衆で賑わっていた。また、中華民国の記念ライトアップや現代の政治制度に関する講演など、色んなイベントが開催された[37]。その繁栄は、商埠地の経済に大きな刺激をもたらした。地価の上昇とともに、道路が整備され、土地が徴収され、さらに多くの建物が建設された。とりわけ「平康里」がある商埠地の南部の発展に目覚ましく、商店、警察署、学校、

郵便局、銀行が陸続と開設された。シンガーミシン会社、横浜正金銀行、長春日報など、外国の会社も商埠地に支店を開設し始めた。西洋風の外観と内装を持つモダンな中華旅館は三馬路で開設され、満鉄付属地の公園を参考にした公園も開設された。こうした「平康里」の繁栄は中華人民共和国時期まで続いた。

8　結び　歴史資料としての満洲地図

　植民地支配とは植民地に関する知識に基づいたものであり、支配者の「まなざし」によって収集・作成された植民地に関する史料(地図、視覚資料、歴史文献など)は、植民地支配の正当性を説く言説に貢献するものであり、その成功に重要な役割があった[38]。しかし、これらの史料を現地の史料(local authentic archives)として取り上げてしまうと歪みが生じる。満洲国時期に「荒野に建てたユートピア」という視座によって作り上げられた日本語史料も同様に、満洲の現地の史料と言い得るかどうかは疑問が残る[39]。

　1932年に満洲国が成立し、長春は首都として新京と名付けられ、その南部を中心に都市計画が練られ、日本人の新市街が建てられた。満洲国の政治的な中枢として、「荒野に建てたユートピア」が宣伝された。新京の日本語地図には、短時間で急速に拡張した日本人市街地が詳細に描かれている一方、中国人(ロシア人と朝鮮人も同じく)の居住空間の詳細が省略されることで、その人々の生活や商業活動の様相は覆い隠されたのである。

　植民地における観光業の繁栄により、新京のバスツアーと新京の絵葉書が流行した。大通りを走る観光バスの窓から望めば、手元の絵葉書どおりの巨大な広場と堂々とした現代風の建物群はまさに「王道楽土」の明るい未来を唱えていた[40]。満洲国時期における「城内」と「商埠地」は、新京の地図上では「旧市街地」と標示され、その空間にどのような変化があっ

たのかについては、今後の研究課題である。

　地図は権力によって空間を構成する視覚資料であり、近代満洲の地図は、その空間と政治との関わりを語る重要な歴史資料である。さまざまな言語による地図はそれぞれが、ロシア、日本、そして中国（清朝政府・中華民国政府）の異なる政治意図を反映していた。同じ長春の地図でも、製作者によって、詳細的に描かれる空間、あるいは省略される空間が異なっていた。したがって、地図の作製と内容を分析し、地図に内包された権力の「まなざし」を明らかにすることは重要である。日本側で作られた地図は、満鉄付属地を中心とし、中国人の城内や商埠地を省略したり、また中国語の地図を復刻したりもした。対して、日本やロシアの満洲進出に危機感を持つ清朝政府が作った地図は、商埠地の境界に焦点を当て、満鉄が商埠地の土地を奪ったことを明白に示した。一方、中華民国政府が作成した長春の地図は、日本やロシアの鉄道付属地を省略し、城内や商埠地の計画など中国人の生活空間に焦点を当てたものであった。複数の政権が共存・交代する近代満洲の地域社会のなかで、その空間の連続性と変化を明らかにするには、日本語以外（中国語、ロシア語、英語）の地図、民間の視点を反映した史料、そして、今まで重要視されてこなかった商業・生活空間のフィールドワークを照らし合わせ、空間の実態を検証していく必要がある。

　満洲国は1945年の日本の敗戦とともに終焉を迎えた。その後、1949年まで満洲は、ソビエト、国民党、共産党の政権下へと変わり続けた。それに従い、長春の地図は道路や公共建築の名前も変わった。新京の大同広場は1945年にスターリン広場、1946年に中正（蒋介石の名前）広場、そして1949年以降は人民広場と称される。しかし、道路の名称や建物の機能が移り変わる一方で、道路や建物は繰り返し使用され続けてきた。現在の長春の地図をみると、道路や広場、そして空間のスケールは、中東鉄道付属地、満鉄付属地、商埠地、城内、満洲国の新市街地の痕跡が確かに残っている。また、1990年代になっ

【図8】元財神廟址にある関帝の像、2021年、長春

ても、元満鉄付属地の問物町は商品流通の集中地区であり、元城内の三道街には銀行が集中し、商埠地の新市場と燕春茶園あたりには、芝居小屋や料理屋などが密集し賑やかであった。新民フートン、田家大院フートンなどの地名が残った一方、平屋なども残っていた。財神廟は、地図から消えた。財神という地名のみが残り、現在は露天市場になっている。ただ、所在地を尋ねると、賑やかな市場の真ん中に、武財神と思われる関帝の銅像がポツンと置かれていた【図8】。この銅像が置かれた経緯は不明だが、こうした歴史の断片から、空間の連続性は今もなお窺える。

図版出典

【図1】戸松昌訓（編）小石川谷中本郷絵図、1861年刊、49.4 × 53.9cm
出典：東京国立博物館デジタルコンテンツ（画像番号 E0075273）
https://webarchives.tnm.jp/imgsearch/show/E0075273
【図2】満洲地区の地図、CIA作成、1960年
赤と黄色の部分は元の「外満洲地区」を示している。United States

Central Intelligence Agency. Manchuria-U.S.S.R boundary. [Washington, D.C.: Central Intelligence Agency, 1960] Map. Library of Congress, Geography and Map Division. Online Access: https://www.loc.gov/item/2007627809/
【図3】　新京市街地圖：最新地番入、1940年、三重洋行版元、110x79cm 国際日本文化研究センター所蔵（請求番号 YG/7/GE357/Ch）
https://lapis.nichibun.ac.jp/chizu/map_detail.php?id=002698009
【図4】　新京の建設計画図　出典：『新京建設の全貌』1936年　所蔵：National Library of Australia.
【図5】　長春商埠界址図　出典：『東三省政略』1911年
【図6】　長春街市及商埠圖　出典：『吉林省全圖』より一部、吉林民政司署、1912年。中国国家図書館所蔵
【図7】「道署」（吉長道伊公署）、1912年前後
【図8】　元財神廟址にある関帝の像、2021年、長春、作者撮影

注

1 宮崎勝美「江戸本郷の加賀屋敷」西秋良宏『加賀殿再訪：東京大学本郷キャンパスの遺跡』、東京大学総合博物館、2000年、30–37頁。
2 中野尊正「日本の地図学100年のあゆみ」『地図』4、1966年、1–6頁。
3 小林茂「近代日本の地図作成とアジア太平洋地域」小林茂『近代日本の地図作成とアジア太平洋地域：「外邦図」へのアプローチ』大阪大学出版社、2009年、2–26頁。
4 Berry, Elizabeth. *Japan in Print: Information and Nation in the Early Modern Period*. University of California Press, 2006, 54–103.
5 Lee, Robert H. G. *The Manchurian Frontier in Ch'ing History*. Harvard University Press, 1970.
6 清朝の八旗制について次のような研究がある。杉山清彦『大清帝国の形成と八旗制』名古屋大学出版社、2015年。
7 中東鉄道会社の満洲にての経営について、麻田雅文の研究が詳しい。麻田雅文『中東鉄道経営史——ロシアと「満洲」1896–1935』名古屋大学出版社、2012年。
8 閻立「清末の満洲開放論について」『大阪経大論集』68、2018年、193–206頁。趙中孚「清末東三省改制的背景」『近代史所集刊』5、1976年、313–335頁。
9 閻立「清末初代東三省総督の人事決定の背景」『大阪経大論集』72、2022年、47–62頁。
10 趙中孚「辛亥革命前後的東三省」『近代史所集刊』11、1982年、117–130頁。
11 澁谷由里「張作霖政権下の奉天省民政と社会：王永江を中心として」『東洋史研究』52、1993年、84–117頁。Suleski, Ronald Stanley. *Civil Government in Warlord China: Tradition, Modernization and Manchuria*. P. Lang, 2002.
12 Asada, Masafumi. "The China-Russia-Japan Military Balance in Manchuria,

1906–1918," *Modern Asian Studies* 44, no. 6, 2010, 1283–1311.
13 山中峰央「「満洲国」人口統計の推計」『東京経大学会誌』245、2005、167–190 頁。
14 越沢明『満洲国の首都計画』筑摩書房、2002 年。
15 こうした論点にたったものは次のような研究がある。丸田洋二『曠野に出現した都市新京：満洲清水組の足跡』櫂野書房、2015 年。Denison, Edward and Ren, Guangyu. *Ultra-Modernism: Architecture and Modernity in Manchuria*. Hong Kong University Press, 2016. Sewell, Bill. *Constructing Empire: The Japanese in Changchun, 1905–45*. University of British Columbia Press, 2019.
16 青井哲人「書評　西澤泰彦著『日本植民地論』」『建築史学』52、2009 年、64–71 頁。
17 山田誠『隠された標的――戦時改描図の世界』海青社、2023 年、7–8 頁。
18 この地図は越沢氏も引用したが、その出所を言及しなかった。
19 閻立「清末初代東三省総督の人事決定の背景」『大阪経大論集』72、2022、47–62 頁。
20 繆学賢編集、戴修鵬絵図「吉林省全圖」吉林民政司署、1912 年。中国国家図書館所蔵（地 420/641）。
21 于涇『長春廳誌 縣誌（長春庁志・県誌）』、長春出版社、2001 年、120 頁。歴史学者于涇の考察によると、『長春県誌』は 1921 年から県知事林世瀚の監修によって作成し始め、三回に渡り、1931 年に定稿が完成された。その原本は現在吉林大学図書館に所蔵されている。「長春縣誌校注後記（長春県誌校註後書）」同書、490–499 頁。また他の版元によって以下の出版物がある。楊洪友『長春縣誌新注（長春県誌新註）』、長春出版社、2020 年。張書翰、馬仲援『民國長春縣誌（民国長春県誌）』、鳳凰出版社、2006 年。
22 泉廉治『長春事情』長春日報、1912 年、87 頁。『満洲に於ける糧棧：華商穀物問屋の研究』、南満洲鉄道株式会社調査部、1931 年。
23 『盛京時報』、1912 年 4 月 12 日。
24 大野太幹「1920 年代満鉄附属地行政と中国人社会」『現代中国研究』21、2007 年、96–97 頁。
25 ここで注意を払わなければならないのは、長春の満鉄付属地の道路計画は、理想的な都市の概念を実験するのではなく、長春の中国穀物問屋商人の活動に基づいたと言う現実的な出発点がある。特に、道路の幅の設定をめぐり、技師加藤与之吉（1867–1933）と満鉄総裁後藤新平（1857–1929）との間に論争が行い、理想的な都市の道路に参考せず、馬車が通るため大幅に設定された。加藤与之吉、加藤忠夫「鹿嶺遺稿」加藤忠夫、1938 年、272–281 頁。
26 「南満北線端の長春：十年間に如何に発達せしか」『満洲日日新聞』1917 年 10 月 31 日。神戸大学経済経営研究所 新聞記事文庫 朝鮮・台湾・満洲（4-007）http://hdl.handle.net/20.500.14094/0100097847
27 満鉄付属地に居住する中国穀物問屋商人についての研究も、彼らが満鉄付属地の経済に大きな影響があると論じている。大野大幹「研究ノート 満鉄附属地華商商務会の活動：開原と長春を例として」『アジア経済』45（アジア経済研究所、2004）、53–70 頁。「満鉄附属地華商

と沿線都市中国商人——開原・長春・奉天各地の状況について」『アジア経済』47（アジア経済研究所、2006）、23–54 頁。
28 JACAR（アジア歴史資料センター）Ref.A03020693900、御署名原本・明治三十九年・条約一月二十九日・日清間満洲ニ関スル条約（国立公文書館）満洲にある 16 ヶ所は、奉天省内鳳凰城、遼陽、新民屯、鉄嶺、通江子で、吉林省内長春、吉林省城, 哈爾濱、宁古塔、琿春、三姓で、黒龍江省内チチハル、海拉尔、瑷琿、満洲里だった。
29 于泾『長春廳誌 縣誌（長春庁誌・県誌）』157–158 頁。
30 「長春開埠方法大綱事（長春開埠方法要旨）」、「長春自開商埠租建章程（長春自開商埠賃建規程）」、「長春商埠巡警公所章程（長春商埠警察公所規程）」)。原文は以下の出版物に収録されている。李澍田、吉林省檔案館、吉林師範學院古籍研究所編『渉外經濟貿易』吉林文史出版社、1996 年、160–183 頁。
31 刘亦師「从外廊式建筑看中国近代建筑史研究(1993–2009)」『中国近代建筑研究与保護』7、2010 年、16–19 頁。
32 「長春開埠方法大綱事（長春開埠方法要旨）」、上書、160 頁。
33 武向平「19 世紀末～1920 年代の長春都市形成—長春城・商埠地・附属地を中心として—」『環東アジア研究センター年報』5、2010 年、61 頁。
34 「平康里」の地名は、『長春事情』（1912）に収録された「長春内外地圖」に表記された。
35 茶園の上演曲目や営業状況などに関する新聞は、『盛京時報』に掲載された。
36 『盛京時報』1913 年 8 月 12 日。
37 『盛京時報』1913 年 10 月 12 日。
38 史料、知識、そして帝国・植民地支配の関係について、以下の研究が詳細に論じている。Reid Kirsty, Paisley Fiona, ed. *Sources and Methods in Histories of Colonialism Approaching the Imperial Archive.* Routledge, 2017, 1–10.
39 歴史学者 Alessandro Stanziani から local colonial archives（現地の植民的な史料）と local authentic archives（現地の史料）の区別についてご指摘受けた。
40 満洲の観光に関して、歴史学者高媛による研究が詳しい。高媛「満鉄の観光映画——『内鮮満周遊の旅　満洲篇』（1937 年）を中心に」『旅の文化研究所研究報告』28、2018 年、43–65 頁。「一九二〇年代における満鉄の観光宣伝——嘱託画家・真山孝治の活動を中心に」『Journal of Global Media Studies』17・18 合併号、2016 年、171–184 頁。「帝国の風景——満洲における桜の名所『鎮江山公園』の誕生」『Journal of Global Media Studies』11、2012 年、11–23 頁。「戦地から観光地へ——日露戦争前後の満洲旅行——」『中国 21』29（愛知大学中国学会、2008）、203–218 頁。

第8章

歴史資料としての彫刻
――日本統治期台湾における銅像建設とその遺産

鈴木恵可

1　はじめに

　台湾は1895年から1945年まで、50年間の日本統治期を経験した。この時代に関する学術的な歴史研究は、日台双方からこれまで継続して続けられてきた。今日、その研究対象は、政治や制度史、産業史といったハードウェアの側面だけでなく、メディア、音楽、映画、ラジオなど、いわゆる文化面へも盛んに注目が集まっている。本章でとりあつかう「彫刻」は、その文化のなかの、美術史というジャンルにまずは位置づけられよう。しかし、「彫刻」と聞いて、近しい気持ちを感じたり、詳しい知識もっている人は、さほど多くないはずだ。近現代日本の美術ジャンルのなかで、彫刻は絵画に比べ、比較的マイナーな地位にあった。しかし、一般の人々の眼に触れにくい美術品としての彫刻以外にも、近代以後の日本や東アジアの公共空間には実は彫刻があふれていた。それが「銅像」と呼ばれるものだ。

　駅前や公園といった場所に置かれたブロンズ像は、無意識

に通り過ぎている場合が多いにせよ、我々がこれまで頻繁に眼にして来たモノであり、現在でも都市のあちこちに見られる。なかには、東京上野公園の西郷隆盛像や、渋谷駅の忠犬ハチ公像など、人口に膾炙した像もある。つまり、こうした「彫刻」というモノそのものは、美術の範囲にとどまらず、現代に至る社会のなかで広範囲に普及した存在だった。

「銅像」という言葉は、本来であれば、「銅」で作られた彫刻／立体物のことである。しかし、日本においては、同じく銅から作られた仏像などの意味ではなく、近代以降に建てられた、偉人や功労者の像を連想させる言葉として用いられて来た[1]。例えば戦前に、彫刻家の朝倉文夫(1883–1964)は次のように述べている。

> 銅像というのは、普通青銅や赤銅などを鋳て造った神仏、人物、動物などのことです。しかし、主に功労のあった人の生きていた時の姿を表わしたものを銅像と呼びならわしているようです[2]。

現在の我々の「銅像」に対するイメージも、おおむねこのようなものだろう。日本の公共空間にこうした銅像たちが次々と出現したのは明治時代半ば以降である。その頃、日本の初めての海外植民地となった台湾にも、その都市のなかに同じく銅像が出現し始めた。

では、このような彫刻／銅像を、歴史研究はどのようにあつかえばよいのだろう[3]。例えば、像主(モデルの人物)が誰であるか、碑文に刻まれた文字や生涯の説明から、その人物の生前の業績や評価を知ることができるのだろうか。むろん、資料の非常に限られた古代史研究であれば、こうしたモノとそれに刻まれた文字の研究は非常に重要だ。しかしながら、多くの文字や画像資料の残されている近現代史研究においては、像主そのものの研究は、伝記や公文書、新聞雑誌といった文字資料に依ったほうがはるかに正確かつ豊富だろう。ある

いは、銅像は、その人物やその時代の偉大さや崇高さを私たちに伝えてくるのだろうか。しかしながら、今日を生きる我々は銅像のもつ政治性や虚構性をすでに敏感に感じ取っており、表面的な「偉大さ」や「立派さ」を単純に受け止めることも出来ないはずだ。

歴史家のピーター・バーク（Peter Burke）は、「視覚イメージは私たちを直接、当時の社会と接触させるのではなく、……むしろ当時の社会に対する人々の見方を示す」[4]と指摘している。当時の彫刻や銅像は、必ずしもその時代そのものを表現しているわけではない。しかし、こうしたモノの存在とそれが発生した事象には、当時の社会における人々の何らかの考え方や状況が反映されている。近代の日本や台湾に広がった大量の銅像を歴史資料ととらえるならば、当時作られた「彫刻」たちから、当時の社会の何が分かり、今日の我々はそれをどう考えることができるのだろう。

本章は、日本統治期台湾における彫刻の、とくに「銅像」に焦点をあて、日本統治期から百年ほどの時間のなかで、それがどのように建設され、その後消滅し、あるいは保管されて来たかという歴史的経緯を明らかにする。そして、それらの銅像たちをもし「歴史資料」としてあつかうことが出来るなら、どのような分析を加えられるのかを検討する。それは第一には、銅像が建設された当時の植民地社会の状況であり、そして、第二には銅像のその後のゆくえを通して見えてくる、台湾の戦後の歴史と、現在における植民地期の歴史に対する態度である。

2 日本統治期台湾における銅像建設

台湾では、日本統治期初期の1903年に最初の銅像が建設されてから、統治末期の1943年頃まで、全島の公共空間に約60点の人物像が建設された[5]。むろん、それ以前の時代にも、仏教や道教に関連する像や中国文化の伝統的な碑、清仏戦争に

関わる記念碑など、広義のモニュメントに属するものは台湾に存在した。しかし、現世に活躍した実在の人物の身体をかたどった銅像は、この時代に初めて台湾の公共空間に登場することになる。ここで言う「公共空間」とは、不特定多数の人が大きな障壁なしにアクセスできる空間、とごく簡単に定義する。それは、例えば公園、道路、広場、地域の公共施設や学校などである。台湾の初期の大型銅像は、当時都市計画はまだ未完成だったものの、「公園地」と設置された場所に設置されていった。このことは、台湾で銅像が建てられた当初から、設置する人々の間で、銅像がこうした「公共空間」に設置されるものだという概念が共有されていたことを意味する[6]。紙幅の関係上、その一体一体を取りあげるのは困難であるが、ここでは当時の銅像の全体像をとらえるために、その内訳を分類し、表にまとめた。

【表1】像主の身分：日本統治期台湾の公共空間における銅像

台湾総督	5体（3名）	技師／技術者／学者	9名
民政長官	5体（4名）	会社社長、組織の長	8名
その他総督府関連官僚	2名	宣教師／牧師	4名
地方の首長・官吏	6名	警察関係者	2名
校長、教育関係者	17名	その他	2名

　像主の身分は、台湾総督府の官僚や関連する技術者以外に、学校長などの教育関係者が多い。また、台湾製糖や台湾電力など、当時の台湾の産業に深いつながりのある会社の社長といった像がある。日本人高官像の最も著名な例は、第四代台湾総督だった児玉源太郎(1852–1906)と第三代民政長官を務めた後藤新平(1857–1929)の像である。このうち、児玉源太郎像は、1906年から1925年にかけ、台北、台中、台南、高雄の全島4か所に設置された。また、後藤新平像は、1911年から1912年にかけて、台北、台中、台南に設置されたが、台湾での計画が進められている時期に故郷の岩手県水沢にも設置する提案

【図1】児玉源太郎像、台中公園、1907年

がなされ、実行された。つまり、日本と台湾で計4体の同型の像が設置されたのである[7]。

　児玉源太郎像の制作はイタリアへ発注され、従来「大理石像」とされて来たが、最近の像の一部の発見と分析により、原材料はアラバスター(雪花石膏)であることが判明した[8]。いずれにせよこの像はブロンズ像でなく、白い石像で、かつヨーロッパの彫刻家が制作した珍しい例である【図1】。他方、後藤新平像の制作は、日本内地の大熊氏廣(1856–1934)に注文された。大熊氏廣は、靖国神社外苑の《大村益次郎像》(1893年)の作者として有名な彫刻家である。大熊による後藤新平像は、後藤が手を横にのばし、傍らに帽子とそれを置いたテーブルがある肖像写真を参考にしたものだった[9]。この写真のポーズを忠実に再現しているため、出来上がった銅像も、右手が身体の外側にのばされ、そばのテーブルと帽子も一緒に彫刻されている【図2】。

　児玉と後藤の二者の彫刻表現を比較してみよう。児玉像は像の正面性を保ちながらも、左脚を少しひいてそこに重心をのせ、右手を腰にあてて、ゆったりと下を睥睨している。帽子の飾りが上部に垂直にのびて高さを強調するとともに、下部の背面にはマントのすそが優雅にのびて、安定性と余裕を感

【図2】後藤新平像、台中公園、1912年

じさせる。下から見上げたときのモニュメントとしての視覚効果が考慮され、高位軍人としての高貴さと落ち着きが表現されているように感じる。他方、後藤新平像は、肖像写真を土台としているが、その写実的な再現に拘泥したためか、この像のポーズや小道具(テーブル、帽子)の必然性が薄く、一体のモニュメントとしてのまとまりに欠けている。実のところ、この不可思議なポーズが何を意味していたのかは定かではない。のちにこのポーズからはさまざまな笑い話が生まれ、この銅像の指さす方向から啓示を受けて急病人が病院に行けたとか、これが賄賂を要求している姿だという話が戦前の市民の間で流布していたという。こうした笑い話から分かるように、長官の銅像は、「権威」や「威光」を示すものだけでなく、時代が下るにつれ、市民に擬人化され、卑小化されたより身近な存在ともなっていた[10]。

　児玉と後藤の銅像は、その後別の彫刻家新海竹太郎(1868–1927)によって、再度制作された。1915年に竣工した台湾総督府博物館の建物は、当初「故児玉総督・後藤前民政長官記念営造物」と呼ばれており、この建築物が建設されるに合わせて、玄関ホールに児玉と後藤の銅像が設置されたのである。二者ともに等身大の全身像であるが、室内に設置されることが考

慮されているのか、正面を向いて動きの少ない、どちらかというと静的な像である【図3】。このように、児玉と後藤の銅像は二度制作され、博物館や台湾の主要都市の公園や駅前に同型の像が設置されていった。こうした行為が、1900年代から1910年代という、日本統治期の早い段階でなされたことは、台湾社会で「銅像」が認識され、そのイメージが形成される土台になったと考えられる。こうした総督や長官の像の建設は、1910

【図3】新海竹太郎《児玉源太郎像》、《後藤新平像》、1915年設置、新海竹太郎ガラス乾板 東京文化財研究所所蔵

年代半ば頃まで任期の交代ごとに行われ、資金は総督府の官僚や台湾人富裕層の寄付金によった。しかしながら、こうした銅像の寄付金集めが恒例化すると、次第に批判の声もあがり、大型銅像の建設は大正期頃に終了する[11]。だが、銅像建設自体の熱はさめず、各種学校や民間機関での、胸像を中心とする中規模の銅像建設は日本統治期の最後まで続けられた。

3 銅像の像主の民族と性別
——植民地社会の見えない規制

　先に見たように、日本統治期台湾における代表的な銅像は、日本人総督像といった支配者側の人物像である。政治的にトップに立っていた人物が、銅像の対象に選ばれることは、極めてよく見られる現象だろう。では、その他の要素から、銅像を通して、当時の社会の様相が分析できるだろうか。

【表2】像主の民族／性別の内訳（点数）　日本統治期台湾の公共空間における銅像

日本人男性像	54	日本人女性像	1
西洋人男性像	4	台湾人少年像	1

　【表2】は、銅像の像主の民族／性別を分類したものである。ここには、偶然ではない大きな偏りが見てとれることが分かる。1932年の台湾人の人口比率は、台湾人（漢民族、原住民族を含む）が94％、日本人居住者（朝鮮人を含む）が5％、その他の外国人（主には中華民国人）が0.9％という比率であった[12]。ところが、公共空間に置かれた90％の銅像が日本人男性像であり、台湾人像は少年像のみ、女性像は日本人女性の像ひとつのみである。日本人像の身分内訳は、前述の通りであるが、台湾人少年とは、1935年の台湾中部の大地震で被災し、「君が代」を歌いながら死んだとされる「君が代少年（詹德坤）像」である[13]。この少年は、亡くなるまでは無名の台湾人少年であったが、死後の早い段階から新聞報道などで「美談」が流布するようになった。銅像が建設された目的には、少年の慰霊とともに、統治者や日本人教育者にとっては、台湾人少年における「国語（日本語）」の普及や日本人化を目指した教育成果の喧伝があった。総督や官僚などの「偉人」像だけでなく、こうした無名の人物像には、日本人女性像も含まれていた。1943年に設置された《浅井初子像》は、台湾の国民学校の訓導で、生徒を助けようとして溺死した日本人女性教員である[14]。台湾人少年と日本人女性像という、例外的な銅像の存在は、その無名の人物が死によって顕彰の対象になることで、特別に生じたものでもあった。

　こうした、銅像の像主の選択の偏りは、当時の社会で明文化されていないものの、何らかの規制のようなものが明らかに存在していたことを示す。植民地統治の基本的な社会構造として、台湾総督府の高官、官吏らは日本人が独占し、人口の9割を占める台湾人が政治参加する機会は非常に限られていた。台湾人のなかで、資産と声望をもつ土着地主資産階級は、総

督府からの宥和政策に一定の協力姿勢を見せつつも、台湾人による民族運動を主導した林献堂(1881–1956)のような人物は、当局から警戒を受けてもいた。

　当時、公共空間に建設する銅像については、1907年に出された「台湾総督府令第七十五号」により、先にその建設の内容を提出し、台湾総督の許可を受けることが求められていた[15]。現在残されている台湾総督府文書には、管見の限り、建設を却下された銅像についての書類は見当たらない。また、どのような銅像が好ましいかを示したような文書もなく、銅像の像主についての基準は、文字資料には残っていない。けれども、当時の人口比を全く反映していない日本人／台湾人の銅像の比率は、台湾人像が公共空間から排除されていたことを明確に示すものである。そして、唯一許されたのが、君が代を歌った無名の台湾人少年像だった。

　さらに、女性の銅像が極めて少ないのも、銅像となる人物とは、公職についたり、公共的な事業をした人物が対象となる社会通念があったためであろう。家庭に入って社会のなかで職を持たない、持っていても周縁的な職に限られていた女性は、銅像の対象とはほとんどならなかった。そのなかで、唯一銅像となった《浅井初子像》は、教員という公職につき、犠牲となった慰霊の意味が込められていたと考えられる。

4　戦争末期の金属回収と銅像の消滅

　ところで、日本統治期に盛んに設置されたこれらの銅像は、その後どうなったのだろうか。銅像の消滅は、実は日本統治末期に始まっていた[16]。日中戦争が深まるにつれ、日本内地では1938年4月1日に国家総動員法が公布され、台湾でもこれが適用された[17]。銅の使用制限が強化された当時の雰囲気を反映して、台湾で最大の新聞だった『台湾日日新報』には、リヤカーに自ら回収されようとする銅像の風刺画が掲載されている[18]【図4】。

1941年8月に日本内地で「金属類回収令」が制定されると、台湾でも10月からこれが施行され[19]、翌1942年から台湾での金属回収が本格化した。樺山資紀像や後藤新平像など、「台湾統治上必要と認められるもの」は残されたが、その他の銅像は撤去される方針になった[20]。さらに、翌1943年3月になると、日本内地では「銅像等ノ非常回収実施要綱」の閣議決定が出され、「銅像等ノ非常回収ヲ即時断行スル」ことが決定された[21]。例外としては、皇室、皇族に関するもの、信仰の対象となる仏像などのものは除外されていたが、台湾の状況を考えあわせると、この頃、前年まで対象外であった台湾総督などの銅像も撤去の方針に変わったと考えられる。

【図4】野村幸一「銅像国策に殉ず」『台湾日日新報』1939年6月19日、第3面

1944年8月の『台湾新報』は、「島民からその徳を慕われた全島の銅像が一斉に応召することとなった、その先陣を征くものに総督府構内の初代総督樺山資紀将軍の銅像がある」[22]と報道している。銅像が回収されるさまを出征する兵士になぞらえ、勇ましい言葉で飾るとともに、ここからは、最後まで残されていた台湾統治に関わる重要な銅像も、1944年8月頃を境にすべて金属回収の対象となったことが分かる。こうして、日本統治期の銅像たちは、翌年の日本の敗戦と中華民国の台湾接収を待たずに、ここで公共空間から消えていったのである。

5　残された銅像——終戦直後の台湾の状況

　1945年8月に日本が無条件降伏すると、台湾は蔣介石の率いる中華民国国民政府に接収された。前述のように、日本統治期の銅像はこの前年までにすでに姿を消していた。しかし、不思議なことに、金属回収で消滅したはずの日本統治期の銅像が、現在の台湾にはいくつか現存している。国立台湾博物館所蔵の児玉源太郎、後藤新平像(1915年)、台南烏山頭ダムの八田與一像(1931年)、花蓮気象台に残されていた近藤久次郎像(1926年)などである。これらは、戦後再鋳造されたものではなく、日本統治期当時のものである。どうしてこのようなことが発生したのだろうか。

　このヒントとなる記述が、台湾の有名な資産家であり、台湾民族運動の主導者であった林献堂の日記のなかに見える。林献堂は、1935年に日本人彫刻家の後藤泰彦(1902–1938)に依頼し、自身の父親林文欽の銅像を制作、それを霧峰林家の自邸の庭に設置した。だが、この銅像は1944年9月に金属回収のため林家から運び出されてしまう[23]。しかし、日本が降伏した後になって、この銅像が壊されずに鉄工場に残っていたことが判明する。林献堂は、1945年12月上旬に銅像を再び自邸へ運び、新暦1月1日に親族らと「帰還式」を挙行した[24]。

　さらに、1947年4月15日の日記によれば、この日林献堂は台中市内の彰化銀行の会議に参加した。席上で監査人から、坂本素魯哉(彰化銀行の元頭取)の銅像が屋上に置かれていること、誰かに見られてはよくないとの発言があり、銀行役員のいく人かもこれに賛同して、銅像を倉庫に移そうという意見が出されたという[25]。

　坂本の銅像は、1938年に彰化銀行に設置されていたが、金属回収のため1944年9月17日に銀行で告別式が挙行されていた[26]。金属回収されたはずの坂本の銅像が、1947年に銀行に存在した経緯については定かではない。最終的に回収されなかったのか、あるいは林文欽の銅像のように、終戦後どこかで発

見され、また銀行に戻された可能性もある。ここで言えることは、林献堂日記には、坂本素魯哉像も林文欽像も、1944年に金属回収された日付がはっきりと記されているが、戦後にも現存していたことである。筆者の推測では、台湾の金属回収の各段階は、常に日本内地の政策の影響を受けて決定されていたため、実行に移される時期が内地より遅かった。そのため、台湾で回収された銅像は、金属へ再加工する前に終戦を迎えた例がいくつかあったのだろう。

しかし、こうして戦争をくぐり抜けたいくつかの銅像も、次の時代に直面して、また淘汰され、消滅したと推測される。1947年時点で確認されていた坂本素魯哉の銅像は、現在その行方は不明である[27]。林献堂の父の銅像は、自邸に置いていた私物の銅像で、林献堂は大切にしていた父親の像の発見に喜んで、積極的にそれを元の場所へと戻した。そして、それは台湾人の像であるため、戦後も大きな問題とはならなかった。しかし、それまで公共空間に置かれていた多くの日本人像は、たとえ残されていたとしても、政権の交代によって、取り扱いの難しい存在になった。林献堂日記からは、1947年4月当時の彰化銀行の台湾人役員らが、銀行内に日本人の銅像があるのが危険なのではという、不安な感情を持っていたことが読み取れる。ちょうど、1947年2月には、中華民国政府やその軍と地元の台湾人とが衝突する二二八事件が勃発し、台湾の一般民衆や知識人の間には、中国大陸から来た政府や軍による弾圧への恐怖が広がっていた時期でもあった。日本の統治が終わり、新しい政権や社会にとって、前時代の日本や日本人との関係性はマイナスに見なされる恐れが生じたのである。この点をふまえると、こうした日本人像は、1945年8月以降に現存していたとしても、再度処分されたか、人目を恐れて倉庫にしまわれた可能性が高い。

6　日本統治期の銅像への3つの対処
——1945年以降の台湾において

　以上のように、日本統治期末期の金属回収によって、銅像たちは1945年以前に公共空間から一旦撤去された。また、処理される前に終戦を迎えた像も、日本人像ということで、そのあつかい方が難しくなった。1945年から2000年代以前まで、これらの残されたモノとしての銅像がどのようにあつかわれて来たかを次に見てみる。筆者の区分では、そこには(1)転用、(2)消極的保存、(3)積極的保存の3つの対処があった。第一の転用は、前時代のモノをそのまま、あるいは異なった文脈で引き続き使用すること。第二の「消極的保存」とは、モノを保存しようという積極的意図はなかったものの、存在が忘れ去られたりすることで思いがけず保存されていた状態。そして、最後の「積極的保存」とは、その対象のモノを後世に残す積極的意志の下で保存されてきたものである。

　(1)台座の転用：最初の「転用」であるが、これは正確には銅像そのものの転用ではなく、銅像のあった場所や台座の利用である。日本統治期の銅像の大部分は消滅したが、銅像という存在そのものが台湾社会から無くなったわけではない。新しい政権へ転換したその直後から、新たな時代の銅像たちが次々と登場し、かつて日本人像の置かれていた台座が、別の銅像やモニュメントの台座として新しく転用された例は非常に多い。

　台湾の戦後最も早い時期の銅像として、1946年12月に台北の監察院前に蒋介石像が設置され、1949年10月には台北市内の中山堂(旧台北公会堂)の前で孫文像の除幕式が挙行された。蒋介石像は日本統治期の大島久満次像の台座を、孫文像は祝辰巳像の台座を流用したものだった。また、台中公園の後藤新平の台座は、現在孫文像の台座【図5】として使われ、児玉源太郎像の台座の上には「抗日忠勇将士民衆紀念碑」が設置されている【図6】。銅像以外のモニュメントが設置されている例もあり、台北医学専門学校第三代校長だった堀内次雄像

（1936年）の台座は、台湾大学医学部の「憧憬の像」の台座として、現在利用されている。

【図5】後藤新平像台座現存部分、孫文像、台中公園、2018年筆者撮影

【図6】児玉源太郎像台座現存部、抗日忠勇将士民衆紀念碑、台中公園、2018年筆者撮影

【表3】日本統治期の台座転用の例

設置年	銅像名	現在の転用例
1906	児玉源太郎像（台北）基台	「和平の鐘」台座（台北二二八和平公園）
1907	児玉源太郎像（台中）台座	「抗日忠勇将士民衆紀念碑」台座（台中公園）
1907	児玉源太郎像（台南）台座	戦後孫文像台座、現在「迎風」像台座
1911	祝辰巳像台座	孫文像台座（台北中山堂前）
1912	後藤新平像（台中）台座	孫文像台座（台中公園）
1917	樺山資紀像（基隆）基台	蔣介石像台座（基隆駅前、※2021年撤去）
1918	柳生一義像基台	孔子像基台（台北二二八公園）
1934	井村大吉像台座	孫文像台座（台北北投公園）
1932	志保田鉎吉像台座	「建国作人碑」台座（台北市立大学）
1936	堀内次雄像台座	「憧憬の像」台座（台湾大学医学部）
1938	坂本素魯哉像台座	林献堂像台座（彰化銀行総行及行史館）

　日本統治期の銅像を研究調査するさいには、銅像本体が失われている例が多いため、台座をひとつの資料として参考にすることが出来る。ただし、そのほとんどが、当初の碑文などは削られて新たなものに変えられている。ここからは、台座がその機能の面からモノとしての寿命をながらえながらも、別の文脈のなかへと改変されていった歴史過程が記されている。

　(2)消極的保存：上記の転用の例は、存在の意味や主張の薄い台座であったからこそ可能だったといえる。残された銅像本体は、時代にそぐわず、長く隠されたままであったり、そもそもその存在を忘れ去られてしまったものもあった。これらが運よく残されたのは、モノを意識的に保存しようという態度からではなく、いわば消極的な選択の結果だった。1945年以降の台湾においては、日本統治期を思わせるような文物は、あまり好ましくないものとして取り扱われた。とくに、台湾の内政部が1974年に公布した「清除台湾日拠時代表現日本帝国主義優越感之殖民統治紀念遺跡要点（台湾の日本占領時代

の日本帝国主義的優越感を表現した植民地統治の記念遺跡を排除する要点)」によって、日本による植民地統治を思い起こさせる神社などの遺構がこの時期にかなり撤去されたことが知られている[28]。

　銅像における「消極的保存」の例として、国立台湾博物館(旧総督府博物館)の児玉源太郎像と後藤新平像、花蓮気象台で2014年に発見された近藤久次郎像などがある。これらの像は、2000年代以降に倉庫から出されたり、再発見された像である。また、2015年末には、それまで消失したと思われていた石像の児玉源太郎像の頭部が、台南で発見された。発見された場所は、日本統治期に陸軍宿舎だった建物の床下であり、もしかすると最初は何者かが意図的に保存するためここに隠した可能性もある。しかし、戦後誰にも見つかることなく、70年以上経ってから偶然発見された。これも一種の「消極的保存」の例といえる。

　(3)積極的保存:一方で、姿を消したと思われた日本人銅像のなかで、戦後の台湾で継続して保存されて来たものもある。その最も有名な例が、台南の烏山頭ダムに置かれた八田與一像である。八田與一(1886–1942)は現在の石川県金沢市出身で、東京帝国大学工科大学土木課を卒業後、1910年に台湾総督府土木部の技手となった。その後、1920年から嘉南大圳建設工事に携わる。嘉南大圳が竣工した1930年に、それまで工事に携わった技師や労働者による交友会が作られ、八田與一の業績を記念するため、この交友会によって銅像の制作が計画された。八田は当初これを固辞したものの、最終的に受け入れ、高い台に立つような像ではなく、作業着に地下足袋、ゲートルをつけたありのままの姿の像を希望した。そのため、この八田與一の銅像には台座はなく、土手に座って考え事をしている座像となった[29]。この像は、1931年7月31日に贈呈除幕式が行われ、烏山頭ダムの珊瑚潭を見下ろす丘に設置された[30]。

　八田與一は1942年、フィリピンに派遣された途上で、アメリカの魚雷攻撃によって遭難死する。銅像は戦争末期の金属回

収によって一旦撤収されたが、敗戦後に台南で発見され、嘉南農田水利会がこれを買い戻して保管することになった[31]。この像は、戦後早い時期から存在がある程度知られており、実は像を表に出すことは、国民党政権下でもそれほど回避されておらず、1950年代から1960年代も人目につく場所に設置されていた。その後、1972年の日本と台湾の国交断交によって日本への反感が強まり、その時期に一時的に嘉南農田水利会のなかに隠されていたようである[32]。1981年に銅像は烏山頭ダム付近の丘にあった八田與一夫妻の墓の前に再設置され、八田與一の命日にあたる5月8日に挙行される墓前祭には、日台から参加者が集って與一の功績をしのぶようになった【図7】[33]。

　以上のように、台湾の戦後においては、八田與一などの例を除き、日本統治期の銅像は積極的保存の対象にはなってこなかった。戦後そのまま利用されたものも、銅像そのものではなく、その台座や基台の部分である。これは、日本統治期の銅像が支配者層である日本人像がほとんであり、植民地支配という負の時代への認識や、抗日戦争を戦った中華民国政府が新たに台湾で政権を担ったことなどから、当然ともいえる対応であった。だが、おおよそ2000年代以降、こうした日本統治に関わる銅像に対して、台湾社会で新たなアプローチが始まる。

【図7】八田與一墓前祭、2017年筆者撮影

7　展示、そして「再現」の時代へ
　　——2000年代から現在まで

　戦後の台湾で主に学校に設置された孫文像や蒋介石像の銅像については、黄獻欽の詳細な研究がある。それによると、蒋介石像の設置が増加したのは、1975年の蒋介石の死後で、これはちょうど1971年前後にFRPによる彫刻の複製技術が入って来たことに関連していた[34]。しかし、1987年に台湾で戒厳令が解除されると、こうした国民党政権とその歴史教育に深く関わる偉人像を排除する動きが現れる。1980年代末から1990年代にかけ、台湾各地で蒋介石像の是非がとりざたされ、ペンキがかけられるといった事件が起こる。最終的に、台湾各地の蒋介石像が、桃園にある「慈湖紀念雕塑公園」に集められることになった（1997年開園、銅像の移設は2000年から）[35]。

　1990年代から2000年代にかけた、こうした蒋介石像への忌避感や退場と反比例するかのように、わずかに残されていた日本統治期の銅像が、2000年代後半頃から表に出されるようになった。戦前の台湾総督府博物館は、1949年に台湾省立博物館、1999年に国立台湾博物館となった。台湾総督府博物館時代からの所蔵品や日本統治期の品々が保管されているが、館には1915年に博物館が竣工した際に設置された、児玉源太郎像と後藤新平像が倉庫に残されていた。2004年2月に日本から「後藤新平顕彰会」の団体が博物館を訪問したさい、人数が多いため訪問客を倉庫に入れるのが難しく、二体の銅像をホールへ移動させて見学に提供した。博物館はちょうど改修中でリニューアルオープンをひかえていたため、この二体の銅像を日本統治期の元の位置に戻すかどうかの議論となる[36]。しかし、植民地期の銅像をメインホールへ設置するのは抵抗感も強く、最終的に博物館は2008年の百周年記念に合わせ、本来の大ホールではなく、3階に銅像の陳列室を特別に設置し、ここで常設展示されるようになった【図8】[37]。

　この2000年代の児玉源太郎と後藤新平の銅像展示に続いて、2010年代に入ると、2014年には花蓮で近藤久次郎像が、2015

【図8】「児玉・後藤銅像陳列室」、国立台湾博物館パンフレット

【図9】再発見された児玉像頭部、2016年筆者撮影

年末には台南で児玉源太郎像の頭部【図9】が発見されるなど、完全に失われたと考えられていた日本統治期の銅像が相次いで見つかる出来事があった。これらはいわば「消極的保存」によってモノが残り、その後再発見されたものである。こうした現象と時をいつにして、「保存」とは異なる新たな動き、すなわちすでに消失した銅像を再制作、再設置しようとする動きも出て来た。例えば、かつて日月潭のほとりにあった台湾電力社長の松木幹一郎像（1941年）が、民間有志によって再制作され、2010年に除幕式が挙行された[38]。この他にも、奇美グループの創業者である許文龍は、自身で日本統治期の日本人銅像を制作し、寄贈したり再建したりという活動を、2000年代頃から行っていた。2017年には、台北植物園にかつてあった、植物学者のフォーリー像（1917年）【図10】と早田文蔵像（1936年）が新たに再建されて設置された。フォーリー像は、日本人彫刻家渡辺長男（1874–1952）が原型を制作したもので、偶然のきっかけから、渡辺家に石膏原型が残っていることが分か

【図10】渡辺長男《フォリー像》、原作1917年、
2017年再設置、2017年筆者撮影

り、再鋳造したものである[39]。早田文蔵像の方は原型が失われ
ていたため、昔の写真を参考に再制作された。2021年には、日
本統治期に台北水源地に設置されていた水道技師のバルトン
像(1919年)が、同じ場所(現在の台北市自来水園区)に再制作
されて設置されている。

　1945年以降、今日まで残されていた銅像たちは、八田與一
像のように積極的に保存をはかられたものもあるが、多くは
恐らく処分に困り、倉庫などに秘蔵されたり、忘れ去られて
来た。そうした状況に、2000年代から2010年代にかけて変化
が起こった。蒋介石像を公共空間から排斥する動きに続い
て、今度は日本統治期の銅像たちがふたたび公共の場に展示
されたり、または再発見され、保存されるなど、「積極的保存」
の対象になり始めたのである。そして、近年では保存だけで
なく、失われた銅像を再制作、再設置するような、「再現」の
段階にまでいたっている。台湾では、1990年代半ば以降、戦
後の二二八事件やその後の白色テロによって、政府に逮捕・

処刑された人々の人権回復が試みられて来た。しかし一方で、植民地支配の歴史問題は、下からの社会的なコンセンサスの形成によって解決される前に、多くの当事者たちが世を去ってしまった。台湾の戦後においては、国民党政府による一党独裁政権のなかで、日本統治期に生まれた世代が抑圧され、声を塞がれてしまった時期があったためである。それゆえ、1990年代以降の民主化のなかで、戦後の国民党の権威主義政権に対抗するものとして、日本統治期を逆に取り上げるという、社会のバランス調整が行われて来た。当初、民間で起こって来た銅像の再建もその延長線上に存在したといえる。ただし、近年の台北植物園や自来水園区に再建された銅像は、公共の行政管理下にあるものである。つまり、こうした日本統治期の銅像再建の動きは、次第にふたたび公共的な場所の問題へと接触し始めているのだ。

8　さいごに

　以上に見て来たように、当初日本統治の偉人たちをかたどった銅像は、金属回収という国策によって撤去され、さらには日本の植民地支配という負の側面として忌避されたり、消極的な保存しかされなかった。ところが、2000年代以降には再展示され、再建されるという、少しずつ正の側面へと立場が転換しつつある。銅像というモノ自体のかたちは制作された当初から変化していないが、銅像をとりまく台湾の環境はこの百年間でいく度も激しい変化に見舞われた。つまり、銅像というモノは、その人生や「社会生活」[40]から、台湾の歴史が見えてくる資料といえるのだ。

　ただし、日本統治期台湾を研究対象とする筆者にとって、銅像が再現され始めた現状に対して、ひとつ懸念していることがある。それは、銅像が当時設置された背景にある不平等な社会が、見えづらくなっている点である。日本統治期に作られた銅像の全体像をみたとき、その像主の選択には、政治的、民族

的な偏りが明らかに見られる。銅像に「歴史的な価値」があるとしても、当時の支配層に属する民族(この場合は日本人)の像しか公共空間に置かれていなかったとすれば、そこにはやはり「負の遺産」としての側面がある。それを無自覚に復元することは、その社会に対して抵抗し、改善しようとしていた当時の多くの台湾人の心情をも無視することになる。黄猷欽は、台湾の現在の文化遺産指定は、異なるグループ間での「バランス」を採ろうとしていると指摘している。ただし、注意すべきは、例えば日本統治期の建造物は、あるグループにとっては負の感情を抱かせるものであり、ある遺産が別の一方のグループの感情を刺激する可能性があることだ[41]。

むろん、現段階における台湾での銅像の再現は、その対象について無意識であれ、台湾社会の選択が働いているようにも見てとれる。例えば、かつての日本人総督像を旧台湾総督府(現在の総統府)前に復元しようという動きはさすがに無いだろう。ふたたび公共の場に再建され始めた日本統治期の銅像にしても、植物学や水道など、比較的政治色の薄い分野や、日本人ではない西洋人像が選ばれている。そのため、台湾社会も決して無自覚に日本統治期の復興を行っているわけではない。日本統治期の公共空間では、台湾人像が静かに排除されていたように、戦後の台湾における蔣介石像や孫文像の氾濫は、必ずしも一般の台湾人の主体的選択とはいえなかった。もし、銅像という表現手段が現代社会でも生き永らえるのなら、いま台湾人は初めて民主的に自らの社会に建設する銅像を選べる時代に入ったといえる。

付記:本章の内容は、拙著「日本統治期台湾における近代彫刻史研究」(東京大学大学院総合文化研究科博士論文、2021年)の一部を改稿し、新たな資料を付加して論述したものである。また、本章のテーマに関連して、2018年度三島海雲記念財団学術研究奨励金の助成を受けた。ここに記して謝意を表します。

注

1 田中修二『近代日本彫刻史』国書刊行会、2018年、182–183頁。大坪潤子「第四章 銅像・記念碑」概説『近代日本彫刻集成 第1巻』国書刊行会、2010年、175頁。
2 朝倉文夫「銅像と呼んでいるもの」『少年倶楽部』第21巻11号、1934年、163頁。
3 近代日本の銅像を対象とした研究は、主に美術史研究と歴史研究の二つの分野からなされている。美術史／彫刻史研究では、彫刻家の生涯や作品の発掘といった基礎研究のほか、木下直之や田中修二は、それまで「ロダン以後」の時代に注目されがちだった「近代彫刻」という分野そのものを問い直し、主流とみなされていなかった銅像制作など、近代初期の彫刻家の活動や彫刻の隣接分野に着目した。屋外彫刻調査保存研究会の活動、田中修二『近代日本最初の彫刻家』吉川弘文館、1994年。同『近代日本彫刻史』国書刊行会、2018年。木下直之『銅像時代――もうひとつの日本彫刻史』岩波書店、2014年、平瀬礼太『銅像受難の近代』吉川弘文館、2011年などを参照。近年では、美術史・美術評論・創作者との対話を総合させた小田原のどかの活動も注目される。また、歴史学では、ピエール・ノラ（Pierre Nora）らによる「記憶の場」の概念の登場以降、モニュメント研究が盛んとなった。日本の記念碑研究としては、羽賀祥二『史蹟論――19世紀日本の地域社会と歴史意識』名古屋大学出版会、1998年などがある。関連の先行研究は多数あるが、紙幅の関係上、本章では日本語による代表的な文献の紹介にとどめた。
4 ピーター・バーク（Peter Burke）著、諸川春樹訳『時代の目撃者――資料としての視覚イメージを利用した歴史研究』中央公論美術出版、2007年、255頁。
5 文中に定義した公共空間に置かれたもので、私的に所有されていたものを含まない。また、二宮金次郎像や楠木正成像など、日本統治後期から学校に大量に設置された像もここからは除外している。同型の銅像が各地に数体設置された例が複数あるが、同作者・同型のものは一体と計算した。拙著「日本統治期台湾における近代彫刻史研究」東京大学大学院総合文化研究科博士論文、2021年、附表2。李品寛「日治時期台湾近代紀念雕塑人像之研究」台湾師範大学台湾史研究所修士論文、2009年、附録2。
6 前掲、拙著博士論文、140–141頁。台湾で設置された初期の大型銅像は、ほとんどが全身像で高い台座を伴っている。この台座の設計・建設には台湾総督府の日本人建築家が関わっていた。大型の銅像建設には、彫刻家だけでなく、土木工事を伴う建築関係者の参与が不可欠だった。日本の事例については、木下直之「台座考――建築家と記念碑」『銅像時代――もうひとつの日本彫刻史』岩波書店、2014年を参照。
7 前掲、拙著博士論文、29頁。
8 邵慶旺、盧泰康「従物件詮釈「文物」之研究：以疑似児玉源太郎頭像残件研究為例」『国立台湾博物館学刊』第76-2期 2023年、72–74頁。
9 「後藤男爵寿像の原図」『台湾日日新報』1908年11月12日、第1面。
10 拙著「日本統治期台湾における銅像受容に関する一考察」『日本植民

地研究』第 32 号、2020 年 6 月、45、55 頁。ただし、これは在台日本人の資料を主としたもので、台湾人が日本人長官像をいかに見ていたかは、資料の制約上十分に検討できていない。
11 同上、拙著論文、45–46 頁。
12 台湾総督官房調査課編『台湾現住人口統計 昭和 7 年末現在』台湾総督官房調査課、1933 年、3 頁。
13 君が代少年の美談については、日台において少なくない先行研究がある。代表的なものとして、周婉窈「日治末期「国歌少年」的統治神話及其時代背景」『海行兮的年代：日本殖民統治末期台湾史論集』允晨文化、2003 年。村上政彦『「君が代少年」を探して：台湾人と日本語教育』平凡社新書、2002 年など。
14 「故浅井訓導の胸像完成」『台湾日日新報』1943 年 8 月 13 日、第 3 面。
15 前掲論文、李品寛（2009）、27–28 頁、拙著博士論文、93 頁。
16 この過程については、前掲論文、李品寛（2009）、91–97 頁および拙著博士論文、131–140 頁を参照。
17 「銅の使用制限更に強化さる」『台湾日日新報』1938 年 7 月 31 日。「銅の使用制限更に強化さる」『台湾日日新報』1938 年 8 月 18 日。
18 野村幸一「銅像国策に殉ず」『台湾日日新報』1939 年 6 月 19 日。
19 府令第一八七号「金属類回収令施行規則」『府報』1941 年 10 月 1 日。「銅の使用制限規則その運用と当局の方針」『台湾日日新報』1938 年 10 月 8 日。
20 「銅像も敢然応召 台北州金属類回収実施方法決る」『台湾日日新報』1942 年 9 月 2 日。「街の銅像にも赤紙 島都第二次特別回収始まる」『台湾日日新報』1942 年 11 月 16 日。
21 「銅像等ノ非常回収実施要綱」JACAR（アジア歴史資料センター）Ref.A03023598500、『公文別録・内閣（企画院上申書類）・昭和十五年〜昭和十八年・第三巻・昭和十八年』（国立公文書館）。平瀬礼太『銅像受難の近代』吉川弘文館、2011 年、21 頁。
22 「銅像赴難（一）初代総督樺山将軍」『台湾新報』1944 年 8 月 11 日。
23 『灌園先生日記』1944 年 9 月 11 日。前掲論文、李品寛（2009）、95–96 頁。日記は、「台湾日記知識庫」（中央研究院台湾史研究所）のデータベースを参照した。
24 『灌園先生日記』1946 年 1 月 1 日。
25 『灌園先生日記』1947 年 4 月 15 日。
26 『灌園先生日記』1944 年 9 月 16 日。
27 日本統治期に坂本の銅像が置かれていた台座は彰化銀行内にそのまま残され、1953 年に台湾人彫刻家陳夏雨によって林献堂の胸像が制作、その台座の上に像が設置された。
28 金子展也『台湾旧神社故地への旅案内』神社新報社、2015 年、5 頁。
29 古川勝三『台湾を愛した日本人――土木技師 八田與一の生涯』改訂版、創風社出版、2009 年、232–233 頁。
30 同上書、236 頁。
31 同上書、238–239 頁。
32 武長玄次郎、山下将央「八田與一記念祭をめぐって」『木更津工業高等専門学校紀要』第 53 号、2000 年、27–28 頁。

33 日本では、1980 年代における古川勝三による八田與一の紹介をはじめとし、1990 年代から 2000 年代にかけて、八田與一がダムによって台湾の「近代化」に貢献した人物として知られるようになった。胎中千鶴『植民地台湾を語るということ 八田與一の「物語」を読み解く』風響社、2007 年。清水美里「日本と台湾における「八田與一」教材化の方向性」『史海』第 64 号、2017 年等を参照。
34 黄猷欽「台湾偉人塑像の興与衰－以 1949–1985 年的《中央日報》為例」劉瑞琪主編『近代偉人肖像的論弁』遠流、2012 年、219 頁。黄猷欽「製作孫逸仙、蔣介石－台北市各級公立学校内偉人塑像設置之研究」国立中央大学芸術学研究所修士論文、1999 年、30 頁。
35 以上の経緯については、前掲論文、黄猷欽（2012）、236–238 頁を参照。
36 国立台湾博物館「歴史新聞」https://www.ntm.gov.tw/News_Content_Due.aspx?n=5652&s=146783（2024 年 3 月 30 日最終閲覧）。「児玉、後藤重現古博館 引爆舌戰」『聯合報』2004 年 2 月 18 日。
37 早い時期にこの児玉・後藤像を紹介している日本語文献に、立花義彰「台湾における屋外彫刻現地踏査での感想」『屋外彫刻調査保存研究会報』第 3 号、2004 年。片倉佳史『台湾に生きている「日本」』祥伝社、2009 年。木下直之「秘史『銅像』に歴史あり」『文藝春秋』2010 年 2 月号などがある。
38 林炳炎「松木幹一郎台灣電力社長重塑胸像除幕式」北投林炳炎ブログ https://pylin.kaishao.idv.tw/?p=2429 （2024 年 3 月 30 日最終閲覧）。
39 李瑞宋著、宍倉香里訳『フォリー神父』行政院農業委員会林業試験所、2017 年、168–170 頁。
40 「Social life of things 」という概念は、Arjun Appadurai, ed. *The Social Life of Things: Commodities in Cultural Perspective*, Cambridge University Press, 1986. を参照。日本の美術史学界でこれに反応したものとして、『うごくモノ――「美術品」の価値形成とは何か』東京文化財研究所、2004 年がある。
41 黄猷欽「従文化資産角度審視台湾偉人塑像之存留」『歴史記憶的倫理：従転型正義到超克過去』台湾大学出版中心、2024 年、478 頁。

第9章

写真が形成する個人と地域の記憶
——五十嵐写真館の写真と活動

白政晶子

1 はじめに

　神奈川県小田原市に所在する五十嵐写真館は、小田原で最も古く、1897（明治30）年から2025（令和7）年現在に至るまで120年余り存続している。

　五十嵐写真館は、横浜で写真術を学んだ五十嵐粂吉（1871–1914）とハル（1878–1967）夫妻が1897（明治30）年に小田原で開業したことから始まった[1]。二代目五十嵐登（1900–72）は、写真館の営業を行いながら、昭和20〜40年代にかけて、四男史郎（1931–2022）とともに日中戦争・太平洋戦争における戦没者の遺影制作や小田原の人々の暮らしや風物の撮影によって地域を写真で記録した。登と史郎は、1953（昭和28）年から図書館と共同で音声付きカラースライド「小田原よいとこ」（以下「よいとこ」）シリーズの写真撮影をボランティアで担当した。このシリーズは多くの市民の前で映写された。このような五十嵐写真館の写真による社会貢献活動は、当時から新聞やテレビで注目され[2]、1959（昭和34）年5月には、神奈川県

から感謝状が贈られた。同館は、2015（平成27）年8月に、市民ミュージカル『小田原時空写真館』のモチーフとなり、2022（令和4）年に、小田原市民功労賞が授与されるなど地域で親しまれ、知られた存在である[3]。1972（昭和47）年より史郎が写真館を継ぎ、1986（昭和61）年以降は、史郎の長男五十嵐博（1958–）が受け継いでいる。

　五十嵐写真館の写真史料（原板を含む）は、昭和20年代から令和4年頃までの間に数度に分けて小田原市立図書館（現小田原市立中央図書館）に寄贈された[4]。営業写真館の写真は販売用がほとんどなので、現存する写真館の史料がまとまって寄贈されることは珍しい。五十嵐写真館の場合も、寄贈対象に営業写真は含まれないが、地域や五十嵐家一族を写した膨大な量の写真群が寄贈されている。登と史郎は、写真による地域の記録に熱心に取り組み、写真の公共利用を願って市に寄贈した。市政の記録的な内容であっても、材料費や撮影費は写真館の持ち出しだった[5]。市では、寄贈された写真を整理・保管し、今日まで刊行物、展示会、デジタル・アーカイブや広報などに幅広く活用してきた。

　本章は、戦前から戦後にかけ、長く写真館活動を担った五十嵐登と史郎の写真と実践を取り上げる。そして地域を定点観測的に撮影した五十嵐写真館を事例として、写真が、個人や地域の記憶の形成にどのように関わったのかということを考察する。

2　本研究の位置

　日本写真史では、上野彦馬や下岡蓮杖、内田九一、小川一真などの、固有名詞で記憶される少数の人々を除いて、営業写真師の写真や活動についてほとんど取り上げられてこなかった。それは、営業写真館の写真は販売用で残らないという物理的な理由からだけでなく、日本写真史は作家主義と技術の発展史を中心に語られてきたため、営業写真館の非個性的ともい

える写真イメージについては、研究対象としての積極的な意義が見出されてこなかったことが挙げられる[6]。しかしながら、2000年前後に始まった、ジェフリー・バッチェンを中心とする写真史のあり方を見直す動向を受けて、日本でも写真史で言及されてこなかったアノニマス(匿名、無名)な写真群(家族アルバムや遺影写真、営業写真館で撮影された個人の肖像写真、刑事写真など)が研究されるようになった[7]。緒川直人・後藤真人編『写真経験の社会史——写真史料研究の出発』(岩田書院、2012(平成24)年)は、史料に基づき家族アルバムや政治写真、デジタル・アーカイブなどを研究する具体的な方法を提示した。本章もまた、地方の写真館に遺された写真群に研究意義を見出す立場をとるが、方法論を見出すことよりも、写真そのものに着目し、アノニマスな写真が提示する記録性と表現性の問題や、写真と記憶および歴史との関わりを検討する。

　一方で数は多くないが、地域史の側面から写真館を取り上げた研究がある。本島和人「ガラス乾板から見える昭和の写真館と松尾町——地域の自画像としての写真史料」(『飯田市歴史研究所年報』13号、2015(平成27)年8月)は、地域に根差した久保田写真館から飯田市歴史研究所に寄贈された写真史料の調査結果をまとめた内容である。本章と同じく、公的機関に寄贈された写真館旧蔵史料を対象としている。地域は異なるが、写された内容(肖像写真、地域の風景・風俗や冠婚葬祭など)には、五十嵐写真館と共通点が見られることが分かった。

　最後に、五十嵐写真館についての先行研究に言及する。同写真館は、明治創業の老舗写真館であることや、地域に根差した活動を展開したことなどから、昭和30年代から小田原、神奈川地域では知られていた。最初は、横田洋一監修『写真集 明治の横浜・東京』(写真集『明治の横浜・東京』を刊行する会、1989(平成元)年)で、同書は「写真師・小辞典」の章において初代のハルに触れている。翌年刊行の小笠原清編『一枚の古い写真——小田原近代史の光と影』(小田原市立図書館、1990(平

成2)年)は、ハルのほか、登の経歴にも言及がある。「よいとこ」にかんしては、小田原市立図書館『小田原図書館五十年史』(小田原市立図書館、1983(昭和58)年)に詳しい。同事業については鈴木一史編『小田原城址の150年』(小田原城天守閣、2017(平成29)年)にも言及がある。史郎の活動は、その談話「五十嵐写真館百二十年の記憶」(『小田原史談』243号、2015(平成27)年10月)に記される。また、未刊行の冊子に、宮内和子編「「まち・ひと・もの」つながる小田原　文化レポート第7回五十嵐写真館」がある。この他、著者は博氏へのインタビューを2回行った(2024(令和6)年3月8日、8月6日)。

　上記のように、五十嵐写真館にかんする文献や関連資料は少ないとはいえないが、それらは写真館や写真師とその活動についての概要説明や伝記的記述であり、コレクションの全体像の把握や個々の写真の内容、五十嵐の写真活動が当時の社会とどのように関わっていたかなどの、具体的な検討は行われてこなかった。著者は悉皆調査によって個々の写真の内容を把握し、写真史料と写真館の活動にかんする調査研究に基づいて論を展開する。さらに、図書館への寄贈史料以外では、今回五十嵐写真館に残る家族アルバムを博氏のご厚意で調査させていただいたことを謝意とともに記す。

3　五十嵐写真館写真史料(小田原市立中央図書館蔵)の概要

　小田原市立中央図書館が所蔵する五十嵐写真館の写真群は、1. ガラス乾板、2. ネガフィルム(4×5)、3. ネガフィルム(ブローニーのロールフィルム)、4. ネガフィルム(35ミリ)、5. ポジフィルム(35ミリ)、6. 紙焼き写真、7. 8ミリカラー映像フィルム、8. カラースライドに大別される。五十嵐写真館の写真史料は、上記以外の未整理史料も含めると、概算で約十万点を数える。現時点での各史料群の概要を以下にまとめた。

五十嵐写真館寄贈写真史料一覧（小田原市立中央図書館蔵）

	原板種類	概要	撮影者	年代	デジタル化	画像公開
1	ガラス乾板（大判・手札）	大判サイズのガラス乾板。家族や親戚、小田原の風物に関する記録写真。五十嵐写真館によりオリジナルの箱に人名や事項のテーマごとに収納されている。	五十嵐写真館／登	明治30年〜昭和20年代	○ 1,160枚（令和5年）	おだわらDM
2	ネガフィルム（4×5）	形式と内容から、1の肖像写真や小田原風物を撮影したガラス乾板の後続である。事項ごとに分類されたフィルム箱が59箱ある。	五十嵐登	昭和10〜22年頃	—	—
3	ネガフィルム（ブローニーのロールフィルム）	書き込みなどから昭和22年頃に撮影されたフィルム188本である。肖像写真や市の出来事を記録した内容で1、2に連なる。	五十嵐登	昭和22年頃	—	—
4	ネガフィルム（35ミリ）	小田原の生活と文化をテーマとした写真が多数含まれている。35ミリフィルム1,635本（36コマ換算で58,860コマ）を数える。このうちデジタル化済の写真は627本（36コマ換算で22,572コマ）ある。この時に作成された目録（抄録）は公開されており、デジタル化されていないネガフィルムの内容を把握することができる。オリジナルのネガ封筒には、撮影した内容と撮影年月が記載されているが、寄贈時に図書館がストックフォトとして活用するために14の項目に分類し、整理をしている。	五十嵐史郎	昭和24〜49年	△ 627本（概算22,572コマ）（平成19年）	DVD館内閲覧
5	ポジフィルム（35ミリ）	4と同時期に撮影された。ポジフィルムの一部はスライドシリーズ「小田原よいとこ」に使用されたフィルムは全てデジタル化した。	五十嵐登	昭和20〜40年代	△ 2,583コマ（令和5年）	おだわらDM
6	紙焼き写真	昭和30年代から40年代にかけての事項や人物の写真。内容は4、5と関連する。小田原城天守復元や鈴木十郎市長、VIPの来訪、パラリンピックの写真など。カラーとモノクロがある。	五十嵐史郎	昭和30〜40年代	—	—
7	8ミリ映像フィルム	カラーで撮影され、外箱には『お城まつり大名行列』『パラリンピック東京大会』と記されている。2点を所蔵する。	五十嵐登／史郎	昭和40年代	○ 2本（令和5年）	おだわらDM
8	カラースライドおだわらよいとこ	全40編。そのなかで音声とスライドが欠如していない29編すべてを再構成しデジタル化。現存するスライドは37編。	五十嵐写真館・小田原市立図書館	昭和28〜40年代	○ 29編（令和5年）	おだわらDM

第9章　写真が形成する個人と地域の記憶

撮影者については、混在があると考えられるが、おおむね1、2、3、5は五十嵐登、4、6、7が五十嵐史郎の撮影であることが、書き込みや撮影に携った年代、史郎の回想「五十嵐写真館百二十年の記憶」からわかる。8は、小田原市立図書館と五十嵐写真館の共同制作物である。

　寄贈写真以外で、五十嵐写真館が撮影した写真には、営業写真館の生業として顧客を撮影した肖像写真、学校の記念写真や、登がボランティアとして制作した小田原の戦没者の遺影写真が存在したと考えられる。しかし、営業写真は顧客に渡され、遺影写真は2葉存在したが、1葉は戦没者慰霊塔に納められ、もう1葉は遺族に渡されたため[8]、写真館および図書館に現存しない。

　寄贈写真は原板（撮影時にカメラに装填されていた、フィルムやガラス乾板などの写真画像のもととなる記録媒体）がほとんどであるため、白黒が反転していたり、陽画でもスライド（ポジフィルムに枠をつけた写真）では原板のサイズが小さいため目視に適さず、長らく閲覧できない状態であったが、図書館では2005（平成17）年に35ミリのネガフィルム（約22,572コマ）をデジタル化した画像を目録とともに公開し、DVDによる館内閲覧が可能となった。さらに2022（令和4）〜23（令和5）年には、ガラス乾板（1,160枚）と「よいとこ」に使用されたポジフィルム（2,583コマ）、スライドシリーズ「よいとこ」（29編）をデジタルデータ化し、2023（令和5）年4月から小田原市公式ポータルサイト「おだわらデジタルミュージアム」において公開し、利用環境が整いつつある[9]。著者は当時小田原市の学芸員として図書館に勤務し、図書館が所蔵する写真と映像のデジタル化を担当した。

4　写真家について

　本章で取り上げる五十嵐写真館の二人の写真家について言及する。

五十嵐登【図1】は小田原第一尋常高等学校を卒業したのち、千葉の丸山写真館で修業し、1921（大正10）年から1972（昭和47）年まで写真館主を務めた。

　登が撮影した肖像写真は、光の諧調の細やかさや、肌の質感描写、重量感の表現が特徴的である。肖像写真はスタジオ内撮影が多いが、史蹟や災害、建造物など野外の被写体をとらえたガラス乾板も遺っている。関東大震災では、五十嵐写真館は全壊し、多大な被害を受けたが、登は街を奔走し、当時高級品であったガラス乾板を用い、被災した人々や街の被害、復興の様子を撮影した[10]。

【図1】五十嵐史郎撮影《大判カメラを構える五十嵐登》昭和30年代、小田原市立中央図書館蔵、ネガ番号：3D004

　登は小田原写真師会の会長を務めるなど、老舗として地域の写真業の興隆にも積極的に関わった。長男、次男を太平洋戦争で亡くした経験から、小田原市の戦没者遺影をボランティアで制作し、慰霊塔建設運動にも関わった。『図書館五十年史』は、「「〔登が〕人の心に触れるものをたくさん身につけた人」として社会奉仕に献身し、写真師会の外に遺族会（二児が戦死）、自治会などに尽し、小田原市の各種行事にカメラを提げて登場、骨身を惜しまず撮影し続けた。現在同写真館所蔵の古いネガ類は、その大部分が図書館に寄託され、将来小田原の貴重な資料の一つになることは確実である[11]」と、登の人柄や写真を通じて社会貢献を目指したことに触れている。

　登の長男、次男が戦死したこと、三男が就職していたことなどにより、四男史郎【図2】が写真館を継ぐことになった[12]。史郎は1947（昭和22）年に旧制中学を中退し、登の下で修業した。上の兄弟たちは他の写真館や専門学校に数年間の修業に出たが、史郎がそうした修業を経なかったのは、終戦直後の

【図2】五十嵐史郎撮影《小型カメラを構える自画像》1956年10月、小田原市立中央図書館蔵、ネガ番号：3C026

混乱した時期であったためであろう。

彼は1949（昭和24）年に18歳で撮影現場に入った。スタジオでの営業写真のほか、小型カメラ（35ミリフィルム用）で小田原の街や人々を被写体としたスナップ写真を撮影した。史郎から図書館へ寄贈された35ミリのネガフィルムは1,635本（36コマ換算で58,860コマ）を数える。史郎が膨大なスナップ写真を撮影した理由は、父登と同様に、老舗の写真館の地域への貢献として変わりゆく街の情景を記録するためであった。また、史郎自身にとっては、自主的な写真修業であり、趣味としての意味合いもあったと思われる。撮影にかんして、史郎は「私はカラーではなくて、断然白黒が好きですね。だって白黒で育ったんですから[13]」と述べる。

5 五十嵐登の写真

5-1 家族の肖像と遺影

図書館に寄贈された写真群のうち、ガラス乾板や4×5ネガフィルムには、肖像写真（家族や親族、小田原を代表する名士）や事項（関東大震災や史蹟など）が撮影されている。撮影時期からこれらは登が撮影したと思われる。

上記のうち、プライベートの活動として家族や親族をスタジオで撮影したガラス乾板は1,000枚以上残っている。これらは、人物や事項ごとに分類され、一人の人物の出生から成人までが、時系列でオリジナルの箱に納められて保管されていた。家族や親族の写真は、和やかなハレの雰囲気に包まれているが、子どもの成長の過程を細やかに撮影するだけでなく、時には

【図3】五十嵐写真館撮影《五十嵐登一家の記念写真（中央が次男）》1944年6月20日、小田原市立中央図書館、おだわらデジタルミュージアム公開ID：24009

死にもカメラが向けられた。

　登は終戦直前に次男を、終戦後に長男を戦争で亡くした。息子たちの遺影は、出征後に帰省した時に記念撮影した軍装の写真を元に登が制作した。次男の出征後の写真を例に挙げると、1944（昭和19）年6月【図3】と、1945（同20）年2月の2種のガラス乾板がある。前者は海軍服姿で家族での記念写真や肖像写真、後者は飛行服姿の写真である。【図3】は次男を囲み、登夫妻や祖母ハル、兄弟たちが微笑みをたたえている。登はこの時に撮影した次男単独の肖像写真を、同日に次男が持ち帰ったと思われる恩賜品（干菓子と煙草）とともに写真に収めている。よき日の記念であろう。

　一方で、2回目の帰省時に撮影された写真は、飛行服の次男のみで4カットが撮影されている。折に触れ、家族揃って写真を撮る習慣があった五十嵐家であるが、この時には家族揃って撮影された写真は見えない。次男は帰省から4か月後の1945（昭和20）年6月に特別攻撃で亡くなった。7月11日に公葬の祭壇を撮影したガラス乾板（原板のみ）からは、同年2月の帰省時に撮影された写真から遺影が作成されたことがわか

る。作戦の4か月前というタイミングや、日常では着用しない飛行服をわざわざ持参し、着て撮影していることから、2月の写真は、遺影として撮影されたといえるだろう[14]。幼少期の写真も、下賜品とともに撮られた肖像写真も、遺影に用いられた写真も、葬儀の写真も、次男の名前が付された一つのガラス乾板箱に収められた。人ごとにガラス乾板を分類し一つの箱に収める行為は、人ごとに制作されることの多いアルバムと同様、ある個人が生きた軌跡を一定の時間幅で示す行為であると考えられる。登が制作した写真アルバム（五十嵐写真館蔵）には、次男や長男のガラス乾板から焼き付けられた、彼らの生誕から葬儀までの写真が時系列で配列されている。このことは震災後に小田原の街を撮影したことと同じく、登がカメラ・アイの正確な再現性によって物事の記録を視覚的に残すことを重んじていたことを示すといえる。

5-2 戦没者遺影の制作事業

登は終戦前から16〜17年かけ、小田原地域の全戦没者2,531名（当時）の遺影をボランティアで制作した[15]。登は制作した戦没者の遺影写真を、「おもかげ」と題されたアルバムに仕立て、1957（昭和32）年10月29日に小田原市が建立した慰霊塔に納めた[16]。

博氏へのインタビューによると、遺影制作は、子どもを戦争で亡くした近所の人が、写真館主の登が戦争で亡くなった息子の遺影を制作したことを聞き、家に残った写真での遺影制作を依頼したことが端緒である。遺影制作は、近所や顔見知りなどの写真館の周辺から、小田原市全域へと広がっていった。さらに、当初は太平洋戦争での戦没者を対象としていたが、最終的には慰霊塔に納める明治以降の全戦没者に拡大した。1957（昭和32）年5月に建設委員会が設置され、計画が現実になり、慰霊塔へ納める形あるものとして遺影が候補に挙がったことが遺影制作の対象が拡大した背景にあったことが推測される[17]。博氏は故人の写真がない場合には、家族が紙に名前

を記載し、それを撮影し納めたというエピソードを記憶している。

戦没者の遺影制作は、遺族の手元にあった肖像写真を遺影として修正するだけでなく、集合写真やスナップ写真に写る故人を部分的に接写し、引き伸ばして現像し、必要に応じて輪郭線や目鼻口などを手で加筆するという手の込んだ作業であった。博氏の回顧によると、遺影制作は幼少期の博氏も写真の仕分けを手伝ったほどの大掛かりな仕事だった。【図4、5】は、五十嵐写真館蔵のアルバムに見える、遺影制作の記録写真である。写真に映った人物は半袖なので、計画が本格化した1957（昭和32）年の初夏頃であろう。【図4】は現像した遺影を広げて整理している様子で、家族や技師が総出で閉店後の夜に作業が行われたことがわかる。【図5】は写真の形を整えている様子である。こうして整えられた写真は、アルバム「おもかげ」にまとめられた。【図6】は、鈴木十郎小田原市長に登が「おもかげ」を贈呈したときの写真である。同アルバムは慰霊塔に納められたために実物を確認することはできないが、制作の様子を撮影した記録写真によってある程度内容を知ることができる。別カットの写真には、小田原の地区名を書い

【図4】五十嵐史郎撮影《現像した遺影写真の整理》1957年頃、個人蔵。現像した遺影を広げている

【図5】五十嵐史郎撮影《戦没者遺影制作の様子（仕上げ）》1957年頃、個人蔵。左は登の妻アキが写真の形を整えるために裁断し、右は登が遺影の上に薄紙を貼って仕上げている

【図6】五十嵐史郎撮影《「おもかげ」を小田原市長に贈呈する様子》1957年頃、個人蔵。左は小田原市長鈴木十郎、右は五十嵐登

ている様子が写され、遺影は50音順ではなく、小田原市内の地区ごとに分類され、個々の遺影には亡くなった年と名前を書いた薄紙が貼られていたことがわかる。こうしたアルバム構成は、市内のどの地区から誰が出征し、市全体の戦没者はこれだけの人数になるということを表す。小田原市は戦後に

町村合併を行い、地区意識が根強く残っていたことを踏まえると、地区ごとの分類は、戦没者のアイデンティティを尊重しながら追悼する配慮の表われと考えられ、それは地区という小さなコミュニティの歴史に個人の足跡を残すことでもあったといえよう。

今回、小田原市立中央図書館における調査により、「おもかげ」制作から約10年後の1967(昭和42)年8月にこれらの戦没者遺影を小田原市中央公民館で展示した際のネガフィルムが見つかった。机には、戦没者の写真が並べられている【図7】。個々の写真に戦没者の名前が書かれた薄紙が貼ってあり、紙をめくると遺影が見えるようになっている。【図8】には、写真を見て涙する人（右から2番目）や、写真を指さしながら鑑賞する人物も見られる（画面奥）。これらの写真は少し離れた低いアングルから控えめに撮影されている。この展示会が開催されたのは、終戦から20年以上が経過し、高度経済成長期後半期を迎え、経済的には戦争を脱した時期であった。しかしながら、戦争体験者がいまだ現役世代であったこの時期に撮

【図7】五十嵐史郎撮影《戦没者の遺影展示会（部分）》1967年8月、小田原市立中央図書館蔵、ネガ番号：1B005。著者がネガフィルムをモノクロ反転加工

【図8】五十嵐史郎撮影《遺族会主催、戦没者の遺影展示会（部分）》1967年8月、小田原市立中央図書館蔵、ネガ番号：1B005、著者がネガフィルムをモノクロ反転加工

影されたこれらの写真を見ると、戦没者の遺影の展示は、今日のように彼らの死を顕彰する機会というよりもむしろ、親族や知り合いの写真を探し、生前の姿を思い出す機会となっていることがわかる。また、【図8】に写っている人々の反応や表情は、亡くなった人の写真を手に取って眺めるような戦争との生々しい距離感が、まだこの時期には存在していたという活字化されない歴史をも示している。

6　五十嵐史郎——小田原の生活と文化をテーマにした35ミリネガフィルム

6-1　史料群概要

　戦前から終戦直後にかけて、登は大判・中判カメラを使用し、肖像写真や小田原の景観や著名人を撮影していた。戦前に撮影された街の風景は多くはないが、戦後になり、小型カメラによる35ミリフィルムでの撮影に切り替わると、撮影量が飛躍的に増加した。これらのネガフィルムは史郎の撮影である。ネガフィルムには、小田原の名所や市主催のイベントや祭典、交流の深かった図書館の行事、修学旅行など、市から依頼されたと考えられる写真もあるが、人物写真や静物、身の回りの情景など、史郎が個人的に撮影したであろう写真も少なくない。趣味的な写真には、小田原以外で撮影したものもわずかに含まれる。撮影時に使用していたフィルムは36枚撮りで、フィルムを撮り切って現像していたと思われ、フィルムの前半に目的の写真が撮られ、あまりのコマには、家族などの個人的に撮影した写真が入っている事例が散見される。

6-2　表現上の特徴

　モノクロームが好きだった史郎の写真を見ると、光と影や形態、材質感の表現に関心があったことが窺われる。ネガフィルム群について言及されたことはないので、まずはその表現上の特徴に触れる。

① 瞬間・動き

　商店街や駅前の賑わいなど街の様子を撮影した写真には、人や物の瞬間的な動きを捉えた写真が多い。【図9】は、小田原の商店街のパレードでくす玉が割られ、紙吹雪が舞う一瞬を撮影した写真で、構図や人の配置、動きなど写真全体が祝祭の雰囲気に包まれている。

② 幾何学的構図

　小田原城復興や漁港の建設などは、戦後の市政の重要テーマである一方、非日常的な構造物を撮影する機会でもあった。【図10】のテトラポッドの写真は、画面中央奥に小さな旗がある、左右対称の構図を取り、ざらざらした材質感をシャープなカメラ・アイで表現しており、モダニズム写真のような印象を与える。【図11】は、被写体は異なるが、【図10】と似た一点透視法を意識した構図が取られている。中央のモチーフに向かって、左右対称に被写体が配置されている。大人は皆背を向けているが、中央の子どものみ顔が見え、非現実的な雰囲気が漂う写真である。史郎は、日常的な被写体に見いだせる形態美や独特の構図をカメラ・アイで切り取ることを好んだ。

③ 群衆

　小田原ではイベントや祭りが多く、そのたびに街路や城址

【図9】五十嵐史郎撮影《商工まつりデコレーションパレード》
1956年9月、小田原市立図書館蔵、ネガ番号：3E014

公園は群衆で溢れた。ネガフィルム群にも群衆を撮影した写真は多い。【図12】は1950(昭和25)年10～11月に開催された小田原こども文化博覧会でのイベントを撮影した写真で、画面いっぱいに人が溢れ、皆ひしめき合いながら一斉に舞台上を凝視している。この写真はイベントの記録にとどまらず、そこにいる人々の熱気までをも臨場感豊かに表現している。

④　光

　史郎は、夜景を照らす人工の光や、木々に透けた光など、さまざまな光の表現に関心があった。【図13】は、海の光と影を

【図10】五十嵐史郎撮影《テトラポッド(小田原漁港造成工事)》1959年、小田原市立中央図書館蔵、ネガ番号：6F014

【図11】五十嵐史郎撮影《婦人運動会》1956年10月、小田原市立中央図書館蔵、ネガ番号：3E008

【図12】五十嵐史郎撮影《小田原こども文化博覧会のイベントを見る群衆》1950年10月、小田原市立中央図書館蔵、ネガ番号：3F009

【図13】 五十嵐史郎撮影《漁船（城ヶ島撮影会）》1953年、小田原市立中央図書館蔵、ネガ番号：6E002

幻想的に捉え、手前の波のうねりによって画面に躍動感をもたらしている。この写真は撮影会で城ヶ島に行った時のもので、史郎が写真を趣味としていたこと、アマチュア・カメラマンのコミュニティに属していたことがわかる。

6-3 写されたこと

　ネガフィルム群には、主に昭和20〜30年代の小田原の人々や出来事が写し出されている。特徴的な内容をいくつか取り上げる。戦後の小田原市図書館が積極的に取り組んだ、女性

を対象とした読書会や、子どもを対象とした野外での移動図書館が頻繁に撮影されている。子どもたちが神社の一角や公園などでのびのびと本を読んでいる姿から、戦後の小田原では人々が読書に親しむ文化が根付いていたことを感じさせる。また、当時の小田原は文化やスポーツ活動が盛んであり、博覧会やコンサート、講演会、演芸会、さまざまな祭、国体、オリンピック予選などが行われた。イベントが盛んであったことは、1949（昭和24）〜1969（昭和44）年まで小田原市長を務めた鈴木十郎（歌舞伎座や松竹を歴任した演劇界の出身）の手腕によるところが大きい。イベントは小田原城址公園で行われることが多く、同所で撮影された写真は数多い。【図11】のように、史郎はイベントだけでなく、そこに集まる群衆にもカメラを向けている。現在とは比較にならない数の群衆は、テレビが普及していない時代に市や商工会が主催するイベントや祭りが人々にとってのかけがえのないレクリエーションであったことを物語る。スポーツ面では陸上競技場の建設やオリンピックの予選会などが撮影され、来賓の皇族（皇太子同妃、秩父宮妃、高松宮、三笠宮）の写真も残る。皇族関係では、明治から昭和まで小田原に所在した旧閑院宮家で1956（昭和31）年3月に開かれたバザーに招かれた地域の女性たちを撮影した写真があり、皇族と地域の人々との交流の様子を示す資料として貴重である。

　市民生活の維持向上に関わる写真も多い。公衆衛生や医療面では、占領期には感染症が多く、小田原でも公衆衛生の向上が課題であったことから、自治会が行ったハエや蚊の駆除のための用水路の消毒や清掃の写真が記録された。昭和30年代には、小田原市民病院や遠隔地域における診療所の建設が進み、工事の様子や内部の写真が残されている。インフラ面では、1957（昭和32）年に市内の開墾地域に初めて電気が通った。【図14】は、点灯会で初めて電灯が灯った瞬間を撮影した写真である。光に照らされた子どもたちの表情と相まって、電灯の光が貧しい開墾地域を救う、将来への希望をも表現し

【図14】五十嵐史郎撮影《和留沢点灯式》1957年2月、小田原市立中央図書館蔵、ネガ番号：3C037

【図15】五十嵐史郎撮影《シベリア抑留者（日下齡夫）復員の奉祝》1951年1月、小田原市立中央図書館蔵。ネガ番号：6L001

ているかのように感じられる。この写真は、点灯式という、記録上重要な瞬間を捉えているにもかかわらず、豊かな表現性をも持ち合わせたイメージである。撮影された出来事は多岐に渡るが、史郎がこだわったのは、そこにいた人々の表情を捉えることであった。

　戦後特有の課題として日中戦争・太平洋戦争の遺族や傷痍軍人への対応があり、小田原でもさまざまな取り組みがなされた。関連する内容では、抑留者復員の歓迎（【図15】、1951（昭和26）年1月）、遺児の靖国神社参拝（1953（昭和28）年、1955（昭

【図16】五十嵐史郎撮影《小田原駅前での野外写真展》1955年10月、小田原市立中央図書館蔵、ネガ番号：6C018

和30)年7月、1959(昭和34)年11月)、傷痍軍人を御幸の浜に招いてのレクリエーション(1957(昭和32)年5月)や慰霊塔建立のための托鉢(1957(昭和32)年6月)、戦没者慰霊祭(1959(昭和34)年12月)、未帰還者留守家族慰安大会(1960(昭和35)年5月、1961(昭和36)年5月)などの写真があり、地方における戦後復興の状況や、遺族や関係者たちの表情を知ることができる。これらの出来事については多くの写真が撮影されており、史郎が関心を寄せたテーマであったことが窺われる。

　こうした小田原の「現在」を写し出した写真は、市に寄贈されただけでなく、野外展示の形式で発表されることがあった。【図16】は小田原駅前で写真と解説文を貼り付けたボードを展示している様子である。展示されているのは、史郎が撮影した小田原の生活と文化の写真である。頻度は不明だが、五十嵐写真館ではこのように、同時代の人々に写真を鑑賞してもらう機会をもうけていたことがわかる[18]。また、野外での展示については、戦時下の報道写真は野外で展示されることがあったが[19]、時事的な内容の写真を多くの人に伝えることを目的として、戦後においても野外展示の形式が取られたのであろう。

6-4 スナップ写真

　史郎が撮影を始めた1950年前後は、土門拳（1909–90）がアマチュア・カメラマンに対して提唱したリアリズム写真運動の興隆期にあたる。土門は、戦時下のプロの報道写真家によるスナップ写真には演出や意図的な読み替えなどの「嘘」が多く含まれていたことへの反省から、戦後は社会問題を追求するリアリズム写真を提唱し、それを実践する手法として、物事の瞬間を切り取ることで客観的な表現ができると考えたスナップ写真を推奨した。土門のリアリズム写真の理論は、アマチュア・カメラマンのカメラ雑誌への投稿写真に対する批評として展開された。そのため、アマチュア・カメラマンの間では、社会や生活に密着したスナップ写真が流行した。また、1950年代は写真だけでなく、文学や絵画、映像など多分野に渡り、記録が重要視された時代だったことが、鳥羽耕史によって示されている[20]。史郎は、アマチュア・カメラマンのコミュニティにいたことからも、当然リアリズム写真運動の盛り上がりを知っていたと考えられる。史郎の写真の多くはスナップ写真であり、彼は出来事を正確に記録することだけでなく、出来事を取り巻く雰囲気や人の感情が表出した瞬間を捉えることに意識を傾けた。そして、こうした写真は、時代や場所を隔てても、見る者の感情に働きかける力を持つ。【図15】は、シベリア抑留者が帰還し、小田原市役所内で鈴木市長に迎え入れられている写真である。市役所内は歓迎の人々がひしめきあい、熱気溢れるこの場の雰囲気を感じさせる。さらに、画面中央の市長と対面し、感極まって涙する抑留者の表情や姿からは、この人物が長年心身ともに過酷な状況に置かれていたことを想像させる。このほか、史郎は、平和行進やメーデーのデモ行進など、数は多くないが社会問題に関わる写真を撮影している。

6-5　ネガフィルム写真群の分類と活用

　史郎が寄贈した当時のネガフィルム群は、フィルムが36枚

セットであるという物理的な理由から時系列に撮りためられ、寄贈時にはネガフィルム1本分を収納した封筒単位で整理された。このネガ封筒には、史郎の筆跡で、撮影した内容と撮影年月が記載されている。寄贈後に図書館は新分類の項目立てを新たに行い、ネガ封筒には別の筆跡で現在まで図書館において使用されている整理番号が付された。図書館の分類項目は14種であった(公共、学校、イベント・セレモニー、名所・旧跡・文化財、スポーツ、風景・風俗、旅行、産業、冠婚葬祭、寺社仏閣、芸能文化、人物、VIP・著名人来訪、各種団体・活動)。この分類は、被写体やテーマごとに行われ、ストックフォトとして効率よく活用することを目的としたと思われる。新分類に従ってネガも整理され、新分類に基づいた目録が作成された。

　ネガ写真群の小田原市での活用としては、『目で見る小田原の歩み』(小田原市役所、1980(昭和55)年)、『一枚の古い写真』(小田原市立図書館、1990(平成2)年)があり、これらの刊行物では、史郎が撮影した写真が市の出来事に合わせて掲載された。2005(平成17)年にはネガフィルムの約半数をデジタル化したが、この時には、新分類のテーマに基づき公的な内容や地域史に関わる写真が選択された[21]。こうした公共による写真活用では、写真の表現性に着目されることはなく、史郎が意欲的に取り組んだ、光や動きを効果的に捉え、時代の雰囲気を表現した系統の写真は取り上げられなかった。また、史郎は、『一枚の古い写真』の写真掲載について、「〔著者注：ネガフィルムを指し〕何に使おうと市の所有です。市が営利目的で使うなんてことは考えたことがありません」と述べ、寄贈後の写真活用については市に一任していたことがわかる[22]。

　これらのネガ写真群の分類や利用の事例からは、写真のイメージが撮影者の手を離れ、伝来されていくなかで、別の文脈で読み替えられたり、活用されるというプロセスを見ることができる。

7 スライドシリーズ「小田原よいとこ」

7-1 概要

　小田原市立図書館は、五十嵐写真館と共同して1953（昭和28）年から1968（昭和43）年まで「小田原よいとこ」シリーズと名付けられたカラースライド40編（現存37編）を企画・制作した[23]。スライドとは、ポジフィルム（モノクロ反転していないフィルム）に紙やプラスチック製の枠を付けた写真で、スライド映写機に投影され、昭和30年代から平成10年代まで長く社会教育や学校教育の現場で使用された。「よいとこ」は、スライド、シナリオ、オープンリールを組み合わせて構成される。撮影は五十嵐写真館の五十嵐登と史郎、図書館からは音楽は雨宮伊之助、解説は志沢正躬と内田哲夫、演出は廣澤榮（脚本家）や森田正（劇団こゆるぎ座）など、市の有識者が担当した。

　写真は登と史郎が担当し、最初は登が撮りためたスライドをテーマごとに選択して制作したが、回を重ねるごとにテーマに基づいて新規の撮影が行われた。一例を挙げると、日本図書館協会から委嘱を受けて制作した『民衆と図書館』に使用されたスライドは800コマで、そのうち60コマを選択し、15分間の作品が作られた。当時はまだ貴重で、高価であったカラーフィルムの代も撮影料も五十嵐写真館の持ち出しだった。視聴覚資料のスライドがオール・カラーであることは当時としては珍しく、「よいとこ」事業に熱が入っていた様子が窺われる。

7-2 「よいとこ」制作の背景と意義

　当時の社会教育や行政の状況を踏まえると、「よいとこ」事業には主に二つの背景があったと考えられる。一つ目は、視聴覚教育の充実である。「よいとこ」を企画した石井富之助図書館長の史料は「青蛙荘文庫」として小田原市立中央図書館に所蔵されている。その中の原稿やスクラップブックを読むと、占領期にあたる1949（昭和24）～1951（昭和26）年頃の石井

が、社会教育の拠点としての図書館の役割を果たしたいと考え、そのために市民や子どもたちにも受け入れられやすい視聴覚教材の充実を目指していたことがわかる[24]。

　二つ目は、地域のアイデンティティを作ることであった。1940(昭和15)年に5万人都市で始まった小田原市は、戦後、下府中村や桜井村を合併し、1954(昭和29)年から1956(昭和31)年の間にはさらに2町5村を合併し、10万人都市となった。小田原全市の生活や文化、インフラなどに取材した「よいとこ」は、別の歴史や慣習を持つ地区も含め、一つの小田原として共通のコミュニティ意識を市民に持たせるコンテンツとして役立ったと考えられる。

　実際に、「よいとこ」には、市政をテーマにした作品が多く、例えば、『伸びゆく小田原』では、新市域となった国府津、酒匂や片浦など各地の様子が紹介されている。また、第六回の「よいとこ」発表会を報じた「広報おだわら」(94号、1958(昭和33)年1月25日)では、『慰霊塔』『消防始め』『給食』『民衆と図書館』『アメリカの旅』『暮らしのしおり6』が上映されたことが報じられた。これらは1957(昭和32)年、1958(同33)年の市内の活動を取り上げた内容であり、ニュース映画のような役割を果たしたと考えられる。さらにこの広報では、「こんどのスライ

【図17】五十嵐史郎撮影《小田原よいとこ上映会の様子》
1959年1月、小田原市立中央図書館蔵、ネガ番号：3C018

ども市内五十嵐写真館主五十嵐登氏が市に寄贈されたもので、全編にわたり躍進する小田原市の動きをたのしく明るく表現しています」と述べていることからも、「よいとこ」が市政のPRを意図して制作されたことがわかる。

【図17】は、会場いっぱいに座った子どもたちが「よいとこ」を視聴している様子が映し出され、「よいとこ」の上映は、今日図書館で開催される映画会のような鑑賞体験だったと思われる。『小田原図書館五十年史』は、発表会の様子を以下のように伝える。「市民になじみのある風景や行事を、洗練された演出によって鑑賞できたため感銘を与えた。とくに五十嵐の撮影になるカラースライドの魅力は、ある時は正確さによって人々の記憶を呼びおこし、ある時はなごやかな色調によって安らぎを与え、小田原の自然と歴史、月ごとに移る行事の数々を親しみのあるものとして、会場を埋めた満員の市民に印象づけていった[25]」。「よいとこ」には、郷土の自然や歴史を素朴に表現している作品や、草花や風物に取材した詩情豊かな作品、人々の暮らしを取材した穏健な作品が多い。哀愁漂うメロディーや、呼びかけるようなフレーズが多いナレーションは、見る者に郷愁を感じさせる。こうした「よいとこ」の表現は、鑑賞者に地域の魅力を実感させ、郷土への愛着を育むことを意図している。「よいとこ」を構成する1コマ1コマの写真は、もとは事物の瞬間をカラーで切り取ったスナップ写真であったが、スライド作品として個々の写真が映像のように関連付けて配列され、叙情豊かな音楽とナレーションが加わることで、写真は全体で一つのストーリーを語るための要素となる。そのストーリーとは、個人の過去の記憶ではなく、理想的な小田原の暮らしや文化、また市民が共通して持つべきと考えられて形成された地域の記憶であった。

上記のように、五十嵐写真館の写真群は、質量ともに昭和20～40年代における小田原市の写真イメージの母体となり、戦後の小田原は「よいとこ」や市の刊行物に掲載された五十嵐写真館の写真によって語られ、記憶されてきた。類似の事

例は他にも存在し、先述の飯田市久保田写真館史料を調査した本島和人は、戦前から継続して行政の事業を撮影した写真が存在し、行政刊行物『写真集　松尾の昭和史』（飯田市松尾公民館、1990（平成2）年）に掲載された写真2,500余枚の大半は、久保田写真館の提供であることを指摘している[26]。これらの事例は、かつての地方の写真館が、現在のように営業写真だけでなく、地域の歴史を写真で記録する社会的役割をも担っていたことを示すといえる。

8　まとめ

　五十嵐写真館は、写真を通じた活動によって小田原地域の記憶の保持や歴史観の形成にかかわってきた。五十嵐登は家族や災害を写真で記録した。登にとって、写真は無名の人々や活字化されない出来事が存在したことを記録するための重要な手段だった。こうした登の存在証明としての写真は、戦没した小田原地域の人々を慰めるための遺影制作につながっていく。戦没者の場合は、多くのケースで遺骨が戻らないことも少なくなく、戦死者の遺影は確かにその人が存在したことを示す重要な意味を持った[27]。息子を戦争で亡くした登は、遺族にとっての遺影写真の存在の大きさを実感した当事者でもあった。彼が終戦前から戦後の16〜17年以上かけて取り組んだ小田原地域の戦没者2,531名の遺影写真は、かつて存在した事物を正確に写し取るという写真の機能の下、失われた人物の記憶を見るものにありありと想起させた。

　終戦後に写真館に入った史郎は、小型カメラで小田原の暮らしを次々と撮影した。史郎のスナップ写真には、物事を客観的に記録した写真が多いが、そのなかで移ろいゆく物事の瞬間や光を表現することへの興味が垣間見られることが少なくない。こうした史郎の写真には、普遍的な人々の感情や生、動きのある街の情景、雨の匂いや光や大気が表現され、写真を見る者の感情に働きかけたり、過去の記憶を想起させる作

用がある。このことは、記録的な写真を扱う際、写真に内在する表現性をどのように位置づけるかという、写真の本質にかかわる問いをも提起させる。史郎の記録写真において、撮影者の主観に由来する表現性は、写真に映し出されている出来事と見る者の感情や記憶を結びつけるように作用していると考えられる。史郎のネガ写真群は、小田原市立図書館への寄贈後、事項ごとに分類され、戦後の小田原の様子を視覚的に伝える主要な写真記録として今日まで小田原市の社会教育や刊行物などに幅広く活用されてきた。一方で、出来事と結びつく写真が選択され、文脈と結びつかない表現的な写真については言及されることがなかった。このことは、写真を扱う者の視点によって一枚の写真が意味や文脈を替えながら繰り返し活用されていくという、写真に特徴的な伝播の様相を示す。

　登と史郎が昭和20年代後半から図書館との共同作業で制作した「小田原よいとこ」のスライドは、地域で共有される出来事の記憶を提示し、人々の郷愁を呼び起こした。これらのスライドはあたかも共通する記憶を持った人々が一緒に写真アルバムを眺めるときにもたらされる印象に通じるだろう。

　新興芸術運動の評論家として戦前戦中の写真界に影響をおよぼした板垣鷹穂は、映画を写真の時間的構成と捉えた上で、空間的(誌面)に写真を構成することを着想し、グラフモンタージュ(グラフ)という表現形式を発案した[28]。映画のように個々の写真を時間的に配列し、ストーリーを展開するスライド映写は、写真を空間的に配列しストーリーを作るアルバムと類似する。この論理をあてはめると、スライドシリーズ「小田原よいとこ」は、テーマごとに編まれた小田原の生活と文化を綴った写真アルバムのように、視覚的に叙述する機能を持つことになる。ストーリー性を纏った写真群は、市井の人々に娯楽やレクリエーションとして享受され、投影された小田原の生活と文化は共通の記憶となり、地域への愛着や共同体の意識を育む一定の役割を果たした。昭和の小田原地域を撮影した膨大な写真群は、五十嵐写真館と地域の人々、行政との

第9章　写真が形成する個人と地域の記憶

相互の関わりの中で作り上げられたものだった。

　最後に近年の状況に言及すると、2023（令和5）年4月以降は、小田原市公式ポータルサイト「おだわらデジタルミュージアム」公開により、従来小田原でしか見られなかった五十嵐写真館の写真や再現された「小田原よいとこ」もインターネット環境下においてアクセスが可能になった。このポータルサイトによって地域史料としての五十嵐写真は従来よりも広い層に開かれ、今後は地域や時代に限定されない多様な見方が可能になるだろう。

謝辞　本章を執筆するにあたり、以下の方々に調査へのご協力や文献のご教示などでたいへんお世話になりました。ここに記して謝意を表します。五十嵐博、岩壁義光、岡塚章子、下重清、森幸夫、諸星正美、山口博（敬称略、50音順）。

注

1　大石直臣「幕末・明治期に創業した写真師・写真館」では、創業の年を1897（明治30）年五十嵐粂吉（小田原）と記載し（『写真館のあゆみ』社団法人日本写真文化協会、1987年、150頁）、また五十嵐写真館も創業の年を同年としている。一方、開業の年を1901（明治34）年と記載する文献もある（小笠原清編「ある写真館の足跡」『一枚の古い写真――小田原近代史の光と影』小田原市立図書館、1990年、252頁）。

2　1960（昭和35）年にはNHKが五十嵐ハル、登を取材し、『三代の伝統・三つの家族』（4月29日放送）、『おばあちゃん』（8月出演）というタイトルの番組を制作している（図書館制作の五十嵐家アルバムに記載）。小田原市立中央図書館には『写真家三代』というタイトルの35ミリフィルムが残されており、おだわらデジタルミュージアムで公開している。

3　「有限会社五十嵐写真館　明治30年の創業から現在まで、4代にわたり明治期以降の小田原のまちの姿や人々の暮らしなどの記録写真、戦没者の遺影を撮影し、これらの写真が市民共有の財産になるとともに、貴重な歴史的資料として展示会や図書館などの各種事業に活用されるなど、本市の文化振興に貢献しています」（『広報小田原』1246号、2023年2月1日）。

4　この他、焼付写真を市の他部署（観光課や教育課）に寄贈することもあった（「郷土の歴史数千葉／感謝されてる写真屋さん父子」『読売新聞』1952年7月5日）。

5　「郷土の歴史数千葉／感謝されてる写真屋さん父子」には、五十嵐登と史郎が郷土を撮影した千数百枚の写真を無償で市へ寄贈したことが記

されている。

6 一例として以下の書籍がある。日本写真家協会編『日本写真史一八四〇——一九四五』平凡社、1971 年。飯沢耕太郎他編『日本の写真家別巻 日本写真史概説』岩波書店、1999 年。三井圭史『写真の歴史入門 第1部「誕生」新たな視覚のはじまり』新潮社、2005 年。鳥原学『日本写真史 上 幕末維新から高度成長期まで』中央公論新社、2013 年など。

7 Batchen, Geoffrey. *Burning with Desire: The Conception of Photography*. MIT Press, 1997.（和訳版『写真のアルケオロジー』青弓社、2010 年）は、既存の写真史の枠組みを問い直した先駆的な著書として知られる。アルバムをテーマにした研究には次のような文献がある。安田和弘「写真アルバムを「開く」——1930 年代製作のアルバムを事例として——」（『表象・メディア研究』14 号、2024 年 3 月）。遺影写真については、写真史よりも民俗学の分野で進んでおり、代表的な論文としては、山田慎也「遺影と死者の人格：葬儀写真集における肖像写真の扱いを通して」（『国立歴史民俗博物館研究報告』169 号、2011 年 11 月）がある。

8 寄贈を受けた際に小田原市立図書館が作成した写真帖が五十嵐写真館に保管されており、この記述がある。

9 小田原市ポータルサイト「おだわらデジタルミュージアム」は、2023（令和 5）年 4 月から開始した（https://odawara-digital-museum.jp/）。小田原市内の文化施設 5 館の所蔵品の画像が横断検索できるシステムである。「小田原市デジタルミュージアム創設業務委託公募型プロポーザル実施要領」によるとその趣旨は以下である。「小田原市郷土文化館、並びにそれ以外で所蔵している郷土資料にかかる包括的なデータベースとしてデジタルアーカイブを構築することで、郷土の貴重な資料のデジタル情報を後世まで確実に継承するとともに、"いつでも"、"誰でも"、"容易に"アクセスが可能で、小中学校などでの学校教育、市民の生涯学習活動、及び観光振興等の場でも活用することができる、デジタルミュージアムを創設するものである」。

10 五十嵐史郎「五十嵐写真館百二十年の記憶」『小田原史談』242 号、2015 年 7 月、17 頁。

11 小田原市立図書館編「三 窓を開く図書館」『小田原図書館五十年史』小田原市立図書館、1983 年、148 頁。

12 五十嵐史郎（前掲注 10）、15 頁。この文献によって従来不明だった撮影の分担が明らかになった。この文献については下重清氏にご教示いただいた。

13 五十嵐史郎（前掲注 10）、16 頁。

14 本島和人は、「戦時期の地域の写真館が担った重要な役割の一つは、出征軍人の肖像写真やその家族を撮影することであったのである。戦死の報により残された肖像写真は遺影となっていたのであろう」と指摘する（本島和人「ガラス乾板から見える昭和の写真館と松尾町——地域の自画像としての写真史料」『飯田市歴史研究所年報』13 号、2015 年 8 月、147 頁）。五十嵐写真館の寄贈写真には市井の人々を撮影した営業写真はなく、軍装の写真は身内の写真のみが存在するが、身内以外の出征軍人も撮影していた可能性はあろう。

15 『神奈川新聞』（1956 年 11 月 3 日）には、登の戦没者遺影制作につい

ても次のような言及がある。「五十嵐さんがこのような社会奉仕〔筆者注：小田原をテーマとした写真群〕に手を出したのはざっと十六、七年前のことで、戦死者や遺族の写真を無料で撮影しはじめたのがことの起り」とあり、遺影制作は終戦以前から着手し、占領期終了後しばらくまで、長く行っていたことがわかる。

16 「戦没者慰霊塔竣工式・合同慰霊祭を施行」『小田原市報』92号、1957年11月25日。

17 慰霊塔建設の趣旨と経過については、以下の通り慰霊塔に記載されている。「本市は明治以降の戦役及び太平洋戦争における戦没者並びに戦争犠牲者の慰霊塔建設を企画し／昭和32年5月9日小田原市戦没者慰霊塔建設委員会を設置／市民の浄財と市費とをもって／昭和32年7月4日起工／同年10月29日その完成を見るに至った」。

18 他にも、城内小学校の開校記念日に五十嵐ハルが撮影した歴代の集合写真を屋外展示した写真が残る。

19 例えば、1939（昭和14）年12月〜1941（昭和16）年3月に国際文化振興会は「移動展」と名付け、報道写真を街路で屋外展示していたことが写真に記録されている（国際文化振興会制作アルバム、国際交流基金所蔵）。

20 鳥羽耕史『1950年代：「記録」の時代』河出書房新社、2010年。

21 飯田市でも、デジタル化と公開の対象とする写真の仕分けが地域史との関わりの観点からなされた（本島和人、前掲注14、140頁）。個人情報の観点もあるため、公共が使用する写真についての基準を設けることは一般的であろう。

22 五十嵐史郎（前掲注10）、17頁。

23 「よいとこ」に関する史料（スライド、シナリオ、オープンリール）は、小田原市立中央図書館が所蔵する。スライドとオープンリールが揃っている作品を対象として、2023（令和5）年にデジタルで再製作し、29編をポータルサイト「おだわらデジタルミュージアム」で公開している。現存する37編は以下の通り（制作順）。『小田原よいとこ』『郷土の古代文化知る』『高松宮来原』『花の小田原』『花1』『少年野球』『早川築港』『ぼくらのなかま』『暮らしのしおり1』『小田原よいとこ夏の巻』『ぼくらのプール』『暮らしのしおり2』『祭』『ぶり（鰤漁）』『小田原漁港』『暮らしのしおり3』『伸びる小田原』『第10回国体』『グラウンドの建設』『暮らしのしおり4』『国道一号線』『オリンピック予選』『暮らしのしおり5』『花2』『暮らしのしおり6』『消防の話1』『給食の話』『アメリカの旅』『民衆と図書館』『暮らしのしおり7』『慰霊塔』『花3』『暮らしのしおり8』『暮らしのしおり9』『消防の話2』『荻窪用水』。

24 青蛙荘文庫（石井富之助）「原稿綴／昭和25・26」（L12–8）、同「スクラップブック」（L13–4）、小田原市立中央図書館蔵。

25 制作にまつわるエピソードは、小田原市立図書館編「三 窓を開く図書館」（前掲注11）、五十嵐史郎（前掲注10）に詳しい。

26 本島和人（前掲注14）、146頁。

27 横山篤夫「戦没者の遺骨と陸軍墓地：夫が戦没した妻たちの60年後の意識から」（『国立歴史民俗博物館研究報告』147号、2008年12月）

によると聞き取り調査の結果、遺族が最も死者を身近に感じるのは、遺影と仏壇だという。このことからも登が制作した戦没者の遺影が遺族にとってかけがえのないものだったことがわかる。
28 板垣鷹穂「「視覚的叙述」に就いての小感」『思想』117号、1932年2月。関連する論文に、拙稿「板垣鷹穂の写真・映画について」(『美術史研究』47、2009年12月)がある。

第10章

『作兵衛さんと日本を掘る』ドキュメンタリー映画が出来るまで
── ある炭坑夫が描いた炭坑画を探る

熊谷博子

　2011年5月25日、名もない炭坑夫の描いた記録画と日記697点が、日本初のユネスコ世界記憶遺産になった。暗く熱い地の底で、石炭を掘り出し運ぶ男と女。命がけの労働で、この国と私たちの生活を支えた人々の生々しい姿である。

　作者の山本作兵衛は（1892–1984）は、福岡県の筑豊炭田で、幼い頃から働いた生粋の炭坑夫だ。自らが体験した労働や生活を子や孫に伝えたいと、60歳も半ばを過ぎてから本格的に絵筆を握った。専門的な絵の教育は一度も受けていない。そして2000枚とも言われる絵を残した。

　映画『作兵衛さんと日本を掘る』（2018　監督　熊谷博子）は、作兵衛さんの残した記憶と向き合い、その絵さながらに働いた元女坑夫の人生や、作兵衛さんを知る人々の証言を通じ、この国の過去と現在、未来を掘ろうとする作品である。

【図1】映画『作兵衛さんと日本を掘る』ちらし

【図2】世界記憶遺産に登録された作兵衛さんの絵は、田川市石炭・歴史博物館が所蔵

1　山本作兵衛との出会い

熊谷博子です。よろしくお願いします[1]。

先週見ていただいた『作兵衛さんと日本を掘る』の話から始めたいと思います。この作品を撮るのに7年間かかりました。

そもそも山本作兵衛さんの絵がなぜ世界記憶遺産になったのかという話です。

福岡県の筑豊地方には大小さまざまな炭田が200以上もありました。もう一つ、福岡と熊本県にまたがり、三池炭鉱という日本最大の炭鉱があります。遺された建造物は、長崎の造船所や八幡の製鉄所等と共に、「明治日本の産業革命遺産　製鉄・製鋼、造船、石炭産業」として、2015年にユネスコの世界文化遺産に登録されています。そのユネスコ世界文化遺産に登録する際に、筑豊も手を挙げたのですが、筑豊は石炭産業を大切に考えておらず、大事な建物はほとんど残っていませんでしたので、世界遺産登録を目指す構成資産リストから、2009年に外されました。

ただ、提出した資料の中に作兵衛さんの絵がありました。最初は単なる資料だったんです。筑豊地方が世界遺産を目指す選考から落ちてしまった段階で、オーストラリア人の世界遺産コンサルタントが見て、こんな素晴らしいものがあるじゃないかと言ったことがきっかけとなり、遺産に申請することになりました。

世界文化遺産というのは、原爆ドームなどもそうですが、国が申請します。世界記憶遺産（世界の記憶）は、国ではなくて団体で申請が出来ますので田川市と福岡県立大学が共同で、世界記憶遺産に申請しました。

日本人は誰も注目しなかったものが海外で注目され、突然脚光を浴びることがよくありますが、作兵衛さんの絵もまるで同じでした。そのオーストラリア人が評価したことがきっかけで地元が動き、ユネスコに申請し認められ、2011年に世界記憶遺産になりました。

私がなぜこの作品を作るのに7年間かかったのかという話ですが、最初は映画にするつもりはまったくありませんでした。
　福岡のテレビ局から、作兵衛さんの絵が世界記憶遺産になったので、それを記念してテレビの番組を作ってほしいといわれ、急遽作ることにしました(放映は2013年)。ところがいざやってみると、60分のテレビの枠だとCMもあって45分くらいになってしまうのですが、その中で収まるような話ではありませんでした。それでどうしても映画にしたいと思い、もう一回やり直すことにしました。
　私は東京で生まれ育っています。皆さんも横浜周辺の方が多いと思いますが、もちろん炭鉱は知らないと思います。私もまったく知りませんでした。やはり映像を作るということは皮膚感覚で理解しないと作れません。撮影もそうですし、インタビューの時もそうですし、編集もそうです。7年間かかったのは私の中で、小規模炭鉱で労働するという皮膚感覚がまるでなかったからです。それを理解するのがものすごく難しかったです。
　それ以前に、三池炭鉱に生きた人々を描いた『三池　終わらない炭鉱(やま)の物語』も作っていましたが、三池は日本で一番大きな炭鉱だったので設備も良ければ待遇も良く、筑豊の小さな炭鉱とはまるで違っていました。あれだけ小さい炭坑でカゴのようなものを背負って働いている姿を、自分の中で感覚として捉えることはすごく難しかったです。それで何度も何度も通いながら、分からないことがあって行き詰った時には、遠賀川という筑豊を流れている川の、その川べりにお弁当をもって座り込み、当時の石炭を積んだ船が行きかう様を想像をしながら日がな一日を過ごすこともありました。
　何かを作るとき人によって違うと思いますが、私の場合は原点になる場所、悩んだ時に行って考えられる場所が必要でした。それが遠賀川の川べりでした。そうやって当時のことを想像しつつ今はどうなっているかなと思ったことは何度かあって、そこからまた新たな力、エネルギー、想像力をもらっ

て撮影を続けることができました。

2　ドキュメンタリー映画の制作にあたって

　作兵衛さんの絵がすごく綺麗だということはご覧いただけたかと思いますが、作兵衛さんの絵というのは、画用紙に描いた水彩画なんです。画用紙は酸性紙で、和紙と違って年月が経てば劣化し必ずバラバラになる運命が待ち受けています。ですので、とにかくバラバラになるのを先延ばしにするため、気を遣って撮るのがとても大変でした。もちろんライティングはLEDでしますし、室内の温度が1度でもあがるといけませんので、随時温度や湿度を測りながら自分たちのためではなく絵のために休憩をとりました。ご家族の持っている絵は世界記憶遺産ではありませんが、登録されている絵は、博物館の中で丁寧にしまい込であるものを出してもらって、すごい気の遣いかたをして撮影しました。

　今でも作兵衛さんの絵を撮るときのドキドキとした感じが忘れられません。どんな絵でも寄れば寄るほど粗が見えると思っていたのですが、作兵衛さんの絵に限って言えば、寄れば寄るほど、こんな細部まで書き込んでいるんだという驚きがありました。男坑夫のムンムンとした感じや、女坑夫の美しく色っぽい感じが迫ってきて、絵と対峙するたびにドキドキ、ワクワクしました。

　特に動画の場合は、寄ったり引いたりが出来るので、撮っている時はモニターで見ているんですが、自分が絵の中に入っていく感じがあって、そういう感覚も含めて写真を撮るという作業とはまた違って、ものすごく幸せな時間だったと思います。

　女坑夫の労働はとても厳しいものでした。200キロもの石炭箱を支えながら、コロを使って後ろに下がっていく絵がありましたが、人によってはさらにあの状態で赤ん坊を背負って坑内に入っていたそうです。箱を押したり引いたりして労

働しなければいけないので、赤子を背負い口にはカンテラをくわえて、という方もいたと、女坑夫の聞き書きにあります。

　私は実はベトナムの炭鉱に入って撮影をしたことがあります。私自身は、アフガニスタンの戦場など命の危険がある場所での撮影が多かったのですが、ベトナムの炭鉱は、ここ数年の撮影の中では一番厳しかったと思っています。

　日本の炭鉱は、トロッコなど車を使って入るところが多かったのですが、私が行ったベトナムの炭鉱は手掘りの炭鉱で、坑夫さんたちがスコップなどを担いで足で歩いて入っていくような炭鉱でした。ざっと2時間位歩いて下って行き、そこで数時間撮影をし、また2時間位かけてドロドロの坂を上っていくんですけれど、本当に急で胸がつくような場所もありました。自分でも怖かったなと思うのは、坑道の横に小さな戸がついている場所があるんですが、そこから風がビュッと吹いてきて思わず倒れかけて、そのまま坂を落ちてしまうんじゃないかと思う時もありました。なんとか歩いて上って行き、遠く向こうの方にポツンと光が見えた時、映画に「生きて帰れる。子供に会える」と思ったというのがありましたが、私も光を見た時に「あ、これで生きて帰れるんだな」と本当に感じました。

　それだけ厳しい労働だったと思いますが、作兵衛さんの絵では女坑夫や働く人への尊敬の念と愛情が表れていて本当に美しい女坑夫です。私も作業服を着て、3日間ほど毎日坑内に入っていましたが、上がると粉塵にまみれて真っ黒で、耳の中の真っ黒いものがいくらシャワーを浴びてもとれず、改めて厳しい労働だなと感じました。後日、炭坑の中で撮った映像を見た時に、ライトを照らすと妙に芸術的に撮れているのはなぜだろうと思ったら、単純に粉塵が舞った中で撮っていたので、そんな演出した感じになっていました。

3　炭鉱の歴史を残す意義

　作兵衛さんの時代に写真はもちろんありませんでしたし、彼の絵がなければあの時代の炭鉱労働の姿はどこにも記されず、残されることはなかったと思いますので、本当に「作兵衛さん残しておいてくれてありがとう」という感じです。

　7年もかかったと言いましたが、単に絵とか美術品として捉えていれば良かったのかも知れませんが、炭鉱労働そのものが分からないところがたくさんあったからです。『作兵衛さんと日本を掘る』というタイトルをつけたのは、作兵衛さんと、作兵衛さんが描いた人と一緒に日本という国を掘りたかったからです。

　前回ご覧いただいたのは88分の短縮版ですけれども、完全版は原発にも触れていて、炭鉱が減り、原発が増えていく中で多くの炭鉱労働者が原発労働者になっていったというこの国の状況が描かれています。作兵衛さんの絵の後ろに、あまりにも深い部分があったので、知識と経験と感覚が揃わないと私の場合駄目なので、納得がいくまで7年間かかっています。

　色々な方の証言を聞き出すのも大変な仕事でした。作兵衛さんの孫の井上忠俊さんが自分は筑豊出身と言えなかったということをおっしゃっていますが、あれを聞いたのは、撮影を始めてから5年も経っていました。多分、心の中の深い部分にあって話すことが出来なかったんだと思います。5年経って、うまくいっていないので一からやり直したいと、忠俊さんに話に行きました。その時に初めて、実は自分の中に筑豊差別があって言えなかった、すごく恥ずかしいと思っていたと言ってくださってとても驚きました。

　この話を上野朱さんにすると、実は彼が結婚して戸籍を作るときに、炭鉱じゃない場所にした方がいいですよということを戸籍係りの人に言われたと、初めて聞きました。朱さんはエッセイストなので西日本新聞などに連載されていて、文字では見ていたのですが、面と向かって言われたのは初めてで、

この2人の話を聞いてこれでやっと作品ができると思い、それから2年間かかりました。

4 映像創作への態度

最後に大変だったのは、音と音楽です。作兵衛さんの絵は後ろから音が聞こえてくるのですけれども、どうしても音楽が必要なのでそれをどこにどうかけていくのかと。女坑夫のテーマ、作兵衛さんのテーマ、夫婦のテーマなどテーマ別に決め、ピアノとバイオリンで作っていただいてそれをつけることにしました。

ただそれ以外に、作品全体を貫く音が必要だったんです。それはやはり石炭を掘りだす音。ゴットンゴットンという、ゴットン節のゴットンは石炭を掘りだすゴットンという音と、トロッコが揺れた時のゴットンという音の二説あるんですが、とにかく石炭を掘りだす音、それから女坑夫が石炭かごをあける時に出るガラガラッという音が欲しかったんです。

その音を録るために、釧路の炭鉱から石炭を送ってもらってそれでガラガラッという音を作ったりとか、常磐（いわき市）の炭鉱資料館の近くに露頭坑といって石炭の層がでているところがあるので、そこでベテランの元坑夫の方にツルハシで石炭を掘ってもらって、その生の音を作品を貫く音としてつけてもらいました。そんなこんなでかなり時間がかかったという感じがしています。

私には自分がドキュメンタリー作品を作るときの三原則というのがあります。この人を撮りたい、理屈ではなくその人が好きという感覚。ただ好きというだけでは撮れないので、一生懸命撮らせてくださいと色々な形でラブレターを伝え続けます。相手を裸にする仕事なので、自分も裸にならないといけない。つまりラブレターを書いて裸になるという感じなんですが、単に裸になればいいということではなく、見応えのある裸、中身がつまった裸にしておかないとまずいなとは

思っています。

　あとは知識、どんなにラブレターを書いて裸になっても見逃すことはたくさんあるので、目安ですけど、画面にでてくる知識の数百倍の知識がないと、ひっかかってこないことや面白がれないこと、見逃すことがいっぱいある。単純にラブレター書いて、裸になって、お勉強するという3つですが、大体これでいけるなというのはいつもあります。

　編集もかなりたくさん撮っているので往生するんですが、何度も何度も見返していくうちに違うものが見えたり、これとこれを繋ぐと全然印象が違ってくるとか、大変なんですけれど面白さを感じながらいつもやっていて、幸せな職業を選んだなと思っています。

　作兵衛さんから少し離れて、さきほど『かづゑ的』のチラシを配りましたが、こちらも8年かかった作品です。やっと2024年3月から上映します。

　長島愛生園という岡山のハンセン病療養所に10歳から暮らし、今95歳になった宮﨑かづゑさんの半生を撮った作品です。今は日本ではほとんどない病気なんですが、ハンセン病は、末梢視神経などが侵されるので、痛みを感じないまま手足の傷が進行し、切断せざるをえなくなったり、失明に至ることもあります。かづゑさんも、右脚の膝から下がなくて、左脚は足先がなく、10本の指も全てないのですが、料理もされますし、セーターも編んでいますし、78歳でパソコンを覚え、84歳で「長い道」という本を出されました。

　かづゑさんの表現力は芸術家レベルでもあり、映画は東京東中野の映画館で上映しますが、おそらく横浜でも上映すると思いますので、ぜひ見ていただけたら嬉しいです。人は生きていく上で何が大事なのかということを分からせてくれる作品です。

　8年間、カメラとマイクをもってその方の人生と伴走して出来あがった作品です。出会った方とは長い付き合いになって裸の付き合いというか、もうどんな条件でも撮らせていた

だけるような関係になるには、やはり時間がかかります。そんな中でこれからもいい作品を作れたらいいなと思っています。

5 質疑応答

質問者 103歳のカヤノさんが映像の中でお元気だったこと、働いていたときから長い時間が経っているにもかかわらず手ぬぐいを巻いたり、かごを背負ったりしていた姿が印象に残りました。

炭鉱の仕事は男性の仕事だと思っていましたが、実はそれを支えていたのが女性で、子供がいながらも働いていたというのがとても興味深かったです。

また作兵衛さんの描く人の表情ですが、下絵では笑顔だったものも、色をのせる段階でどれも真顔になっていたように思います。どのような思いがあってこのように描いたと思われますか。

熊谷 カヤノさんには、ほんとうにめぐり逢えたという感じですね。101歳くらいの時に、小さな機関紙に取り上げられていたのを、何年も経ってから読んだので、まさかまだご存命とは思いもしませんでした。娘と同じ名前でもありますし、縁を感じて諦めずに探し回っていたら会うことができました。カヤノさんは105歳の誕生日に撮影してから数週間後に亡くなりました。

作兵衛さんは同じ図柄ですごい枚数を描いているので、墨画の原画と彩色画が必ずしも一致するわけではありません。その時によって違うと思います。

質問者 依頼があってドキュメンタリー作品を作ることになったとのことでしたが、作者は30年前に亡くなっており、絵だけでドキュメンタリー作品を作るのはかなり難しいと思いました。絵は動いてくれないし、何も話しませんし、絵をテーマにしてドキュメントを作るというのはハー

ドルが高いと思います。それをどうやって乗り越えるのか、挑戦について少し教えてください。

熊谷 まず、作兵衛さんの絵には、元々迫力があります。しかも１枚でなく、映画内で何十枚も重ねて使っています。そこに意味が出てくる。確かに絵は動きませんが、カメラが、細部まで寄ったり、引いたり、あるいは、ゆっくりゆっくり絵をなめるように撮っていく。それは、作兵衛さんの絵をより深く伝えようという、私たちの映像表現なのです。

ただそれは、経験のあるタフなカメラマンでないと難しいと思います。いつも一緒に仕事をしているカメラマンは、優秀ですし40代前半でカメラマンとして油がのりきっているので、あのような映像を撮ることができました。

さきほどお話しした、作品をつらぬく石炭の音、音楽、絵にかけた女坑夫の言葉も大事でした。

ご家族や影響を受けた人々など、作兵衛さんを直接知る方たちの証言は重要ですが、何よりも大きかったのが、絵と同じように働いていた、元女坑夫、カヤノばあちゃんの存在でした。

難しく思えるかもしれませんが、こうした諸々の要素が

【図3】山本作兵衛《明治筑豊》

掛け算になって、この映画が生まれました。

質問者 炭鉱で働く人は、黒く汚れるイメージがあり、実際お風呂の絵でもお湯が真っ黒になると描写がありましたが、絵では綺麗に描かれているのが不思議でした。なぜですか。

熊谷 作兵衛さんでないと分からない部分ではありますが、表面的な汚さもあって差別されることもありましたが絵の表現としては、理想とする労働者の姿、厳しい労働をする仲間たちへの愛情と尊敬がひしひしと伝わってくる感じだと思います。

質問者 映画をみていて疑問が2つあります。
　1つ目は、作兵衛さんが描く男性には入れ墨があったのですが、女性と区別するためですか。
　2つ目は、女性の坑内労働が禁止されたあとも、生活のため続けていたというのがあったのですが、続けていることがばれてしまった時に罰則などはあったのですか。

熊谷 入れ墨ですが、作兵衛さん自身はいれていませんでした。当時あのような荒くれ労働の中で、入れ墨は強さの象徴で、炭鉱の世界で生きるには入れ墨が必要だと思っていた男性もかなり多くいたと思います。伊予（現在の愛媛県）からくる坑夫は入れ墨を入れていなかったそうなので、作品の中には入れ墨が入っていない男性の姿もあります。作兵衛さんは絵を細かく描きたい人なので、入れ墨を描くのがすごく楽しかったみたいですね。

　女性の坑内労働は、昭和5年(1930)に全国的に禁止されるんですが、実は大きな炭鉱では馬も働かされていたんですね。昭和5年には坑内馬と女性の入坑が禁止されて、馬と女性が同じ扱いかと思ったりもしました。筑豊のような小さな炭鉱では、禁止までさらに2年遅れるんです。禁止になった時に、禁止されたら働けない、どうやって暮らせばいいんだと、働く女性の側からも大騒動が起きたそうで

す。法律として坑内労働は禁止されましたが、他に働く場所がないので密かに続いたそうです。雇う側も雇われる側もやっていけないので、暗黙の了解で続いていたということだと思います。

　ただ、戦争中は男坑夫が戦争に行ってしまいますので、女の坑内労働が必要となってくるので、一時期復活しました。

質問者　女性が炭鉱で働いていたこと、今日も生きて帰れると思うほど、命懸けとも知らなかったので驚きました。炭鉱では女性も働いていたとのことですが、子供はその時どうしていたのかと思いました。

熊谷　子供を預ける文化は、炭鉱で発達していたようです。赤ん坊を連れていく人もいましたが、近くの人に預けていたりもしたそうです。当時は、現在のように母乳を冷凍しておくことも出来ませんので、乳飲み子の場合、坑内労働へ連れていっていたのですが、落盤にあって母子ともに命を落とすこともあったそうです。色々な意味で大変な労働だと思います。

質問者　作兵衛さんに7年間、かづゑさんに8年間かけたとのことですが、今までの作品も長い年月をかけて撮っているのですか？

熊谷　そうですね。どれも重なっている時期はあるのですが、比較的長い年月をかけて作り上げています。三池炭鉱も7年間かかっています。

質問者　撮りたいと思うような方とは、基準がありますか。また、どのようなきっかけで出会い、この人を撮りたいと思うのですか。

熊谷　基準はまったくないです。出会い方はそれぞれで、かづゑさんの場合は、私自身はハンセン病療養所に行ったこと

はまったくなかったのですが、信頼する方から、どうしても会ってほしい人がいるからと、強引に連れていかれたのがきっかけでした。人から紹介されてが多いですが、基準はまったくなく、感覚的なものです。

質問者 103歳のカヤノさんをどうやって見つけ出したのですか。

熊谷 元女坑夫を探していると言いまわっていたら、こんな記事があるよとカヤノさんの載っている会報を見せてくれた方がいました。「筑豊女性アーカイブ」の会報で、すぐ電話してみたら、カヤノさんがまだご存命だと聞き、慌てて会いにいきました。それなりに準備が必要ですので、近くにある炭鉱資料館にいって石炭かごをお借りし、手ぬぐいの話も聞いていましたので、それも準備して会いにいきました。

　大事な証言は、その時に記録しなければいけないと痛感したこともあります。何も記録しなければ分からないので、まずは残しておくということだと思います。

質問者 石炭の音の編集など大変でしたか。

熊谷 ガラガラという石炭の音だけでも、かなりの回数やりました。それと不思議なんですが、私たちがやるのと経験者がやるのでは音がこんなにも違うものかととても驚きました。いい音を録るのがとても大変でガラガラだけで一日かかりました。ツルハシで掘る音も歴然とした違いがあり、たくさん撮ったコツンコツンという音とガラガラという音を聞き比べて、現実に近いのではないかと思うものを使用しました。

質問者 撮りたいと思ったときに、ラブレターを送るとのことでしたが、何通くらい送るものですか？

熊谷 撮りたい思いをどう伝えるか、です。

ウマが合うかというのも大きいです。一回でOKになることもあります。

宮﨑かづゑさんは、マスコミが可哀想な元ハンセン病患者という思い込みで取り上げることが耐えられないと、ハンセン病に関する取材にそれまで応じたことはありませんでした。私はたまたまハンセン病については、基礎知識以上はまったく知らない白紙状態でした。本を読んですごいなと思いましたし、この方の人生を残すべきだと思って、人を介してお伝えしました。撮影に入るまで1年半位かかりました。

お願いしても駄目なことはたくさんあるんですね。そういう時は相手のことを尊重して決して深追いはしないということだと思います。

質問者 学芸員の資格取得をめざしています。作兵衛さんの作品、記録を語り継ぎ、残す方法は他にもあるのですか？

熊谷 絵の他に膨大な数の日記が残っています。これも世界記憶遺産なんですが、これもぺらぺらな紙に書かれているので、管理がとても大変で、一定の湿度と温度を保つ部屋で保管しているという状態です。すごく残念なことですが、私たちが撮影できたぎりぎりの時なんですね。世界記憶遺産になって、一切外に出さない触れさせないということになってしまって、撮影が不可能になってしまいました。

これも難しい問題ですが、保存しておくことと人に見てもらうことが、本当は一致しなければいけないんですが、一致していないんです。田川の石炭歴史博物館が、世界記憶遺産のほとんどの絵を持っていますが、実物を展示するのは1枚につき年間何日と決まっているんですね。室内もかなり暗くしてあるので、見に行ってもなんとかしてほしいと思うですが、保存したいと思うとそうなってしまいます。とても精巧なレプリカは、一枚一枚作ってありまして、部屋に入ると2点ほどが本物で他はレプリカが並んでい

第10章 『作兵衛さんと日本を掘る』ドキュメンタリー映画が出来るまで

る状態です。本物とレプリカを見比べると明らかに違うので、非常に難しいところですね。ただ、世界記憶遺産以外にもご家族の持っている絵もあって、私たちも何度も撮らせていただいていますが額縁を開けるたびに、端の方が劣化しているのが分かるんですね。和紙ではないので、保存の仕方と見せることの兼ね合いが難しいというのを正直感じているところです。

質問者 ラブレターを送って、裸になることについてもう少し教えてもらえますか。インタビューをするときに、自分のことも話すということですか？

熊谷 インタビューに至る前に、私はこういう人間で、こういう風に考えていますということを、偽りなく正直にかつ、自分の知っている範囲を明確にすることが大事だと思います。作兵衛さんの前に三池炭鉱を撮っていて、地元の人間じゃないということで、逆に助かったんですね。地元の人間だと、そんなこと知っているだろうとなるようなことも、私は東京にいたので知らないのですが、勉強はしてきて、ここまでは分かっています。だから教えていただけますかと。率直に言うのが大事かなと思います。

　知ったかぶりをせず、ここまでしか知りません、教えてくださいというのが大事だと思います。勉強をしていないのは相手に失礼なので駄目ですが、これ以上は分からないのでお願いしますということかと思います。

　あと、自分の弱点とか、ご迷惑をかけそうなことは予め伝えておいたほうが安全かなと思います。

　どうしても誹謗、中傷が起こりやすいテーマを多く扱っているので、そこは気を使います。そういう時は事前に弁護士さんに相談します。こういう案件で作っているんですが、もし何らかの攻撃が来たら法的に対処法はあるんですかと。これは知っていると知らないとでは、突っ込み方が変わってくるんです。何か来たとき、こういう風に対処す

ればいいんだということが分かっているのと、分からないのではずいぶん違います。

　味方をどれだけ作っておくのかも重要だと思います。自分ひとりで作っているわけではないので、ディレクターとか監督という名称はいつもやめてほしいと思っていて、タイトルは「一番走り回った人」とかが良いなと思っています。

　海外で言葉が通じないところに行くことも多かったんですが、そういう時どうやってコミュニケーションとるかというと、踊る。色々な踊りがあるので一緒に踊るということが大事かなと思います。

質問者　カヤノさんの話がよく聞き取れませんでした。
熊谷　とくに方言×炭鉱用語だったので、分かりづらかったと思います。
　英語版をみて、こうだったのかと自分で気づくこともあります。バリアフリー版も作ったんですよね。目の不自由な方のための音声ガイド版と、耳の不自由な方のための字幕版です。実際に障害をお持ちのモニターの方たちと一緒に作るんですが、その方たちの受取り方との違いに、なるほどなというのがたくさんありました。時々字幕付き版を上映することもあるんですが、ほんとはこう言っていたのかと自分でも再発見することがあります。現場で何となくわかっていたつもりでも、字にしてみると違うんだなと思ったりもしました。

質問者　資料の保存と活用の話ですが、人の証言もジレンマだと思うんですね。自分自身もこれを聞いていいのか、しゃべらせることの苦痛というか、その葛藤がおそらくあるのではないかと思いました。
熊谷　苦しむというより、相手が話してくださるのを待つ、だから時間がかかるんですよね。ですので、喋らせようとい

うことは基本ないです。話し始めるまで待つので、マイクを向けていても沈黙の時間が長かったりすることも割とあります。共感して、待つという姿勢が大事だと思います。

　それと貴重な証言ではあるけれども、どうしても作品に入らなかったものはとても多いです。それを倉庫に眠らせるのはもったいなくて、三池炭鉱の場合は、大牟田市の石炭産業科学館にそれを引き取ってもらって、映像ライブラリーで見られるようにしてもらいました。みんなの財産にして残していくようなシステムにしないとどんどん埋もれてしまうし、撮った映像の無駄遣いなので考えなければいけないと思います。

参考文献

山本作兵衛『筑豊炭坑絵物語』岩波書店、2013年。
山本作兵衛『炭鉱（ヤマ）に生きる　地の底の人生記録』講談社、1967年。
山本作兵衛『筑豊炭坑絵巻　新装改訂版』海鳥社、2011年。
山本作兵衛『ヤマの記憶：山本作兵衛聞き書き』西日本新聞社、2011年。
コロナ・ブックス編集部編『山本作兵衛と炭鉱（ヤマ）の記録』平凡社、2014年。
有馬学、マイケル・ピアソン、福本寛、田中直樹、菊畑茂久馬編著『山本作兵衛と日本の近代』弦書房、2014年。

注

1　このテクストは、2023年12月13日に東洋英和女学院大学で行われた「作兵衛さんと日本を掘る」講演会記録を編集し加筆したものである。

執筆者紹介
(掲載順)

マグダレナ・コウオジェイ（Magdalena KOLODZIEJ）【編者】
♦**現職** 東洋英和女学院大学国際社会学部国際コミュニケーション学科准教授
♦**学歴** ベルリン自由大学卒業、デューク大学美術史博士課程修了（Ph.D.）
♦**専攻** 日本と東アジアの近代美術史
♦**主要著作**
「自己に忠実に生きようとした画家――船越三枝子」『近代画説』2020 年
「トランスナショナルな視点からみた台湾と日本の近現代美術史――日台夫妻の油絵画家・呉天華と小嶋久子の画業と人生を事例に」『日本台湾学会報』2024 年

増野 恵子（ましの けいこ）
♦**現職** 早稲田大学・跡見学園女子大学非常勤講師
♦**学歴** 早稲田大学大学院文学研究科（美術史学専攻）博士後期課程単位取得退学
♦**専攻** 日本近代美術史。明治期の複製技術とそこから生み出されるイメージについての研究を主に手掛ける。
♦**主要著作**
『近代日本版画の諸相』共著、中央公論美術出版、1998 年
『天皇の美術史 6 近代皇室イメージの創出』共著、吉川弘文館、2017 年

『もやもや日本近代美術――境界を揺るがす視覚イメージ』共著、勉誠出版、2022 年

盧 ユニア（ROH Junia 노유니아）
♦**現職** 明知大学人文大学日語日文学科助教授
♦**学歴** 東京大学人文社会系研究科文化資源学研究室 博士課程修了（文学博士）
♦**専攻** 近代工芸・デザイン史。日本学術振興財団外国人特別研究員、ソウル大学日本研究所研究教授を歴任。歴史社会学の観点から東アジアの物質文化・視覚文化を研究していきたい。
♦**主要著作**
East Asian Art History in a Transnational Context 共著、Routledge、2019 年
『芸術の価値創造』共著、昭和堂、2021 年

足立 元（あだち げん）
♦**現職** 二松学舎大学文学部国文学科准教授
♦**学歴** 東京芸術大学大学院美術研究科 博士課程修了
♦**専攻** 美術史・社会史
♦**主要著作**
『裏切られた美術　表現者たちの転向と挫折 1910–1950』ブリュッケ、2019 年
『新しい女は瞬間である　尾竹紅吉／富本一枝著作集』編著、皓星社、2023 年
『アナキズム美術史　日本の前衛芸術と社会思想』平凡社、2023 年

鈴木 一史（すずき かずふみ）

♦ **現職** 埼玉県立文書館学芸員、神奈川大学日本常民文化研究所附置非文字資料研究センター研究協力者

♦ **学歴** 千葉大学大学院人文社会科学研究科博士前期課程修了

♦ **専攻** 日本近現代史。杉並区立郷土博物館、小田原市立図書館・小田原文学館、小田原城天守閣、小田原市文化財課、一般財団法人日本遺族会昭和館、埼玉県立歴史と民俗の博物館を経て現職。

♦ **主要著作**

『国策紙芝居からみる日本の戦争』共著、勉誠出版、2018 年

『明治・大正・昭和の時代劇メディアと時代考証』共著、勉誠出版、2023 年

♦ **主要担当展覧会**

「大田黒元雄の足跡——西洋音楽への水先案内人」杉並区立郷土博物館、2009 年

「小田原城址の 150 年 モダン・オダワラ・キャッスル 1868–2017」小田原城天守閣、2017 年

河田 明久（かわた あきひさ）

♦ **現職** 千葉工業大学工学部教育センター教授

♦ **学歴** 早稲田大学大学院文学研究科芸術学（美術史）専攻 博士後期課程単位取得退学

♦ **専攻** 近代日本美術史

♦ **主要著作**

『イメージのなかの戦争——日清・日露から冷戦まで』共著、岩波書店、1996 年

『クラシックモダン 1930 年代日本の芸術』共編著、せりか書房、2004 年

『画家と戦争 日本美術史の空白』編著、平凡社、2014 年

『日本美術全集 第 18 巻 戦争と美術』編著、小学館、2015 年

『戦争と美術 1937–1945』共編著、国書刊行会、2016 年

ヤン・ユー（YANG Yu 楊昱）

♦ **現職** 九州大学人文科学研究院広人文学コース講師

♦ **学歴** 北京大学卒業、コロンビア大学美術史博士号（Ph. D.）

♦ **専攻** 近代東アジアの美術史・建築史・都市史

現在、近代満洲の都市空間について単著を執筆中。Getty Connecting Art Histories Initiative の研究助成 "Shared Coasts, Divided Histographies" (2023–2025) の共同代表者

♦ **主要著作**

"Shadows of Urban Utopia: Japanese Housing in Colonial Manchuria," Proceedings of the 35th Committee International d'Historie de L'Art- Motions (2021.9).

「反思城市規劃與都市空間研究的烏托邦視角：從歷史地圖考察長春近代都市空間（1899–1932）」（中国語）藝術理論與藝術史研究（11）、中國社會科學出版社（2023.12）.

"From War Cemeteries to Tourism Landmarks: Towers of Loyal Spirits and War Memorials in Colonial Manchuria," JAHQ Journal of Asian Humanities at

Kyushu University (10), Kyushu University (2025.3).

鈴木 恵可（すずき えか）
♦ **現職**　中央研究院歴史語言研究所助研究員
♦ **学歴**　東京大学大学院総合文化研究科博士課程満期退学、博士（学術）
♦ **専攻**　台湾美術史、東アジア近代彫刻史。博士課程在学中より台湾に留学し、現在も台北に在住。日本統治期台湾の日台の彫刻家とその作品をテーマにフィールドワークを続けて来た。
♦ **主要著作**
鈴木恵可著、王文萱・柯輝煌訳『黄土水與他的時代：臺灣雕塑的青春,臺灣美術的黎明』中国語繁体字：遠足文化、2023 年

白政 晶子（しろまさ あきこ）
♦ **現職**　学習院大学史料館学芸員
♦ **学歴**　早稲田大学大学院文学研究科美術史学専修博士後期単位取得退学
♦ **専攻**　美術史学、写真史学。主に、昭和期の美術批評史や写真史を研究。2008 年から 11 年まで宮内庁書陵部（非常勤）、2012 年から 23 年まで小田原市学芸員を経て現職。
♦ **主要著作**
『板垣鷹穂　クラシックとモダン』共著、森話社、2010 年
『美術批評家著作選集　板垣鷹穂』編著、ゆまに書房、2012 年

熊谷 博子（くまがい ひろこ）
♦ **現職**　映像ジャーナリスト／映画監督（フリー）
♦ **学歴**　早稲田大学政経学部政治学科卒
♦ **主要映像作品**
『幻の全原爆フイルム日本人の手へ』1982 年
『よみがえれカレーズ』1989 年　共同監督
『映画をつくる女性たち』2004 年
『三池　終わらない炭鉱の物語』2006 年　日本ジャーナリスト会議特別賞他
『三池を抱きしめる女たち』2013 年　放送文化基金賞最優賞他
『作兵衛さんと日本を掘る』2018 年
『かづゑ的』2024 年
♦ **主要著作**
『「やめたい病」にさようなら』情報センター出版局、1996 年
『むかし原発　いま炭鉱』中央公論新社、2012 年

【編者】マグダレナ・コウオジェイ（Magdalena KOLODZIEJ）
東洋英和女学院大学国際社会学部国際コミュニケーション学科准教授

東洋英和女学院大学社会科学研究叢書 12

視覚文化は何を伝えるか
——近代日本と東アジアにおける表象資料

2025 年 3 月 19 日　初版発行

東洋英和女学院大学
メディア・コミュニケーション研究所

発行者	三浦衛
発行所	春風社 *Shumpusha Publishing Co.,Ltd.*

横浜市西区紅葉ヶ丘 53　横浜市教育会館 3 階
〈電話〉045-261-3168　〈FAX〉045-261-3169
〈振替〉00200-1-37524
http://www.shumpu.com　✉ info@shumpu.com

装丁・レイアウト	矢萩多聞
印刷・製本	シナノ書籍印刷株式会社

乱丁・落丁本は送料小社負担でお取り替えいたします。
©Toyo Eiwa University. All Rights Reserved. Printed in Japan.
ISBN 978-4-86816-000-7 C0036 ¥2500E